CB074849

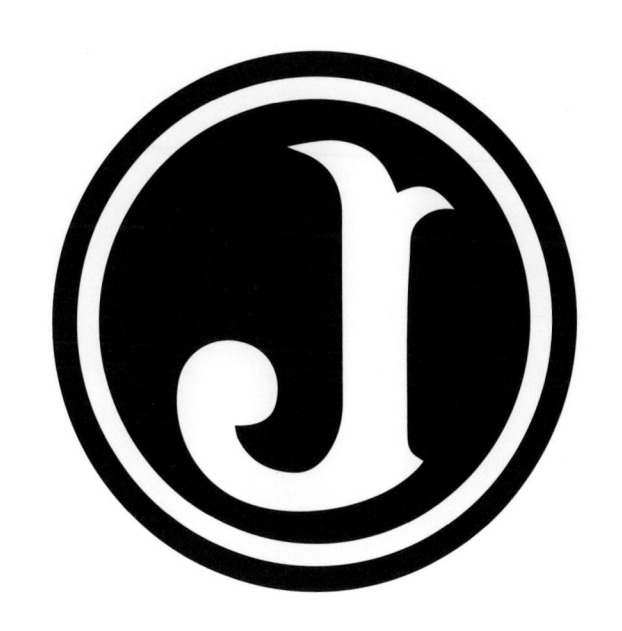

ACESSO A SERIE B DO
CAMPEONATO BRASILEIRO
1997

KRONA
PAULISTA A2
apostai
mrjack.bet
KRONA
MMG
Sinete
BESNI

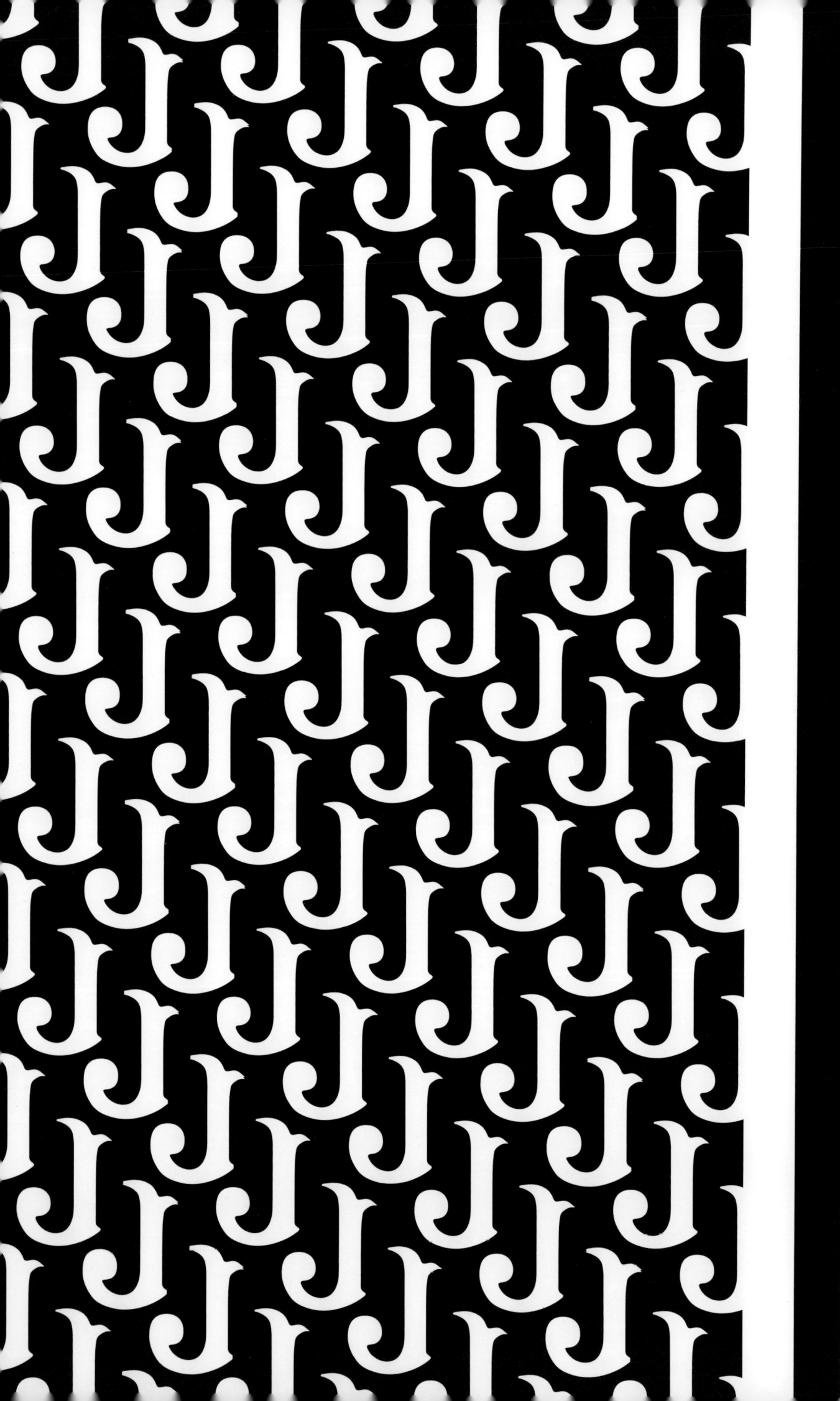

Cadeira Coberta
Tribuna

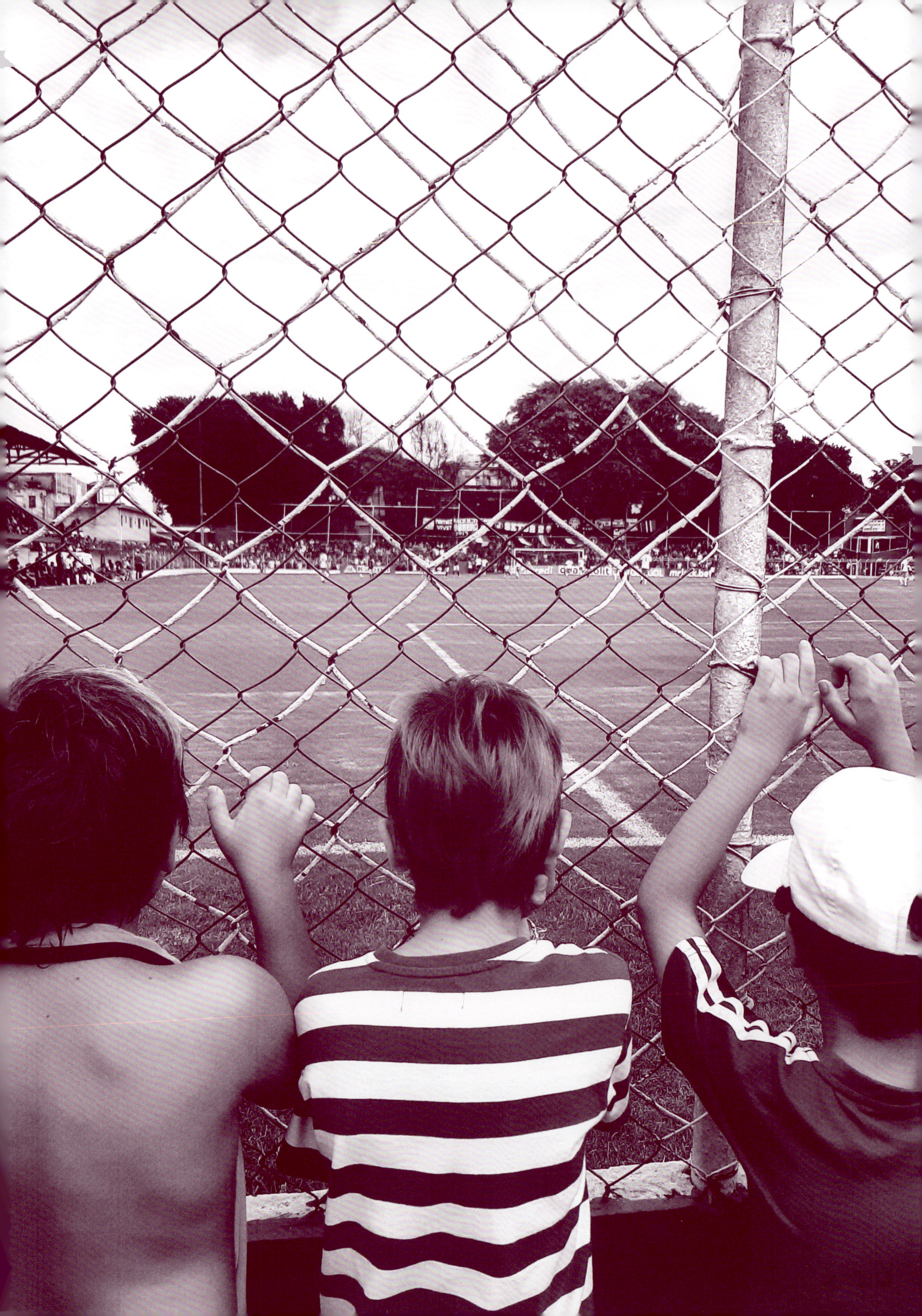

SUMÁRIO

SOBRE ESTE LIVRO — 9
PREFÁCIO POR PASQUALE CIPRO NETO — 10

1. **ORIGENS** PRA DAQUI NUNCA MAIS SAIR — 14
2. **FUNDAÇÃO** A UNIÃO FAZ A FORÇA — 22
3. **RUA JAVARI** DA VÁRZEA À CASA PRÓPRIA — 28
4. **JUVENTUS** TURIM NA MOOCA — 38
5. **ERA PROFISSIONAL** PRIMEIRAS TRAVESSURAS — 58
6. **PACAEMBU** A FORÇA JOVEM DA NAÇÃO — 66
7. **RENOVAÇÃO** SONHO, EUFORIA E QUEDA — 78
8. **COMUNIDADE** NOSSO TIME, NOSSO CLUBE — 92
9. **PELO MUNDO** MUITO ALÉM DA RUA DOS TRILHOS — 108
10. **NO AUGE** QUE BELO TIME, QUE BELO ESQUADRÃO — 120
11. **NOVO SÉCULO** GANGORRA GRENÁ — 134
12. **CENTENÁRIO** ESSE MOLEQUE TEM NOME E TRADIÇÃO — 144
13. **NOSSA CULTURA** EU SOU JUVENTINO ROXO! — 152
14. **NOSSOS ÍDOLOS** CRIAS, CRAQUES E HERÓIS — 178
15. **ALMANAQUE** CEM ANOS EM CAMPO — 192

SOBRE OS AUTORES — 218

N.º 102
Presidente
LIGA DE FUTEBOL DO ESTADO DE S. PAULO
TRIBUNA OFFICIAL
INGRESSO PERMANENTE
Snr. ANGELO AGARELLI
DD. Membro da Commissão de Inquerito da L.F.E.S.P.-
APSA
ASSOCIAÇÃO PAULISTA DE SPORTS ATHLETICOS
1927
Ingresso Permanente
(INTRANSFERIVEL)
Para os jogos patrocinados pela A. P. S. A.
SEGUNDA DIVISÃO
Concedido ao Snr.
Secretario Geral
Cotonificio Rodolfo Crespi F. C.
Séde: RUA DA MOÓCA, 504 - Campo Rua Javry - S. PAULO
Filiado A.P.E.A.
Ingresso Permanente
Ao Snr. Angelo Agarelli
PRESIDENTE
SECRETARIO GERAL
NOTA - O presente ingresso é intransmissivel.
CLUBE ATHLETICO JUVENTUS
J
S. PAULO
LIGA PAULISTA DE FUTEBOL
INGRESSO PERMANENTE N.º
Concedido ao Snr. ANGELO AGARELLI - DD.
Secretario Geral do C.A.Juventus.
PRESIDENTE
SECRETARIO
Clube Athletico Juventus
Nome PEDRO PANIGHEL
Socio Contribuinte
Matriculado Sob o N.º 729
THEZOUREIRO
APEA
1933
INGRESSO
PERMANENTE
PESSOAL
062
PERTENCE AO SNR. ANGELO AGARELLI, M.D.-
Director do C.A.Juventus.-.-.-.-.-.-
PRESIDENTE
SECRETARIO GERAL

SOBRE ESTE LIVRO

Ao longo do tempo, o Clube Atlético Juventus teve sua origem e sua trajetória contadas apenas por historiadores informais ou amadores – e sempre de modo quase folclórico, sem a seriedade, organização e profundidade exigidas quando se trata de um clube tão importante.

Durante muitas décadas, pouco ou quase nada ficou devidamente documentado sobre a história da nossa instituição. Nunca houve um registro preciso de seus feitos; faltava uma empreitada capaz de perpetuar nossas conquistas para as futuras gerações juventinas. As glórias do Clube foram ficando de lado, como se nada representassem.

Só restavam algumas esparsas histórias, contadas de boca em boca pelos mais antigos aos apaixonados torcedores grenás. Os motivos para essa inadmissível negligência são diversos e não vêm ao caso aqui. Mas esse cenário era uma realidade incômoda para os apaixonados pelo Juventus. E foi assim que iniciamos, em 1999, uma minuciosa pesquisa em jornais, revistas, documentos, entrevistas e acervos particulares para retratar e reconstruir, em livro, a vida juventina através dos tempos.

Fruto de muito trabalho, esta obra agora fica à disposição do mundo esportivo e dos admiradores do Clube, com a certeza de que, na ausência dele, uma história riquíssima correria sério risco de ser perdida ou esquecida.

Uma primeira edição deste trabalho foi publicada em 2012, mas a história do Juventus continua, assim como nosso esforço em busca de novas descobertas sobre a trajetória da agremiação. Aproveitando essa data tão significativa, marcamos o centenário do glorioso Clube Atlético Juventus para trazer à nossa comunidade uma nova publicação, revisada, atualizada e ampliada.

Trazer à luz a riqueza do Juventus não foi tarefa fácil. Mas cada longo dia de pesquisas valeu a pena – e todos os esforços individuais foram recompensados com a alegria que sentimos quando vemos o trabalho reunido nas páginas deste livro.

Mais do que a história de um clube, esta é uma homenagem aos nossos antepassados, com eterna gratidão pelos valores que eles nos deixaram. Boa leitura!

ANGELO EDUARDO AGARELLI
FERNANDO RAZZO GALUPPO
VICENTE ROMANO NETTO

Abril 2024

PREFÁCIO

Nasci em Guaratinguetá (SP), mas, antes de completar um ano, eu já morava em São Paulo, primeiro no Centro (por pouco tempo) e logo depois na Mooca, onde passei metade da minha vida. Fui batizado na Igreja de São Rafael, fiz o primário, o ginásio e o colégio na Mooca. Tenho a Mooca nas veias, na mente, no coração e na alma. Enfim, embora tenha nascido em Guaratinguetá, eu sou mesmo é da Mooca, sou mooquense.

E quem é mooquense mesmo tem nas veias um sangue "diferente" – vermelho-escuro, sim, como o de todo ser humano, mas... o nosso é de um vermelho especial, diferente, único, o vermelho-escuro da granada, um mineral que o "Houaiss" assim define: "Ortossilicato de cálcio, manganês, alumínio e cromo, cristalizado no sistema cúbico, usado como gema, abrasivo e em relógios; designação comum aos minerais do grupo das granadas; granate, rubi da califórnia". Sim, o nosso sangue é grená!

Sofri para poder ser juventino. O meu amado pai, italiano, queria que eu fosse palmeirense; a família da minha madrinha (a quem eu era e sou muito ligado) queria que eu fosse são-paulino. Mas, ainda menino (com 9 anos), eu já dava minhas escapulidas até o Templo Sagrado, a amada Javari, onde vi muitos e muitos jogos inesquecíveis.

O primeiro deles, salvo engano, foi contra a Prudentina, na tarde de um sábado ou domingo do meio da década de 1960. Ganhamos! Depois desse jogo, perdi a conta de quantas vezes fui ao Templo para ver muitos e muitos embates do nosso Moleque. E os memoráveis jogos no Pacaembu? Que alegria ver o nosso time derrotar os "grandes"!

Que saudade, meu Deus! Que saudade! Amizades (juventinas, é claro) foram se construindo. E fomos criando "asas". A Javari já não era suficiente, nem a histórica Pizzaria São Pedro, quase uma extensão do nosso Templo. Já não bastava ir à São Pedro depois dos jogos para ainda emocionados ou tristes com a partida recém-finda, saborearmos, no balcão, inigualáveis fatias da pizza de mozzarella que só lá se pode provar.

Queríamos mais, queríamos ver o Moleque fosse onde fosse. E fomos vê-lo aqui e ali. O querido e saudoso Jurandir, o Alfredão, o Chico Prisco, o Carlão (Carlos Avalle Siani), o Ciccio (Giorgio Chiaradia), o Serginho (Sérgio Agarelli), entre outros, e eu rodamos muitos quilômetros para ver o Juventus – em Piracicaba, Sorocaba, Santos, Campinas, São José do Rio Preto, Ribeirão Preto etc., etc., etc.

Em todas essas reuniões de amigos, sempre vinha à baila a história do nosso querido Moleque. E surgiam dúvidas, desmentidos e lendas. Qual é o verdadeiro motivo de o nosso time se chamar Juventus? E a nossa gloriosa camisa? Por que é grená?

Pois nada melhor do que ter à mão a história do glorioso Clube Atlético Juventus contada por três juventinos e mooquenses que, direta ou indiretamente, estão na raiz do clube. Tenho certeza de que, com este livro, os amantes da história do futebol vão deliciar-se com as glórias de um Moleque Travesso.

O leitor não tem ideia do que sinto quando vejo nosso lindo, lindíssimo "jota", meio gótico, meio torto. Muitas vezes, à noite, de madrugada, passo pela Javari só para ver a fachada do estádio e o nosso escudo, com o nosso jota, lindo, lindíssimo. Pois nosso lindo, lindíssimo "jota", meio gótico, meio torto, certamente ficará mais lindo ainda com a publicação desta obra – que, agora reeditada, inclui o nosso centenário.

Uma centena de anos! *Cent'anni*, como se diz na língua dos nossos antepassados, italianos que para cá vieram e que gestaram o que para nós é fundamental: as raízes italianas e a sua preservação. *La nostra squadra è un bel pezzo dell'Italia nel nostro quartiere, la Mooca, e nel nostro paese, il Brasile* (O nosso time é um belo pedaço da Itália no nosso bairro, a Mooca, e no nosso país, o Brasil).

Viva o nosso Moleque Travesso, o nosso eterno Clube Atlético Juventus!

Um abraço grená a todos.

PASQUALE CIPRO NETO,
MOOQUENSE E JUVENTINO

ANGELO EDUARDO AGARELLI
FERNANDO RAZZO GALUPPO
VICENTE ROMANO NETTO

GAROA LIVROS

GLÓRIAS DE UM MOLEQUE TRAVESSO CENTENÁRIO

A HISTÓRIA DO CLUBE ATLÉTICO JUVENTUS

1
ORIGENS
PRA DAQUI NUNCA MAIS SAIR

É impossível falar sobre as raízes e sobre a trajetória do Clube Atlético Juventus sem que o ponto de partida seja a história do Cotonifício Crespi, dos integrantes dessa família e de como eles impactaram a sociedade paulistana e o esporte na cidade no começo do século XX.

À época considerada uma das maiores empresas do país, com enorme importância para o desenvolvimento e progresso do bairro da Mooca e da cidade de São Paulo, o antigo Cotonifício Rodolfo Crespi foi fundado em 1897 sob o nome Regoli, Crespi & Cia. A princípio, a empresa era uma sociedade entre Rodolfo Crespi e seu sogro, Pietro Regoli, dono da tecelagem em que Rodolfo Crespi trabalhou ao chegar ao Brasil, em 1890, casando-se com Marina, a filha do patrão.

Em 1906, Pietro Regoli retorna para a Itália, deixando o genro e a filha como administradores da empresa. Três anos depois, Regoli deixa a sociedade em definitivo, transformando Rodolfo Crespi no único proprietário. Com isso, a empresa passa a ser chamada de Cotonifício Rodolfo Crespi, nome que permaneceu até seu fechamento, em 1963.

Já com o novo nome e Crespi como único dono, o cotonifício se expandiu tanto no âmbito geográfico quanto no comercial. Inaugurada num imóvel modesto, com poucas centenas de metros quadrados, a empresa foi crescendo a ponto de ocupar todo o quarteirão cercado pelas ruas dos Trilhos, Taquari, Javari e Visconde de Laguna. Em seu auge, o cotonifício chegou a ocupar uma área de 250.000 metros quadrados, instalado num prédio de quatro andares, de arquitetura ao estilo inglês, na esquina das ruas Taquari e Javari, cercado por construções menores que abrigavam diferentes setores da indústria.

Enquanto ampliava suas instalações, a empresa também via seu patrimônio crescer vertiginosamente. Fundado com capital inicial de 100 contos de réis em 1897, o cotonifício tinha capital declarado de 4.000 contos de réis em 1911. No ano seguinte, já chegava a 6.000 contos de réis.

Funcionando 24 horas por dia e equipada com 14.000 fusos e 500 teares, a fábrica se dividia entre os setores de fiação, tecelagem, tinturaria e malharia. As máquinas, de 3.000 cavalos de potência, consumiam 200 toneladas mensais de combustível.

IMIGRAÇÃO E GREVE

O rápido crescimento do cotonifício demandava a expansão da força de trabalho – e a necessidade de ampliar o número de funcionários acabou sendo suprida principalmente pelos imigrantes europeus que chegavam ao Brasil. Por causa da política migratória adotada pelo governo brasileiro naquela época, a empresa tinha facilidade para conseguir mão de obra desses recém-chegados.

Além da proximidade da Hospedaria de Imigrantes de São Paulo, onde eram recebidos os europeus que desembarcavam no Porto de Santos, outro aspecto que atraía trabalhadores ao cotonifício era a oferta de benefícios raros à época, como assistência médica e alojamento a preços acessíveis, além de uma creche para os filhos dos operários. Graças a isso, a fábrica chegou a contar com até 6.000 trabalhadores, quase todos moradores do bairro da Mooca.

A contrapartida desses benefícios era uma rotina de trabalho pesada. Os funcionários alojados na Vila Visconde de Laguna, atualmente Travessa Conde Rodolfo Crespi, eram tidos como imprescindíveis para a empresa e estavam sempre de plantão. Seus serviços poderiam ser requisitados a qualquer momento do dia, mesmo fora da jornada de trabalho, inclusive à noite. Sem uma legislação trabalhista que regulamentasse a atividade profissional, os funcionários ficavam em posição desfavorável perante o empregador – e isso acabava provocando atritos e insatisfações.

As desavenças entre a direção do cotonifício e os trabalhadores foram ficando insustentáveis e, em junho de 1917, culminaram na paralisação de cerca de 400 operários da fábrica, em sua maioria mulheres. As reivindicações dos grevistas, principalmente aumento salarial e fim da extensão do turno da noite, não foram atendidas pela empresa, que ameaçou demitir funcionários. Os trabalhadores, porém, não recuaram – e o movimento se alastrou pela região da Mooca e do Brás, chegando a outras indústrias. O movimento iniciado na Mooca, em meio às máquinas do Cotonifício Crespi, culminou na greve geral de 1917, que se expandiu não só por São Paulo, mas também por outros estados do país.

MOOCA EM CHAMAS

O Cotonifício Rodolfo Crespi também foi cenário de outro momento marcante na história do Brasil. Durante a Revolta Paulista de 1924, bairros majoritariamente operários e pontos de resistência do movimento, como a Mooca, o Brás e o Belém, foram alvos de bombardeios das forças leais ao presidente Arthur Bernardes. Em um desses bombardeios, o cotonifício foi atingido e severamente danificado. O incêndio provocado pelo ataque legalista consumiu as instalações durante três dias. Os estragos na fábrica forçaram o Cotonifício Crespi a paralisar suas atividades, inclusive correndo o risco de fechar as portas.

Rodolfo Crespi conseguiu salvar seu negócio, reverter a maré e manter o cotonifício ativo – e a empresa acabou tendo papel importante em mais um movimento armado menos de uma década depois. Durante a Revolução Constitucionalista de 1932, a fábrica produziu fardamentos que vestiram os soldados paulistas no levante, que acabaria sendo sufocado pelo governo provisório de Getúlio Vargas.

Rodolfo Crespi morreu meses antes do estopim da Segunda Guerra Mundial, em

1939. O cotonifício se manteve em atividade por mais 24 anos. A fábrica, no entanto, deixou de prosperar. Carente do dinamismo de Crespi, o negócio foi se enfraquecendo. Na década de 1950, a empresa resistiu à necessidade de modernizar sua linha de produção, que já era obsoleta para a época. Com um maquinário ultrapassado e uma concorrência cada vez mais acirrada, as dificuldades se agravaram. Em 1963, o Cotonifício Rodolfo Crespi pediu concordata e encerrou suas atividades.

GENEALOGIA JUVENTINA: A FAMÍLIA CRESPI

A trajetória dos integrantes da família Crespi é marcante e influente em diversos aspectos da história da Mooca, da cidade de São Paulo e, claro, do Juventus – e suas biografias incluem passagens fascinantes e alguns lances surpreendentes. Esses foram os principais integrantes do clã – iniciando, obviamente, pela figura central dessa história toda:

CONDE RODOLFO ENRICO CRESPI

Filho de Stefano Crespi e Amália Crespi, nasceu em 30 de março de 1874, em Busto Arsizio, tradicionalíssimo polo têxtil da província de Varese, norte da Itália. Chegou ao Brasil em 1893, como representante da exportadora de tecidos Dell'Acqua Di Milano, hospedando-se num hotel da Rua Florêncio de Abreu. Logo conheceu Pietro Regoli, proprietário da Malharia Regoli, que lhe ofereceu um emprego. Na malharia, conheceu a filha de Pietro, Marina, de apenas 14 anos, com quem se casaria em 1895. Rodolfo e Marina tiveram quatro filhos: Renata, Adriano, Dino e Raul. Crespi passaria de empregado a sócio de Pietro Regoli, abrindo a tecelagem Regoli, Crespi & Cia em 1897. Rodolfo Crespi passaria a ser o único responsável pela administração do negócio em 1906, quando Pietro e sua esposa Margherita retornam à Itália.

Em 1909, Regoli decidiu deixar a sociedade de forma definitiva, e no mesmo ano Rodolfo Crespi mudou o nome da empresa para Cotonifício Rodolfo Crespi

Família Crespi reunida no escritório do Cotonifício Crespi.
Da esquerda para a direita: Adriano Crespi e sua esposa Titina (Maria Immacolata Rondino), Condessa Marina Crespi, Conde Rodolfo Crespi, Renata Crespi, Dino Crespi e Raul Crespi.

& Cia. Ele formou uma nova diretoria e assumiu o cargo de Presidente Gran Ufficiale. Já como proprietário único do cotonifício que levava seu nome, tornou-se um dos principais empresários da São Paulo do início do século XX. Menos de uma década depois, em 1917, a empresa já somava 6.000 funcionários. Em 30 de março de 1924, ao completar 50 anos, Rodolfo Crespi recebe o galardão de Cavaleiro da Ordem do Mérito do Trabalho e é presenteado com um busto em bronze pelos funcionários do cotonifício. E em 1928, foi condecorado como Conde pela Coroa Italiana, passando a usar o nome com o novo título: "Conde Rodolfo Crespi".

Conhecido pela generosidade, Rodolfo Crespi cedeu o terreno situado entre as ruas dos Trilhos, Javry (atual Javari) e João Antônio de Oliveira para a construção do estádio do Juventus. Sempre incentivou o progresso do clube, principalmente no aspecto financeiro, e teve o merecido privilégio de dar o pontapé inicial da partida inaugural do campo, em 26 de abril de 1925. A partir de 1941, o estádio passou a ter seu nome.

Rodolfo Crespi foi também sócio-fundador do Clube Espéria e do Palestra Italia (atual Sociedade Esportiva Palmeiras), dois clubes paulistanos ligados à comunidade italiana. Além do futebol, era apaixonado por corridas de cavalos, e viu seu cavalo Mohemet Ali vencer o Grande Prêmio da Cidade de São Paulo em 1923, no Hipódromo da Mooca. O feito foi repetido em 1925, num empate entre Mohemet Ali e o cavalo Aprompto – o único empate da história do GP São Paulo. Rodolfo Crespi morreu em 27 de janeiro de 1939, na capital paulista.

Conde Rodolfo Enrico Crespi

CONDESSA MARINA REGOLI CRESPI

Italiana nascida em Florença, em 11 de abril de 1879, era filha de Pietro e Margherita Regoli, proprietários da Malharia Regoli. Casou-se com Rodolfo Crespi e dedicou-se não só à criação dos filhos Renata, Adriano, Dino e Raul, mas também ao trabalho filantrópico. Sua Fundação Ninho Jardim Condessa Marina Crespi era sediada num casarão que pertencia à família, na Rua João Antônio de Oliveira, atrás do estádio da Rua Javari. A condessa Marina morreu em 28 de dezembro de 1964, quase 26 anos depois do falecimento de Rodolfo Crespi.

CONDE ADRIANO CRESPI

Nascido em 14 de fevereiro de 1899, era um esportista nato. Fez parte do Clube desde seu nascimento, inclusive presidindo a instituição entre 1929 e 1949. Exímio atleta de hóquei, disputou o campeonato paulista da modalidade defendendo o Café Hóquei Clube na década de 1930. Assim como seu pai, foi sócio-fundador do Palestra Italia e integrou o conselho do clube de Parque Antártica em 1926.

Tinha o futebol no sangue. Ao ser empossado presidente do então Cotonifício Crespi F.C., realizou diversas obras de melhorias no campo e na sede da Rua Javari, além de ajudar a desenvolver o Clube como um todo. Em 13 de julho de 1941, o estádio juventino, que acabara de ser reinaugurado graças ao seu trabalho, ganhou o nome de "Estádio Adriano Crespi". Mas a homenagem durou pouco: cerca de um mês depois, o campo do Juventus virou oficialmente "Estádio Conde Rodolfo Crespi", reconhecimento mais do que justo ao patriarca da família. Adriano Crespi também foi sócio-benemérito do Clube Espéria e ainda organizou e fundou diversas outras agremiações surgidas na fábrica da família, como Etruria F.C., Liguria F.C. e Capelifício Crespi F.C., entre outras. Morreu em 1957.

CONDE DINO CRESPI

Fez parte do conselho deliberativo do Palestra Italia na gestão do presidente Francesco De Vivo, em 1926, e também atuou nas primeiras diretorias do Cotonifício Crespi F.C. Assim como o irmão Adriano, acompanhava de perto o progresso da vida esportiva paulistana, mas teve sua trajetória abreviada de forma brutal. Foi vítima de um cruel assassinato em 21 de setembro de 1929. O crime interrompeu uma trajetória muito promissora tanto no cenário esportivo como na vida social da cidade.

CONDE RAUL ROLANDO CRESPI

Nascido em 1909, integrou o Conselho Deliberativo do Clube de 1929 até a saída do Conde Adriano Crespi da presidência, em 1949. Chegou a atuar na equipe grená, nos quadros secundários do futebol e no campeonato interno do Clube, jogando como meia ofensivo. Repetindo a trajetória dos irmãos, também era um apaixonado por esportes em geral. Foi um importante incentivador do ciclismo em São Paulo, tornando-se diretor desta modalidade no Juventus. Morreu em 18 de novembro de 1980.

RENATA CRESPI

Nascida em 8 de outubro de 1896, era casada com Fábio da Silva Prado, importante político paulistano, prefeito de 1934 a 1938. Assim como sua mãe, Marina, era mais ligada às questões sociais do que esportivas. Em 1º de junho de 1911, com apenas 14 anos, Renata participou de um dos primeiros voos da história da cidade, realizado por Eros Ruggerone no Prado da Mooca. O aeroplano utilizado pelo aviador italiano era um Farman modelo militar, com motor Gnome de 50 cavalos. Em 26 de setembro de 1920, entregou os troféus das festividades esportivas que marcaram a visita do príncipe Aimone do Valle D'Aosta à cidade. Morreu em 6 de maio de 1969.

NOSSA GENTE: FAMÍLIAS DE SANGUE GRENÁ

Os Crespi não foram o único clã a marcar história no Juventus. Ao contrário: dezenas de famílias tradicionais do bairro da Mooca tiveram importância vital nos primeiros tempos da vida juventina, participando da fundação do Clube, trabalhando na sede, ocupando cargos diretivos ou simplesmente lutando dia após dia por sua evolução e por suas conquistas dentro e fora do esporte.

Nada mais justo do que lembrar e homenagear aqui o esforço de cada integrante das famílias a seguir (e também, é claro, das que porventura não nos recordamos aqui). Todas elas contribuíram para o crescimento e desenvolvimento da instituição desde os tempos do velho cotonifício instalado da Mooca – e merecem a nossa eterna gratidão pela construção do que hoje é uma grata realidade chamada Clube Atlético Juventus:

Famílias Vieira de Souza, Masi, Agarelli, Romano, Cipullo, Gragnani, Rocha Soares, Lenci, Patrima, Previato, Coronato, Cabral, Annunziato, Romanato, Cavallari, Calegari, Marconde dos Reis, Monaco, Labatte, Villas Boas, Licastro, Darco, Archiná, De Marchi, Malpetti, Di Cunto, Cardenuto, Caffaro, Archiná, Barbuglio, Ugolini, Galuppo, Razzo, Viola, Carvalho, Pereira de Souza, Rangel de Barros, Gonçalves, Siqueira, Ferreira da Silva, Meira Vasconcelos, Vavassori, De Cillo, Pássaro, Valteze, Alegretti, Raucci, Troffa, Lopes, Fioravante, Ferreira da Silva, Galdi e Liguori, entre tantas outras.

TROFFA

ROMANATO

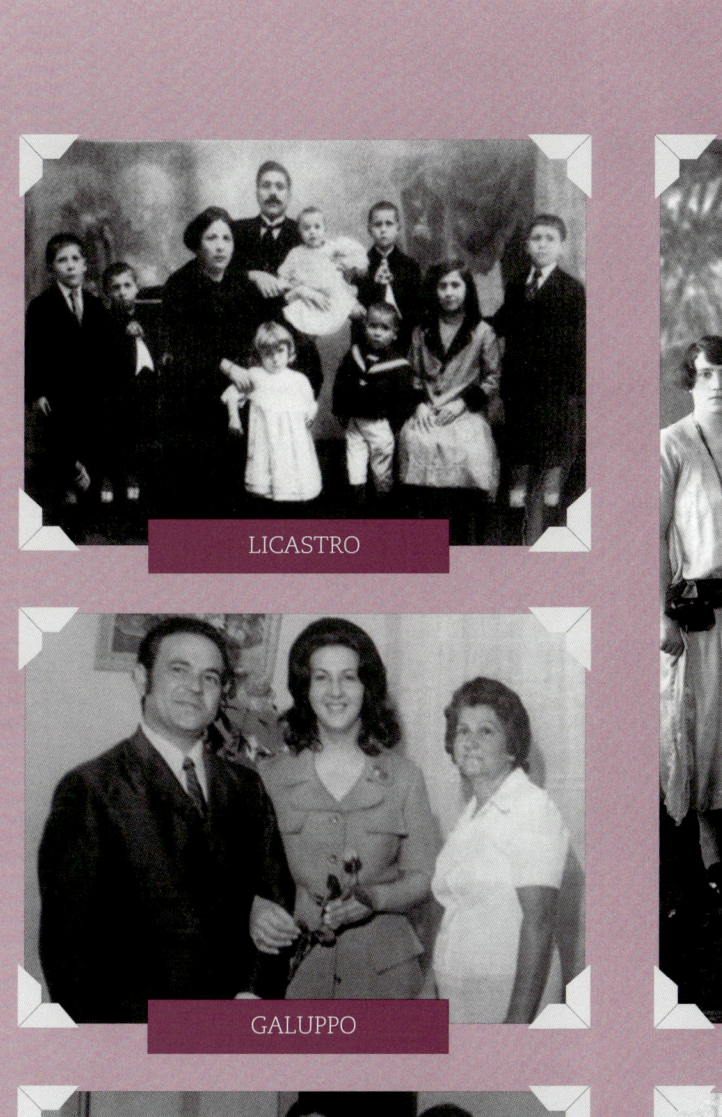

LICASTRO

GALUPPO

AGARELLI

DI CUNTO

ROMANO

A HISTÓRIA DO CLUBE ATLÉTICO JUVENTUS

2
FUNDAÇÃO
A UNIÃO FAZ A FORÇA

O ano de 1924 foi explosivo em São Paulo. Em 5 de julho é deflagrada a revolta tenentista, com os militares rebelados tomando a cidade e forçando a fuga do governador Carlos de Campos para Guaiaúna, onde estavam concentradas as forças legalistas. Os amotinados seriam derrotados pelas forças leais a Campos, graças principalmente aos bombardeios conduzidos por aviões de pequeno porte apelidados de "vermelhinhos". A revolta durou 23 dias e deixou 503 mortos e 4.846 feridos, em sua grande maioria civis.

Os bairros da Mooca, Belenzinho e Brás foram os mais impactados pelo motim tenentista. Em desespero, os moradores começaram a abandonar suas casas. As famílias mais abastadas (ou aquelas com parentes e amigos que podiam oferecer amparo) deixaram a capital rumo a Santos, São Bernardo, Santo André, Jundiaí, Campinas e outras cidades. Outros, sem abrigo nem rota de fuga, acampavam a céu aberto, improvisando barracas em locais ermos de seus bairros.

O dia 13 de julho foi particularmente dramático para os paulistanos, especialmente para os moradores da Zona Leste. Foi uma data marcada por combates tão violentos que partes da Mooca e de bairros vizinhos transformaram-se num cenário de horror, com os corpos das vítimas espalhados por ruas destruídas pelas bombas. O serviço funerário não dava conta de sepultar todos os mortos, o que levou muitas famílias a enterrar seus entes queridos nos próprios quintais.

Dez dias depois, em 23 de julho, nova tragédia: dois aviões carregados com bombas sobrevoaram a cidade a altitudes elevadas, de forma a evitar a artilharia dos rebeldes, e atacaram a Mooca. A terra tremeu com as explosões. Casas foram arruinadas e muita gente morreu. E não era mistério algum o motivo de o bairro ter sido tão castigado pelas forças legalistas: como era difícil encontrar civis brasileiros dispostos a aderir à luta, os militares rebelados recorreram aos imigrantes italianos, húngaros e alemães, grupos muito pobres, para engrossar suas fileiras.

A promessa era de uma recompensa de 30.000 réis e 50 hectares de terra para quem se juntasse ao motim. Muitos não resistiram à oferta mirabolante e se alistaram. Como a Mooca era o mais tradicional reduto dos trabalhadores imigrantes, o bairro acabou sendo impiedosamente atacado. E entre os principais alvos estava uma fábrica que funcionava com o suor do trabalho imigrante: o cotonifício Crespi, o maior do país.

DO CHÃO DE FÁBRICA AOS CAMPINHOS

Poucos meses antes que as bombas começassem a cair, surgiu na várzea da Mooca uma agremiação que resistiria não apenas à revolta de 1924 como também a décadas de agruras, obstáculos e sacrifícios. E assim como as árvores genealógicas das famílias italianas que compunham suas fileiras, o Cotonifício Rodolfo Crespi Futebol Clube tinha raízes solidamente fincadas no solo paulistano.

Como o futebol era uma das poucas atividades de lazer à disposição dos operários da cidade, a modalidade se desenvolveu rapidamente entre as fábricas de São Paulo no início do século XX. Trabalhadores dos mais tradicionais bairros fabris se organizavam aos finais de semana para disputar partidas e torneios – e era inevitável que muitos dos times representassem seus locais de trabalho, até pelo vínculo que acabava sendo criado entre os companheiros das linhas de produção.

Os campos de várzea se espalhavam pela cidade e era fácil fundar um clube de futebol – afinal, naquele tempo, bastavam os jogadores e um enxoval de fardamentos, sem a necessidade de nenhuma organização muito formal. Dentro desse contexto, surge em 1918 o primeiro time ligado ao Cotonifício Rodolfo Crespi, levando o nome da empresa e disposto a encarar de frente as equipes que tinham maior prestígio e sucesso à época, como Savóia Vincit, União Mooca, Antárctica, União Fluminense, Romano e São Paulo Alpargatas, entre outras.

Os registros dos jogos do primeiro time do cotonifício são escassos, mas incluem duelos com Flor do Belém, Cavalier e Etna, todos no início de 1918. Essa equipe, contudo, não vingou, e a ideia de montar uma equipe que representasse a fábrica da família Crespi caiu por terra depois de poucos meses.

A paixão pelo futebol, no entanto, seguiu viva entre as fileiras de operários do cotonifício – até porque, naquele período da várzea paulistana, não se exigia fidelidade absoluta a apenas uma equipe. Mesmo no período em que a fábrica não teve equipe própria, seus funcionários se espalhavam por times da Mooca e de bairros vizinhos, graças aos chamados "laços", termo popular que designava o envolvimento de um mesmo jogador com diversas equipes diferentes.

A cada fim de semana, era comum um atleta amador defender um clube pela manhã e outro à tarde. Os funcionários do cotonifício se espalhavam por várias equipes diferentes. Tinha até briga para tentar convencer certos craques-operários a defender um ou outro clube com exclusividade. Isso, por sinal, dificultava a formação de uma equipe própria do Cotonifício Crespi. Era comum que cada seção da fábrica tivesse sua própria equipe para pelejar com ardor nas ligas do bairro.

FUTEBOL PARA TODOS

Entre as principais agremiações oriundas do Cotonifício Crespi, uma das mais importantes foi o La Greccia F.C., surgido no início dos anos 1920 por iniciativa de um italiano, Vicente Romano, e de um português, Manoel Vieira de Souza, ambos

Equipe do Cotonifício Rodolfo Crespi Futebol Clube

Diretoria da agremiação reunida na sede da Mooca

empregados pela fábrica. A intenção era participar de jogos amistosos na várzea paulista e, com isso, promover o esporte e o lazer entre os funcionários da companhia têxtil. Sua sede ficava na Rua dos Trilhos, em um barracão nos fundos da casa de Vicente Romano, e ali aconteciam as assembleias e reuniões semanais que decidiam os caminhos do clube.

Outra agremiação muito popular à época era o Extra São Paulo F.C. Suas atividades eram puramente voltadas ao lazer dos moradores da Mooca e suas cores eram as mesmas da bandeira do Estado de São Paulo: vermelho, preto e branco. Ele não tinha praça esportiva e não há registros de sua inscrição em ligas e associações, mas era dono de um quadro bem treinado, que fazia grandes exibições pela várzea local. Não há quase nenhuma documentação sobre a origem do Extra São Paulo, mas credita-se a esse clube a cessão de grande parte dos jogadores que formariam o futuro Cotonifício Rodolfo Crespi F.C.

Em 30 de março de 1924, para marcar o 50º aniversário de Rodolfo Crespi, os integrantes do modesto La Greccia decidiram mudar o nome da agremiação, que passaria a se chamar Cavalheiro Crespi F.C. Com essa alteração e a homenagem ao patrão, a direção do cotonifício passou a se interessar pela equipe e apoiar o clube. A família Crespi enxergava nele a oportunidade de realizar um sonho que já vinha sendo adiado desde 1918: ter um time de futebol forte e vitorioso.

Os funcionários do cotonifício já almejavam a união sob um só nome, defendendo juntos uma agremiação esportiva que representasse a fábrica inteira, com esportes e recreação para todos. Incentivados pela família Crespi, eles enfim realizaram esse desejo no dia 4 de maio de 1924. Reunidos numa salinha modesta da Mooca, os dirigentes do Extra São Paulo F.C. e do Cavalheiro Crespi F.C., o antigo La Greccia, decidiram pela fusão das equipes. Nascia o Cotonifício Rodolfo Crespi Futebol Clube.

COMUNIDADE EM CAMPO

Não demorou para que o novo clube rompesse os limites da várzea da Mooca. A agremiação que resultou da fusão de 1924 cresceu em um curto espaço de tempo, pois foi capaz de conquistar a simpatia, o apoio e a adesão não só dos funcionários e chefes do Cotonifício Crespi, mas também dos demais moradores da Mooca.

Todos queriam colaborar de alguma forma e se dedicavam de corpo e alma para construir um clube realmente grande. As mulheres dos dirigentes, por exemplo, cuidavam de lavar e deixar impecável o jogo de uniformes, de forma que o Cotonifício Rodolfo Crespi F.C. se apresentasse da melhor maneira possível frente aos mais fortes oponentes nos gramados da cidade.

Por falar nos uniformes, decidiu-se que a nova agremiação manteria as cores do Extra São Paulo, aproveitando que o antigo clube, vestido de vermelho, preto e branco, já acumulava certo prestígio nos campos da várzea. Já o Cavalheiro Crespi cedeu a sede social da Rua dos Trilhos e sua organização diretiva, nas figuras de Vicente Romano e Manoel Vieira de Souza.

Até que os estatutos do novo clube fossem redigidos, o italiano e o português exerceriam as funções de presidente e vice-presidente, respectivamente. Seria uma união de sucesso, não só pelos avanços esportivos mas também pela importância social. O bairro enfim veria crescer um clube forte e representativo de sua coletividade, enchendo a sua gente de orgulho.

NA HISTÓRIA E NO PAPEL: O DIA DO ANIVERSÁRIO

Ao pesquisar a história centenária do Moleque Travesso, os autores deste livro se depararam com duas datas diferentes para marcar a fundação do Cotonifício Rodolfo Crespi Futebol Clube, a agremiação que mais tarde viria a se chamar Clube Atlético Juventus. A primeira, de domínio e conhecimento públicos, era 20 de abril de 1924; a segunda, citada de maneira consistente nos registros, documentos e entrevistas de personagens históricos, era 4 de maio. Mas afinal, qual é a data correta da fundação do clube?

Não restam dúvidas: o Cotonifício Rodolfo Crespi F.C surgiu em 4 de maio de 1924, conforme indica toda a documentação da época. O que teria provocado a confusão é a data de fundação do Clube Atlético Fiorentino, que passou a utilizar toda a estrutura do Juventus quando ele se licenciou das competições oficiais em 1933 e 1934. O Fiorentino, sim, é de 20 de abril (mas de 1934). Por causa da documentação oficial escassa, a data de fundação acabou sendo relatada ao longo do tempo com essa imprecisão. Vale ressaltar: a celebração do aniversário do clube em 20 de abril está consagrada no imaginário da coletividade, e isso, obviamente, deve ser respeitado e levado em conta. Do ponto de vista histórico, porém, a data correta de fundação do clube grená é mesmo 4 de maio de 1924.

NAQUELE TEMPO ERA ASSIM: O BRASIL EM 1924

Com pouco mais de 33 milhões de habitantes, o Brasil era presidido por Arthur da Silva Bernardes. Já o Estado de São Paulo, o mais populoso da Federação, tinha 5.093.688 habitantes e era governado por Washington Luiz – curiosamente, nascido no município fluminense de Macaé.

• A cidade de São Paulo tinha cerca de 700.000 habitantes e era o principal destino dos imigrantes que desembarcavam no porto de Santos. Entre 1920 a 1924, 197.312 deles chegaram ao Estado, a maioria portugueses (48.200), seguidos de perto pelos italianos (45.306). Espanhóis (36.502) e japoneses (6.591) eram outros grupos numerosos. Mais 61.713 imigrantes eram provenientes de outros países.

• Em 1924, o Brasil produziu 67.911 toneladas de cacau, 951.715 toneladas de café e 12.306.500 de açúcar, os principais produtos de exportação do país. Já a borracha estava em declínio como fonte de divisas.

• A produção brasileira era escoada através de pouco mais de 30.000 quilômetros de estradas de ferro – a rede rodoviária ainda estava em expansão e tinha poucos trechos asfaltados. Havia no país 32.790 veículos automotores para passageiros e 10.877 para cargas.

• A marchinha Pai Adão, de Eduardo Souto animava o Carnaval daquele ano, em que o foxtrote e o charleston eram os gêneros musicais mais populares.

• No esporte, Arthur Friedenreich, "El Tigre", era o grande ídolo, o rei do futebol quando o Juventus nasceu. Ele defendia as cores do Paulistano, mas o campeão estadual daquele ano foi o Corinthians.

3
RUA JAVARI
DA VÁRZEA À CASA PRÓPRIA

De acordo com os jornais da época, a primeira partida da nova equipe, já chamada Cotonifício Rodolfo Crespi Futebol Clube, foi disputada em 30 de novembro de 1924, contra o Flor do Brasil. O jogo fez parte de um festival varzeano realizado pelo Savóia Vincit, um clube popular da Mooca, no estádio da Rua Cesário Ramalho, no bairro do Cambuci. Na mesma data, o segundo quadro do Cotonifício Rodolfo Crespi jogou com o segundo quadro do C.A. Barcelona da Mooca. Nos dois duelos houve disputa de taças, mas por causa da escassez de informações sobre a várzea paulistana da época, os resultados e os jogadores que foram a campo são desconhecidos.

Em 21 de dezembro de 1924, entretanto, há registro da participação do Cotonifício Rodolfo Crespi em outro festival varzeano, agora organizado pelo União Villa Esperança F.C., diante do Amor e Glória F.C., do bairro do Belém, no campo do Antárctica, na Rua da Mooca. O Rodolfo Crespi venceu por 1 a 0, com gol de Raul, conquistando a Taça Amor e Glória, um dos primeiros troféus da galeria do Clube.

A partir dali, a popularidade da equipe e os convites para a disputa de festivais, torneios e amistosos chegavam aos montes à caixa de correio de sua sede. Apelidado de "Touro da Mooca", o Cotonifício Rodolfo Crespi F.C. passou a marcar presença na várzea local em quase todos os domingos, atraindo a atenção e a simpatia da coletividade local. Era o início da trajetória de um time destinado a grandes feitos.

1925
O CAMPO DA ALAMEDA JAVRY

A mobilização em torno do novo clube já era grande logo nos primeiros meses. Muitos jogadores se ofereceram para reforçar as fileiras do Cotonifício Rodolfo Crespi. Com boas vitórias diante de equipes mais antigas, a equipe já era vista como um adversário forte e competitivo, porém sempre leal. E com o passar do tempo, seus idealizadores já começavam a ansiar por realizações ainda maiores.

Para o Clube evoluir, não bastavam só bons resultados e o respeito dos oponentes. Era preciso ter um local próprio para o Cotonifício Rodolfo Crespi realizar os seus jogos, organizar seus festivais, fincar raízes e, finalmente, romper o status de time varzeano. A meta era a filiação à Associação Paulista de Esportes Atléticos (Apea), entidade promotora dos principais eventos esportivos do Estado. Para isso, era preciso cumprir uma série de normas e exigências – entre elas, ter um campo de jogo adequado para os padrões da época.

O pontapé inicial para a concretização do sonho da casa própria foi dado em 24 de abril de 1925, quando Rodolfo Crespi, sensibilizado pela mobilização dos funcionários em torno da equipe, cedeu à agremiação que levava seu nome um amplo terreno situado no número 117 da Alameda Javry, a atual Rua Javari. O local, que antes pertencia a Joaquim Franco de Camargo Júnior e sua esposa, fora adquirido pela família Crespi em fevereiro de 1908.

A agitação foi geral. O terreno foi limpo e preparado para receber as primeiras partidas em menos de dois dias – a alegria pela chance de jogar num campo próprio era tamanha que os funcionários da fábrica e os dirigentes do Clube fizeram um mutirão para arrumar o local, antes tomado pelo debulho do algodão usado na fábrica. Além de tirar toda a sujeira que cobria o campo, a comunidade prepararia também uma improvisada tribuna de madeira para a inauguração da mais nova praça esportiva da cidade. Esse foi o registro do jornal O Estado de S. Paulo:

Há longo tempo os empregados do Cotonifício Crespi desejavam fundar uma instituição esportiva onde pudessem praticar esportes e este desejo se realizou. Fundou-se há pouco tempo o Cotonifício Rodolfo Crespi Futebol Clube.

A partir deste ano essa agremiação entrará em uma fase de progresso, pois o senhor Rodolfo Crespi cedeu-lhes um bom terreno que com benfeitorias que nele estão sendo feitas, em breve se tornará uma bela praça de esportes.

O campo de futebol acha-se devidamente marcado e cercado, havendo a possibilidade da construção de uma pequena tribuna.

O clube conta com um bom quadro de jogadores tendo um grande número de vitórias e troféus, sendo intenção da diretoria filiar-se a Apea. No próximo domingo, para festejar a inauguração do estádio, foi convidado o Vera Cruz F.C., onde será disputada uma bela taça.

E assim foi: na tarde de 26 de abril de 1925, inúmeras personalidades foram ao novo campo da Alameda Javry para prestigiar o confronto inaugural: Cotonifício Rodolfo Crespi x Vera Cruz. Coube a Rodolfo Crespi a honra de dar o pontapé inicial. Também foi realizada uma homenagem ao C.A. Paulistano, que fazia uma excursão vitoriosa pela Europa. Os capitães das equipes prestaram uma homenagem aos integrantes daquele time, destacando que eles elevavam os nomes de São Paulo e do Brasil no Velho Mundo.

O jogo valia a honra de obter a primeira vitória naquele campo, mas não só isso: estava em disputa também a Taça Gina Colli, que seria entregue ao ganhador. E a festa ficou completa com um triunfo do Cotonifício Rodolfo Crespi Futebol Clube, por 2 a 0. O primeiro gol da história do estádio foi de Amadeu; Roque completou o marcador. A equipe escalada pelo técnico Vicente Romano para aquela ocasião histórica tinha Antônio; Zico e Ernesto; Carnaval, Catamurro (capitão) e Moacyr; Roque, Amadeu, Raul, Carlito e Rodolpho. Depois da partida e da entrega do troféu, houve uma grande festa ao som da Banda de Música da Mooca.

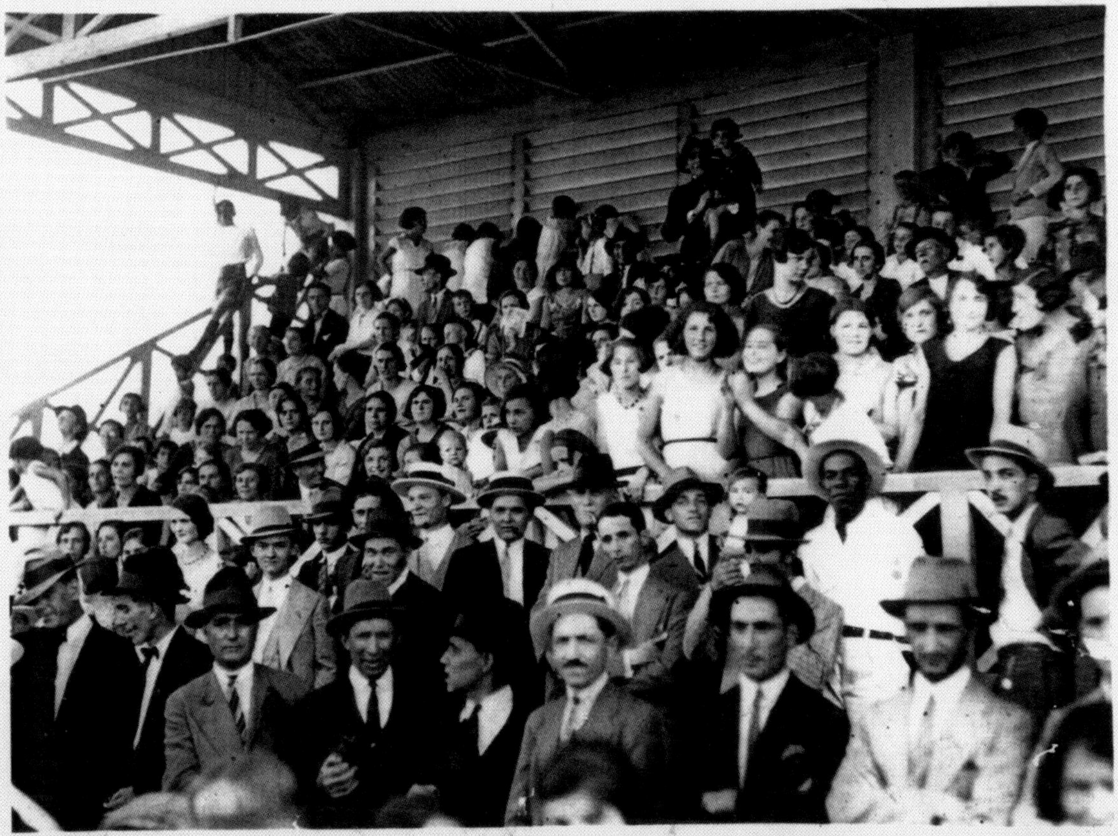

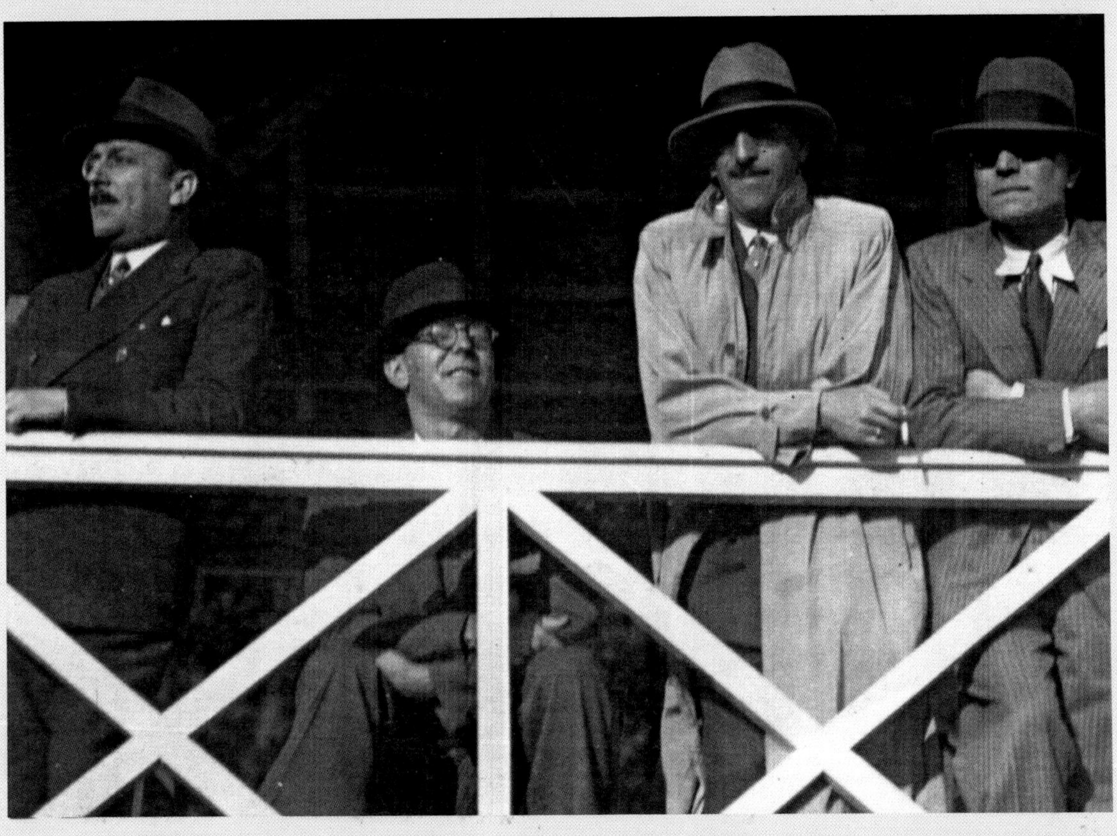

'FUTURO PRÓPRIO E HARMÔNICO'

Com sede estabelecida, um campo próprio e um movimento esportivo cada vez mais intenso, o Cotonifício Rodolfo Crespi F.C. agora precisava criar um estatuto e empossar uma diretoria. Eram os passos seguintes para a agremiação atingir as condições necessárias para continuar crescendo, se consolidando e atraindo simpatizantes.

Em 1º de junho de 1925, os primeiros dirigentes da jovem agremiação reuniram-se na sede da Rua da Mooca para uma sessão histórica, que marcaria a aprovação dos primeiros estatutos e também uma eleição formal para definir a nova diretoria. Eis a transcrição desse momento notável na documentação original dos acervos do Clube:

Acta da Assembleia Geral Extraordinária realizada em 1º de junho de 1925, convocada pelo presidente em exercício Sr. José da Rocha Soares:

As 19 horas pelo presidente foi feita a chamada dos presentes verificando-se então não haver número legal para abertura dos trabalhos pelo que foi feita segunda convocação às 20 horas.

O Sr. Presidente em exercício deu então como abertos os trabalhos pedindo a Assembleia que nomeasse um presidente para dirigir os trabalhos, pois por motivos vários julgava não poder dirigir os mesmos.

Foi então escolhido o Sr. Antonio Cabral, que agradecendo a honra que lhe davam, convidou, por sua vez os Srs. Raul da Rocha Soares e Manoel Vieira de Souza para secretários da mesa.

Uma vez organizada a mesa o Sr. Presidente pôs em discussão a primeira parte da ordem do dia que era: Leitura e Approvação dos Estatutos.

O Sr. Manoel Vieira de Souza, na qualidade de relator da comissão encarregada de elaboração dos Estatutos em breve palavras apresenta em nome da comissão o seu trabalho, dizendo que ele embora modesto representava a boa vontade da mesma que esperava que a Assembleia corrigisse as falhas que por de certo devia ter; após isso iniciou a leitura compassadamente, fazendo-se a approvação por capítulos e sendo afinal os Estatutos approvados unanimemente, pelo que o referido Sr. Vieira agradeceu a Assembleia.

Em seguida o Sr. Presidente iniciou a segunda parte da ordem do dia: Eleição do Conselho Deliberativo e Diretoria e pedindo em felizes palavras para que todos, pondo de lado partidarismo e as amizades pessoais procurassem eleger elementos competentes, ordeiros, progressistas, que podessem assegurar um futuro próprio e harmônico ao clube, terminando por suspender os trabalhos por 15 minutos para organizar-se a votação.

Findos esses 15 minutos iniciou-se a votação de acordo com o livro de presença que deu o seguinte resultado, quanto aos eleitos pela maioria:

Para Presidente – Sr. José Masi com 26 votos

Para Vice-Presidente – Sr. José da Rocha Soares com 26 votos

Para Secretário Geral – Sr. Manoel Vieira de Souza com 32 votos

Para 1º Secretário – Sr. Virgílio Carvalho com 30 votos

Para 2º Secretário – Sr. Angelo Agarelli com 26 votos

Para 1º Tezoureiro – Sr. Antonio Cabral com 28 votos

Em breves palavras e em nome da antiga Directo. o seu Presidente empossou a nova Directoria.

O Snr. José Masi, novo Presidente uzando então a palavra, pediu aos seus companheiros da direcção, que tomassem os seus cargos animados de vontade de trabalhar consciensamente e para o progresso moral e material do Clube, para sim poderem corresponder a confiança dos consocios.

Em seguida passou a examinar os esclarecimentos e contas da extincta Directoria.

O Snr Presidente constatou então a falta, com...

Para 2º Tezoureiro – Sr. Antonio Marcondes Reis com 31 votos

Para Diretor Esportivo – Sr. Vicente Romano com 32 votos

Outros Srs. obtiveram votos conforme lista dos escrutinadores archivada.

A eleição do Conselho Deliberativo foi feita por aclamação sendo aclamados os Srs.:

Alfonso Gambini, Secondo Rosso, Eduardo Patrima, Cláudio Zanini, José Waetg, José da Rocha Soares, Attilio Crespi, Gildo Bernardi, José Masi, Alvaro Cavallari, João Masetti, Luigi De Lorenzo, Antonio Cabral, Ricardo Testa, Attilio Siqueira, Alvaro dos Santos, Pedro Peres, Manoel Vieira de Souza, Riccioti Piazza, Bruno Primiano.

Em seguida foi posta em discussão a última parte da ordem do dia: Assumptos diversos.

Pedindo a palavra, então o Sr. José Soares apresentou a mesa algumas propostas sobre arrendação do Bar e uma da Banda Musical Lyra da Mooca sobre aluguel de um aposento.

Sobre arrendamento do Bar travou-se acalorado debate até que o Sr. Manoel Vieira propoz que essas propostas fossem retiradas da discussão, assim como a da Banda, pois entendia que esses casos eram meros casos de administração, os quais competia a Diretoria resolver. Esta proposta foi aceita.

Em seguida o mesmo Sr. propoz e a Assembleia aprovou o seguinte:

Que a nova diretoria fosse empossada a 6 do corrente

Que fosse aprovado um voto de louvor aos Srs. Alfonso Gambini, Humberto Casselato, Raul Soares, Mauro Lopes pelo que se tem esforçado pelo clube;

Que fossem nomeados Sócios Beneméritos os Srs. Adriano Crespi, Dino Crespi, Dr. Fabio Silva Prado, Dr. Antonio Rondino, Luigi Colli, Sra. Gina Colli e honorário Sra. Renata Prado, Titina Crespi, Nelida Crespi, Adele Rondino. Que fossem nomeados sócios honorários os Srs. Luiz Wallini, Carmo Barbarello, Antonio Labatte, Cezar Zaratin;

Que fosse aclamado Presidente Honorário e Benemérito o Exmo. Sr. Conde Ufficial Rodolfo Crespi (não comunicado, ordem presidente);

Por fim o Sr. Presidente, ninguém querendo mais fazer uso da palavra, deu por encerrados os trabalhos da Assembleia congratulando-se com ela pela boa ordem e interesse da mesma e eu abaixo assignado secretário da mesa lavrei esta data que por ser verdadeira data e assigno.

São Paulo, 1º de junho de 1925
Ass. Manoel Vieira de Souza

A vida esportiva do Cotonifício Rodolfo Crespi Futebol Clube seguia em franco progresso. Os cadernos de esportes dos jornais da época já dedicavam bom espaço às atividades e façanhas do clube de operários da Mooca pela várzea paulistana, tornando-o conhecido e respeitado em pouco tempo.

Sua notoriedade e nível técnico extrapolavam o âmbito varzeano. Os incansáveis dirigentes mooquenses trataram, então, de pleitear sua filiação na Apea, entidade que congregava os principais grêmios esportivos e organizava o esporte em São Paulo. Integrá-la, portanto, seria um passo natural para continuar crescendo.

Muitas outras equipes também cobiçavam o ingresso na entidade em caráter definitivo. Assim como o time da Mooca, várias outros reuniam operários eram ligados a grupos de imigrantes, como por exemplo A.A. Luzitana e E.C. Húngaro Paulistano. Mas a organização associativa e principalmente a existência do campo da Javari despontaram como os fatores decisivos a favor do Cotonifício Rodolfo Crespi e em detrimento de rivais menos estruturados. Ter um estádio em condições adequadas era fator chave para entrar nas competições chanceladas pela Apea.

Em 4 de junho de 1926, durante assembleia realizada na sede da entidade, na Avenida Ipiranga, o Cotonifício Rodolfo Crespi Futebol Clube foi aceito e inscrito oficialmente como membro da Apea. A agremiação novata ingressaria na Divisão Municipal, que correspondia à Série B do futebol paulista – na prática, a quarta divisão. Mas o time do cotonifício nem chegou a jogar nela: por causa da cisão entre a Apea e a Liga Amadora de Futebol (LAF), a competição não foi disputada em 1926. O Cotonifício Rodolfo Crespi acabou sendo automaticamente promovido à 2° Divisão da Apea, a terceira divisão da entidade, de onde iniciaria sua trajetória no futebol oficial e organizado.

1927
PRIMEIROS TRIUNFOS

Alheio às disputas políticas que atrapalharam as competições em 1926, o Cotonifício Rodolfo Crespi Futebol Clube só pensava em sua estreia entre os filiados da Apea. A equipe tratou de se preparar, promovendo e participando de diversos torneios e festivais. Em 1927, era chegada a hora de disputar sua primeira competição oficial, o Torneio Início do Campeonato Paulista Amador da Segunda Divisão.

Marcado para 1° de maio, o torneio início – que tradicionalmente era disputado em um só dia – teve de ser concluído uma semana depois: por falta de luz natural no campo da Rua Cesário Ramalho, a decisão foi adiada para 8 de maio, no Estádio Palestra Italia. O Cotonifício Rodolfo Crespi chegou às finais e terminou na segunda colocação. Era um prenúncio de que lutaria palmo a palmo pelo título do campeonato propriamente dito.

A equipe comandada por Anniello Annunziato no torneio foi a seguinte: José; Ernesto, Pecorari, Zeca, Pieri, Paschoal, Oswaldo, Walter, Raul, Bodo e Roque. A estreia foi um empate em 2 a 2 com o Flor de Belém, com a classificação obtida graças ao critério de desempate (número de escanteios, 1 a 0). Depois, foram dois jogos com o Estrella de Ouro: um empate sem gols e depois uma vitória pelo placar mínimo na partida de desempate. Por fim, derrota por 2 a 0 para o Roma.

A boa campanha no torneio que inaugurava a temporada não fora mera coincidência: no Paulista Amador da Segunda Divisão, o time da Mooca foi vice-campeão com seu primeiro quadro, deixando escapar a taça só no jogo de desempate com o Voluntários da Pátria, em 6 de novembro de 1927 (derrota por 3 a 1). Além do Rodolfo Crespi e do Voluntários, o certame também foi disputado por A.A. Cambucy, A.A. Scarpa, Estrela da Saúde, Flor do Belém, Guanabara, Roma e União Belém.

Já no campeonato entre os segundos quadros – que na época era tão disputado quanto o dos times principais –, o Rodolfo Crespi foi o vencedor. A primeira taça da instituição foi obtida em 29 de outubro de 1927, diante do mesmo Voluntários da Pátria, com vitória por 3 a 1. O título do Paulista Amador da Segunda Divisão foi muito festejado, já que era o primeiro obtido dentro da Apea e representava em mais uma prova do engrandecimento do Clube.

1928
O FOGUETE DA MOOCA

Graças ao vice-campeonato conquistado pelo primeiro quadro no ano anterior, o Cotonifício Rodolfo Crespi disputaria a Primeira Divisão da Apea em 1928. Essa promoção era equivalente ao acesso da terceira à segunda divisão nos dias atuais. A façanha precoce demonstrava bem a visão vanguardista da direção, assim como o ótimo potencial técnico do plantel, que evoluía a cada dia.

A primeira campanha na Primeira Divisão foi apenas razoável, mas com diversos motivos para se animar. Em doze jogos, foram seis vitórias, um empate e cinco derrotas, com 24 gols a favor e dezessete contra, terminando na quarta colocação entre oito clubes (Barra Funda, República, Sílex, São Bernardo, São Paulo Alpargatas e Voluntários da Pátria completavam o certame). O técnico Anniello Annunziato tinha o seguinte time base: José; Eduardo e Zico; Nicolau, Túllio e Rafael; Roque (Vazio), Moacyr, Raul, Piccinin e Euvaldo. Com sete gols, o ponta-esquerda Euvaldo foi o artilheiro do time.

Entre os segundos quadros, o Cotonifício Rodolfo Crespi liderou de ponta a ponta e sagrou-se bicampeão estadual, agora na 1ª Divisão do Campeonato Paulista de Futebol Amador. Um título importantíssimo para toda a coletividade mooquense, que vibrou intensamente com o repeteco da conquista de 1927.

Em apenas dois anos de disputas em torneios da Apea, a arrojada agremiação da Mooca já somava dois títulos de segundos quadros. Era um aproveitamento fantástico para um clube que tinha acabado de ser aceito na entidade máxima e contabilizava apenas quatro anos de existência. A conquista também evidenciava uma das características inatas do Clube desde seus primeiros passos: a vocação para formar grandes atletas nas suas fileiras secundárias e categorias de base.

1929
CAMPEÃO DA PRIMEIRA

A empolgação de 1928 se estendeu para o ano seguinte. A campanha do Cotonifício Rodolfo Crespi no Campeonato Paulista da Primeira Divisão de 1929 foi fantástica, com treze vitórias, dois empates e só uma derrota. Foram 46 gols marcados e apenas treze sofridos – melhor ataque e melhor defesa do certame. O atacante Barão, com onze tentos, foi o artilheiro da competição. Por motivo de adequação do calendário, o título referente à temporada 1929 foi conquistado já no primeiro mês do ano seguinte, em 26 de janeiro de 1930, numa vitória pelo placar mínimo sobre a A.A. República, na Rua Javari, gol de Piccinin. Com essa conquista, o acesso à Divisão Principal do Futebol Paulista virava realidade, coroando todo o trabalho dos idealizadores da agremiação nos anos anteriores.

No caminho até o título estavam oponentes muito bons: A.A. Barra Funda, A.A. República, Estrela de Ouro, Roma, São Paulo Alpargatas, Voluntários da Pátria e União

Para a história: Cotonifício Rodolfo Crespi Futebol Clube, Campeão Paulista da Primeira Divisão de 1929

da Lapa. O público presente ao estádio sabia muito bem do tamanho daquela façanha e fez uma festa esplendorosa naquela tarde para celebrar os campeões, carregando-os em triunfo. Anniello Annunziato, que seguia no comando técnico do time, levou a campo a seguinte formação: José; Segalla e Berti; Rafael, Túllio e Sartori; Raul, Balista, Bellacosa, Piccinin e Zelindo.

Aquele título só confirmava o valor do elenco mooquense – que, meses antes, em abril de 1929, apenas cinco anos após a fundação do Clube, já tinha composto a base da Seleção Paulista Amadora. Berti, Túllio, Piola, Sartori, Gino, Raul e Carlos foram os convocados para enfrentar a Seleção Santista na Vila Belmiro. A Seleção Paulista venceu por 2 a 0, e ambos os gols foram marcados por atletas do Rodolfo Crespi (Gino e Raul). Foi mais um episódio que encheu de orgulho a gente do clube da Mooca nesses primeiros anos.

CASA EM ORDEM

O ano de 1929 também foi auspicioso fora dos gramados. Em 5 de novembro, a Apea chancelou a Rua Javari um como campo oficial que atendia aos padrões da entidade. As melhorias no local já vinham sendo gradualmente implementadas desde 1927, quando a direção decidiu construir novas arquibancadas de madeira para receber o público que comparecia aos jogos, que era cada vez mais numeroso. A madeira usada na obra foi doada pela Serraria Amélia, pertencente aos irmãos Licastro.

A dimensão do campo também foi alterada para o padrão oficial da Apea, ou seja, 104 metros de comprimento e 74 de largura. A evolução era visível, e a aprovação oficial da entidade só confirmava a Rua Javari como praça esportiva devidamente apta a receber as grandes competições organizadas pelo órgão máximo do esporte em São Paulo.

A reinauguração do campo já com o reconhecimento oficial pela Apea aconteceu em 10 de novembro de 1929, na partida entre o Cotonifício Rodolfo Crespi e o Roma. Os visitantes levaram a melhor, 2 a 1, mas o primeiro gol do estádio renovado foi do time da casa, marcado por Piccinin.

FUTEBOL EM EBULIÇÃO: A CIRANDA DAS LIGAS

A entrada do Cotonifício Rodolfo Crespi no futebol organizado de São Paulo aconteceu num momento conturbado, em meio a acaloradas brigas e desacordos políticos entre os dirigentes. Entre 1902 a 1931, foram várias as cisões, fusões, rompimentos e refundações de ligas e entidades que disputavam a consolidação do comando do esporte no Estado. Uma das principais cizânias aconteceu justamente no ano em que a equipe da Mooca buscou seu status oficial, mas as discórdias já vinham de muito antes.

O primeiro campeonato estadual de São Paulo aconteceu em 1902, sob a organização da Liga Paulista de Futebol (LPF), com vitória do São Paulo Athletic, uma agremiação ligada à colônia inglesa. Com a popularização do futebol, que até então tinha um caráter elitista, veio a primeira cisão, em 1913, com o surgimento da Associação Paulista de Esportes Atléticos (Apea), que ficou responsável pela organização dos campeonatos amadores.

A partir daí, dois campeonatos oficiais passaram a coexistir na capital paulista – um organizado pela LPF, outro organizado pela Apea. Em 1917, houve uma união entre as duas entidades, mas essa pacificação durou menos de uma década, graças ao desligamento do influente e poderoso Club Athletico Paulistano. Seus representantes acusavam as figuras ligadas à Apea de "falso amadorismo", de omissão nos casos de indisciplina e de manobras de bastidores, cobrando uma troca no comando. Como de costume nesses casos, não houve concessão ou acordo possível.

Assim, em 11 de janeiro de 1926, o Paulistano e um de seus aliados, a Associação Atlética das Palmeiras, patrocinam a fundação da Liga de Amadores de Futebol (LAF), uma entidade independente que causaria nova divisão no esporte paulista. Voltavam a existir dois campeonatos paralelos. Essa divisão durou até 1929. Em 8 de janeiro de 1930, por iniciativa do jornalista Cásper Líbero, a LAF foi dissolvida. Ele convocou uma assembleia geral da liga, que votou pelo fim da entidade e, por consequência, pelo retorno ao campeonato unificado em São Paulo.

Mooca em festa: comemoração da conquista do título paulista

4
JUVENTUS
TURIM NA MOOCA

Graças às conquistas de 1927, 1928 e 1929, a equipe do Cotonifício Rodolfo Crespi chegava à virada da década preparada para subir de degrau. A tão almejada vaga na Divisão de Elite do Campeonato Paulista da Apea começou a ser pleiteada oficialmente em maio de 1929. No dia 20 daquele mês, a direção recebia uma correspondência dos paredros da Apea reconhecendo oficialmente as intenções do Clube e abrindo as portas para um possível acesso:

Tomamos conhecimento do ofício de 15 do corrente do Cotonifício Rodolfo Crespi Futebol Clube pedindo a promoção à Divisão Principal. Informamos ao referido Clube que, em caso de ser aumentada a citada divisão, será o mesmo contemplado com a sua pretensão.

A popularidade da equipe mooquense era notória e o pleito era justo, mas os estatutos da Apea não permitiam a entrada de times classistas nas competições das divisões maiores. Ou seja: clubes que levassem o nome de empresas, firmas, indústrias e estabelecimentos comerciais não podiam disputar a primeira divisão. A única solução para se juntar às melhores equipes seria alterar o nome do Cotonifício Rodolfo Crespi.

A sugestão do novo nome partiu justamente da figura que inspirava o título original da agremiação. O conde Rodolfo Crespi acabara de voltar da Itália, tendo passado pela cidade de Turim, no Piemonte, norte da Velha Bota. Lá, assistiu ao clássico entre os dois principais clubes locais, Juventus e Torino, pelo Campeonato Italiano. Entusiasmado com a qualidade da equipe alvinegra e com a estrutura do futebol italiano à época, incumbiu seu filho Adriano, então presidente da agremiação mooquense, de fazer a troca. O romântico Cotonifício Rodolfo Crespi Futebol Clube sairia de cena. Surgia assim o imortal Clube Atlético Juventus.

1930
BATISMO DE FOGO

A Assembleia Geral Extraordinária realizada em 19 de fevereiro de 1930, na sede social situada na Rua João Antônio de Oliveira, número 9, oficializou a alteração do nome da instituição. Eis a ata da reunião, em sua gramática original da época:

> Aos dezenove dias do mês de fevereiro de 1930, na sede social, a rua João A. de Oliveira nº 9, realizou-se a Assembleia Geral Extraordinária do Cotonifício Rodolfo Crespi F.C., especialmente convocada para resolver sobre a mudança de nome do clube.
>
> Preside os trabalhos o Sr. Eduardo Patrima, vice-presidente, tendo como secretário quem este subscreve. Não tendo havido o número legal a hora marcada, o sr. Vice-presidente faz segunda convocação para as 21 horas, quando se verificou o comparecimento de regular número de sócios, conforme as assinaturas deixadas no livro de presença.
>
> Abrindo a sessão, o sr. Vice-presidente propõe que seja consignada em ata um voto de profundo pesar pelo falecimento do inditoso socio Sr. Conde Dino Crespi. Essa proposta foi unanimemente aceita.
>
> A seguir, S.S. explica aos presentes o motivo dessa reunião: em conversa com o Sr. Presidente Conde Adriano Crespi, este lhe expôs a situação do futuro do clube, fazendo ver a conveniência de ser mudado o nome desse clube para outro que não fizesse parecer a ligação deste clube com o do estabelecimento fabril; assim, aproveitando o prestígio que desfruta atualmente o clube de grandes tradições na Europa, propunha para se mudasse o nome do Cotonifício Rodolfo Crespi F.C., para o de Clube Atlético Juventus, sendo aprovada por todos os presentes.
>
> Agradecendo a todos pela boa ordem dos trabalhos, o sr. Vice-Presidente levanta a sessão. A presente ata foi por mim 2º secretário lavrada, digo secretário de mesa, que por ser a expressão da verdade, dato e assino.
>
> São Paulo, 21 de fevereiro de 1930
> Angelo Agarelli

Novos rumos: cerimônia de mudança de nome. Sai de cena
o Cotonifício Rodolfo Crespi F.C. e nasce o Clube Atlético Juventus

Cotonifício Rodolfo Crespi Futebol Clube

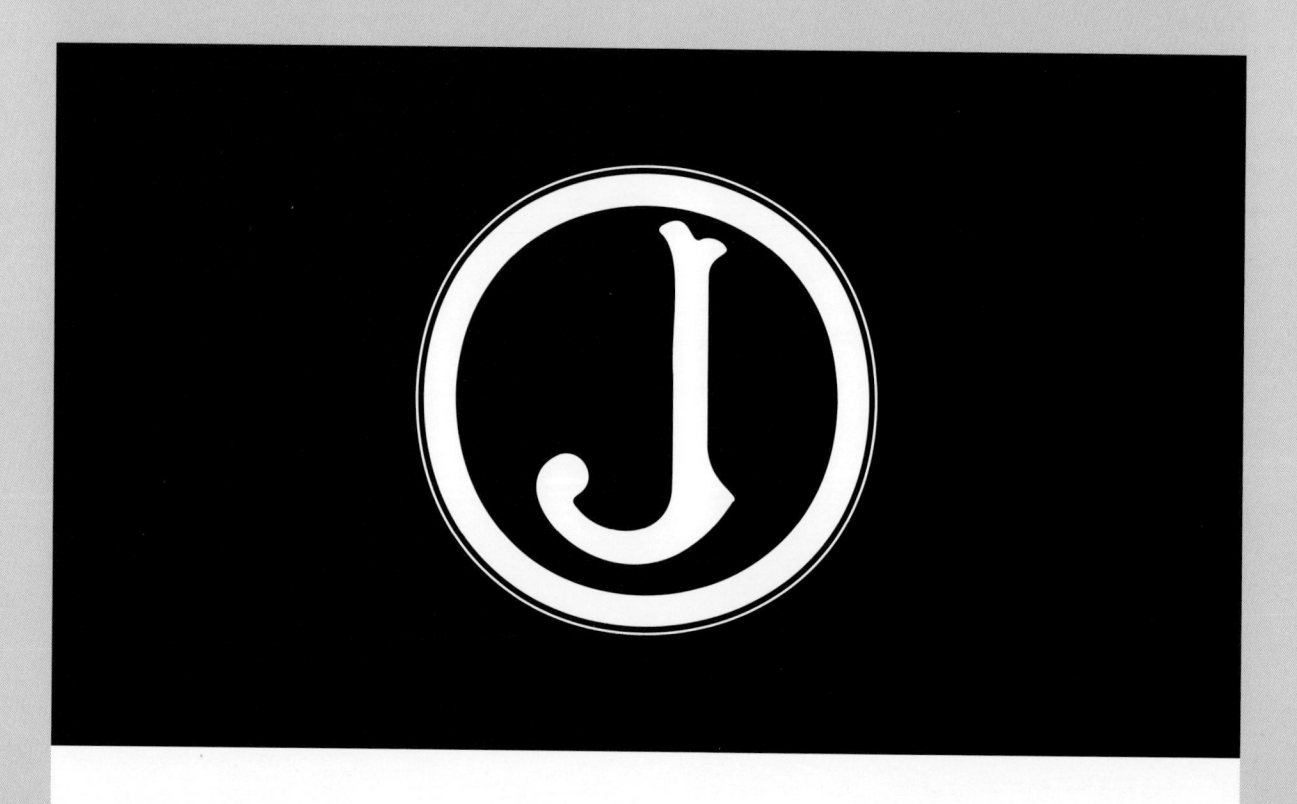

Clube Atlético Juventus

42 GLÓRIAS DE UM MOLEQUE TRAVESSO CENTENÁRIO

Resolvida a questão do nome, faltava solucionar outro tema: o uniforme a ser usado pelo Clube Atlético Juventus. Os estatutos da Apea ainda não incluíam itens que esclarecessem aos filiados sobre as cores das agremiações. Ao protocolar o registro da mudança de nome junto à entidade, os diretores pretendiam usar o preto e branco, as mesmas cores do uniforme da Juventus italiana. Mas isso criou um impasse na Apea: diversos filiados que militavam na divisão principal, incluindo Corinthians, Santos, Ipiranga e outros, já ostentavam essas mesmas combinação.

As cores tradicionais do Cotonifício Rodolfo Crespi – preto, vermelho e branco – também não eram uma opção viável, pois já eram usadas pelo São Paulo da Floresta e pelo Internacional. Procurou-se, então, uma cor que ainda não fosse usada pelos concorrentes. E a alternativa, mais uma vez, foi idealizada pelo maior benfeitor do Clube. Apesar de a equipe de sua preferência na Itália ser a Juventus, Rodolfo Crespi propôs a adoção do grená com branco, as cores do Torino, arquirrival da Vecchia Signora em Turim.

Estavam escolhidas as cores oficiais do Clube Atlético Juventus, que permanecem até hoje. Uma versão alternativa dessa história contava que a adoção do grená e branco tinha ido uma forma de agradar aos irmãos Raul e Adriano, filhos do conde Rodolfo Crespi – afinal, cada um torcia para um dos times da capital do Piemonte. Essa versão, contudo, não passa de uma lenda.

ESTREIA NA ELITE

A abertura da temporada 1930 da Divisão Principal da Apea em São Paulo retomava uma velha tradição: o charmoso Torneio Início, com partidas eliminatórias de apenas 20 minutos, num único dia e local – um formato que a equipe da Mooca já conhecia bem, pois disputara o Torneio Início em divisões inferiores anos antes. Agora esse certame relâmpago retornava também à elite do futebol paulista.

Além dos já tradicionais Corinthians, Palestra Italia e Santos, o torneio tinha outras equipes muito fortes – e, entre os "medalhões", estava um debutante corajoso. Mas a trajetória do Juventus no certame foi curta: derrota por 2 a 1 para o América, antigo C.A. Silex. O único gol do time grená foi de Raul, sempre ele, o primeiro grande ídolo grená. A rápida eliminação no Torneio Início era boa amostra do grau de dificuldade que o Juventus passaria a enfrentar em seus embates com os times da Divisão Principal.

Na semana seguinte, a equipe mooquense enfim estreava oficialmente no topo da pirâmide de divisões do futebol paulista. No histórico dia 16 de março de 1930, Juventus e Santos se enfrentaram na Vila Belmiro, na rodada inaugural do Campeonato Paulista da Apea. O resultado, como seria razoável prever, não foi dos melhores para os calouros: um triunfo santista por 6 a 1.

Ainda assim, não havia motivo para desânimo ou tristeza: o sonho maior de estar entre os grandes já era uma doce realidade para aquele grupo de abnegados. O técnico Anniello Annunziato levou ao gramado da Vila a seguinte formação: José; Berti e Segalla; Romeu, Tullio (capitão) e Rafael; Raul, Batista, Moacyr, Bellacosa e Piccinin. O tento de honra, o primeiro gol juventino na história do Paulistão, foi marcado pelo avante Piccinin.

Além do já poderoso Santos, o Juventus enfrentaria outras fortes equipes naquele Paulista de 1930. Aos já citados Corinthians e Palestra Italia juntavam-se América, C.A. Santista, Germânia, Guarani, Internacional, Portuguesa de Desportos, São Bento, São Paulo da Floresta, Sírio e Ypiranga.

O time-base do Juventus na competição tinha José; Berti e Segalla; Bellacosa, Dudu (Tullio) e Rafael; Vazio, Nico, Raul, Piccinin e Piola (Moacyr). O comando técnico foi de Anniello Annunziato no primeiro turno e de Raphael Liguori no segundo.

Ao longo daquela campanha, o Juventus disputou a primeira partida noturna de sua história, realizada no Estádio da Chácara da Floresta, diante do Palestra Italia, em 24 de maio de 1930. O placar do encontro registrou um empate de 3 a 3. Os jornais da época registram que, como nenhum dos dois times já havia atuado num jogo à noite, o nível técnico foi prejudicado – o que, em tese, teria favorecido o time grená, menos técnico. Piccinin e Raul, duas vezes, foram os responsáveis pelos gols juventinos naquela noite.

No total, a equipe mooquense fez 26 jogos e somou 21 pontos, com dez vitórias, um empate e quinze derrotas. Foram 39 gols marcados e 61 sofridos. O artilheiro do Juventus na competição foi o atacante Nico, com doze gols marcados. Saldo final: a décima posição no primeiro Campeonato Paulista da Divisão Principal de sua história.

O grená debuta na elite: equipe de 1930 do Clube Atlético Juventus

Àquela altura, no entanto, a colocação final no campeonato era algo secundário. Os idealizadores do Clube ocuparam-se em comemorar, pois em pouco mais de seis anos de atividades, ele crescera de forma espetacular, saindo da várzea e conquistando seu lugar na elite do futebol paulista – motivo de muito orgulho numa comunidade cada vez mais numerosa.

1931
JOIAS JUVENTINAS

O futebol paulista foi sacudido por um fenômeno inesperado no início dos anos 1930: um êxodo de suas principais estrelas rumo ao exterior. Graças aos portentosos salários pagos pelas agremiações europeias já naquela época, as grandes equipes de São Paulo e do Rio de Janeiro sofreram com o assédio aos seus atletas mais talentosos, em especial pelos clubes da Itália. Resultado: muitos dos elencos que disputariam a temporada 1931 estavam esvaziados.

O Juventus seguia na contramão: além de não ter sido prejudicado pelo êxodo, a diretoria tratou de reforçar a equipe para o Paulista da Divisão Principal, montando um verdadeiro esquadrão. Sua colocação final, no entanto, não foi muito superior à do ano anterior: um modesto oitavo lugar. Foram 23 pontos somados em 23 partidas, com dez vitórias, três empates e treze derrotas. O time grená marcou 47 gols e tomou 64.

Apesar da campanha discreta, houve motivos para comemorar. Um deles foi o desempenho de um médio que aliava força física a uma técnica apurada: Brandão, contratado do República da Aclimação, encantou a todos em sua chegada ao Juventus e foi apontado como uma das revelações do certame de 1931. Outro destaque do time grená foi o goleiro de origem húngara José Lengyel, popularmente conhecido como José "Hungarês".

No segundo turno, o Juventus passou a contar com mais um dos craques da competição: Hércules, um ponta-esquerda muito habilidoso, forte e com faro de gol, que exibia um futebol fino e elegante. O artilheiro grená na competição, com nove gols marcados, foi Raul da Rocha Soares. O time base, sob a batuta do técnico Antônio Câmara, era o seguinte: José; Piola e Segalla; Bellacosa, Brandão e Rafael; Armando, Orlando, Raul, Moacyr e Hércules.

Além de Brandão, José "Hungarês" e Hércules, o Juventus teve mais uma figura destacada naquela temporada – mas vestindo a camisa da Seleção Brasileira. Em meados de 1931, São Paulo recebeu a visita do Ferencváros, da Hungria, que realizava uma excursão a América do Sul. Os húngaros tinham fama mundial: dizia-se que era o maior time do planeta à época, com craques consagrados e um futebol quase científico, muito mais tático e organizado que no resto do mundo.

Na capital paulista, o Ferencváros lotou os estádios em amistosos contra Palestra Italia e Seleção Paulista. Em 2 de julho, foi a vez do duelo com a Seleção Brasileira, que na ocasião seria formada por jogadores dos clubes do eixo Rio-São Paulo. A goleada brasileira por 6 a 1 no Estádio Palestra Italia contou com grandes nomes do futebol local, como Domingos da Guia, Del Debbio, Serafini, Pepe, Ministrinho e Petronilho de Britto.

Para surpresa geral, porém, o maior destaque da Seleção naquele dia foi um atacante pouco badalado que atuava no Juventus: Antônio Martins de Souza, mais conhecido como Nico. O avante grená fez uma partida de encher os olhos, anotando dois gols e entrando para sempre na história como o primeiro atleta do Juventus a defender a Seleção e o primeiro a marcar gols com a camisa do Brasil.

Esquadrão do Juventus em 1931

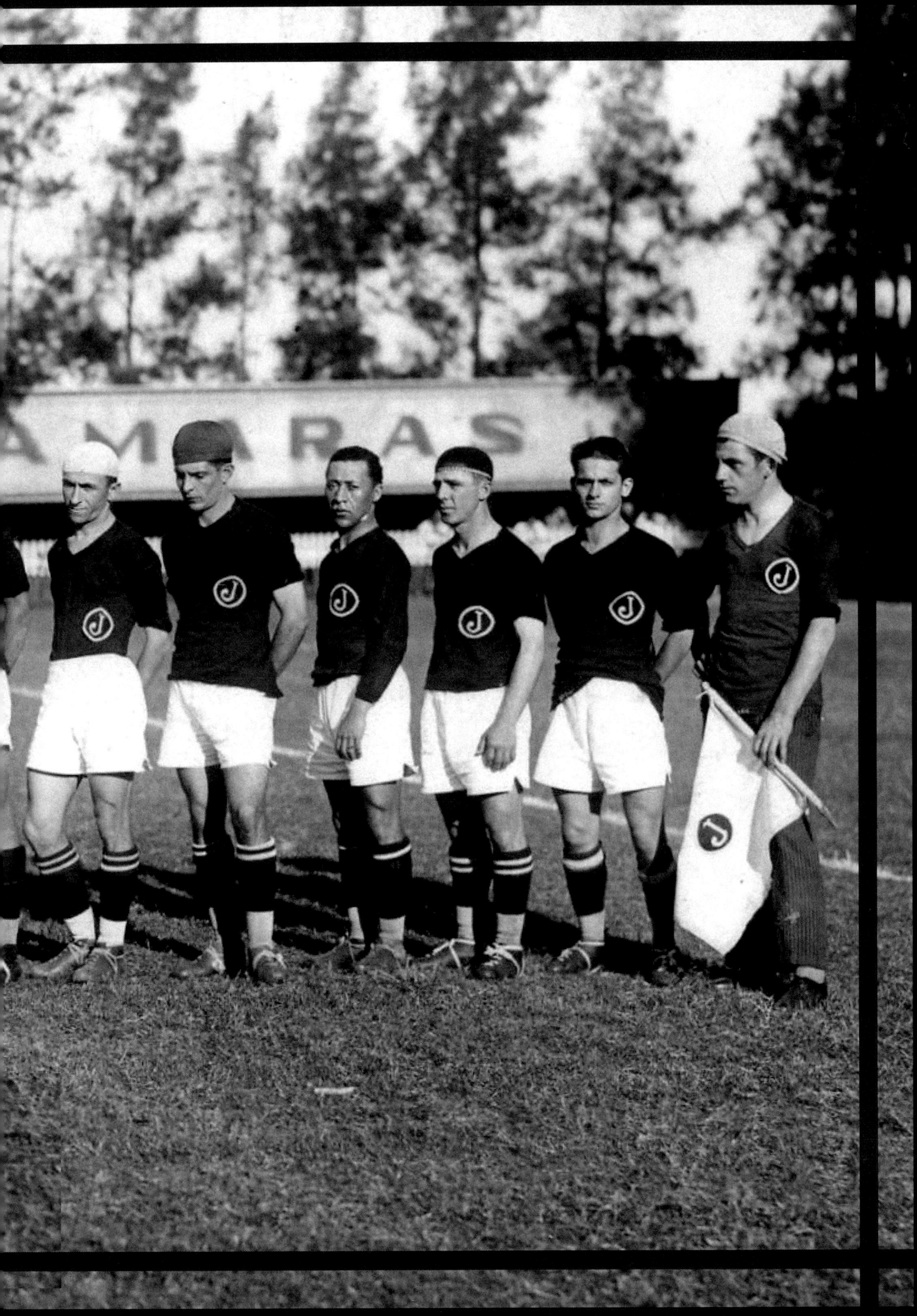
AMARAS

1932
A MÁQUINA E A REVOLUÇÃO

O ano de 1932 deixou marcas profundas no futebol paulista. A começar pelo impacto da Revolução Constitucionalista – o levante de São Paulo contra o governo de Getúlio Vargas abreviou o campeonato da Apea, que acabou tendo apenas um turno. Além disso, havia a mobilização em prol da implantação do futebol profissional em São Paulo e no Rio de Janeiro, que estava prevista para o início do ano seguinte. De olho numa vaga entre os participantes do primeiro campeonato profissional, os clubes paulistas saíram à caça de reforços.

Almejando a consolidação na divisão de cima do futebol no Estado, o Juventus nem precisou de grandes mudanças. Aproveitando a base e o entrosamento da equipe de 1931 e contando ainda com o crescimento de alguns atletas que vinham subindo de produção – como o próprio Nico –, a equipe do técnico Raphael Liguri entrou para a história como um autêntico esquadrão.

José; Segalla e Piola; Joãozinho, Brandão e Rafael; Vazio, Nico, Orlando, Moacyr e Hércules. Todo juventino do passado tinha essa escalação na ponta da língua. Esse timaço ficou imortalizado na memória da coletividade grená como "Os Inesquecíveis", ou como a "Máquina Juventina". Aqueles craques foram os responsáveis pela melhor colocação do Clube na Divisão Principal do Paulista até aquele momento: terceiro lugar, com oito vitórias e três derrotas, 30 gols a favor e dezenove contra. Vazio, com nove gols, foi o artilheiro grená.

Um dos principais duelos daquela edição do Estadual aconteceu na quinta rodada, na partida entre duas equipes que vinham invictas: Juventus x Palestra Italia. Os jornais da época descreviam o embate como uma "final antecipada". O Juventus sucumbiu por 3 a 1, mas deu claras provas de sua qualidade – tanto que o time de Raphael Liguri foi exaltado pela crônica paulista.

AS TAÇAS VIRARAM FUZIS

O Juventus não ficou alheio à campanha militar de 1932. Como prova de seu apoio à Revolução, o clube entregou 115 taças e troféus de sua galeria à chamada Campanha do Ouro – que mobilizava entidades de diversos setores para receber doações que ajudassem a sustentar o movimento. Com isso, o patrimônio esportivo construído pelo Clube até aquele momento foi convertido em balas, capacetes e fuzis. As glórias dos primeiros anos do Juventus passaram a constar apenas em atas, livros e registros da época.

Os troféus foram encaminhados à Apea junto de uma correspondência oficial. O texto, transcrito a seguir em sua gramática original, tem um tom solene, refletindo bem o sentimento patriótico da época:

São Paulo, 25 de agosto de 1932

Illmºs. srs. Directores da Associação Paulista de Esportes Athleticos

Prezados Senhores,

Com o presente, entregamos a Vs. Ss. 115 tropheos, nossa contribuição pró Sagrada Causa de São Paulo.

Taes tropheos representam toda a vida esportiva desta agremiação.

Em cada um deles palpita uma recordação, uma victoria ou um feito esportivo. Nelles, por assim dizer, se resume todo o nosso passado.

São modestos, na sua maioria, esses tropheos, porque Clube novo sahido ainda hontem das pelejas varzeanas, outros não tem para dar.

A HISTÓRIA DO CLUBE ATLÉTICO JUVENTUS   49

Dá, porém tudo o que tem e sentir-se-á feliz se porventura a sua contribuição poder servir de alguma cousa, por pequena que seja.

Innumeros "Juventinos" correram a luta na defesa de São Paulo e do Brasil; se esses bravos offerecem á nossa querida terra a sua vida, o Juventus lhe offerece também tudo o que seja seu.

Clube Paulista estamos com São Paulo para viver ou para morrer.

À gloriosa Associação Paulista de Esportes Athleticos, integrada como sempre na defesa de São Paulo, entregamos, pois, tudo o que temos para que lhe dê o destino conveniente, e no dia da victoria de São Paulo, que é certa e não está longe, sentir-nos-emos orgulhosos pelo dever cumprido; nem outro galardão desejamos.

Tudo por São Paulo.

Sem mais, apresentamos nossos maiores protestos de elevada estima e consideração, subscrevendo-nos.

C.A. Juventus

A doação dos troféus não foi o único envolvimento do Clube com a Revolução. Tanto o Juventus como as demais agremiações também colaboraram com o movimento paulista no cotidiano do movimento, cedendo suas dependências e sedes sociais para a instalação de enfermarias. A agremiação da Mooca promoveu campanhas para arrecadar alimentos enlatados, sabonetes e outros itens de uso diário.

Houve inclusive participação direta de esportistas juventinos no conflito – muitos deles fizeram parte do Regimento Militar Esportivo, pelotão do Exército Paulista formado exclusivamente por atletas, que chegou a se juntar ao front de batalha de 1932. Felizmente, nenhum atleta juventino se feriu ou foi abatido em combate.

1933
BOLA PARADA

A Revolução Constitucionalista deixou um rastro de destruição não apenas nos alvos bombardeados pelas forças leais ao regime de Getúlio Vargas. Os prejuízos causados pelo conflito foram bastante significativos – inclusive para o Cotonifício Crespi. No fim de 1932, Adriano Crespi retornou de uma viagem à Itália, deparando-se com uma situação financeira complicada no negócio da família. Seria preciso adotar medidas para restabelecer a saúde da empresa – e quem levaria a pior seria o Clube Atlético Juventus.

Apesar do crescimento da agremiação, ela ainda dependia totalmente do Cotonifício Crespi, que continuava sendo seu principal mantenedor, arcando com uma parcela substancial das despesas da equipe. Em função do momento delicado da fábrica e das perdas causadas pela Revolução, o Juventus viu seus recursos escassearem, sem ter a quem recorrer. Para completar, ainda havia a questão do profissionalização do futebol paulista, que tornava tudo ainda mais complicado.

A saída foi dolorosa, mas inevitável: decidiu-se por um afastamento provisório da equipe durante dois anos, retirando o Juventus de duas temporadas de competições da Apea (em 1933 e 1934). O pedido de afastamento foi realizado pelo vice-presidente do Clube, Manoel Vieira de Souza, que também exercia a função de segundo secretário da Apea. O dirigente levou ao conhecimento da entidade a situação do Clube e teve seu pedido aceito.

Apesar de doloroso, o afastamento era a única alternativa viável para a direção. Caso decidisse abandonar a Apea, o Clube teria de amargar um retrocesso impensável: o estatuto da entidade determinava que agremiações que saíssem e depois pleiteassem seu retorno teriam de voltar a disputar uma vaga na terceira divisão. Ou seja, seria preciso voltar à estaca zero tão logo o Juventus pudesse ficar de pé outra vez.

Em nota publicada no jornal *O Estado de S. Paulo* em 21 de dezembro de 1932, a diretoria juventina comunicava a suspensão das atividades do futebol até segunda ordem. O texto, assinado pelo secretário-geral Odilon Rangel, dispensava seus atletas de quaisquer compromissos com o Clube. Foi o início de um assédio implacável sobre os atletas que formavam a Máquina Juventina.

O Corinthians levou o zagueiro Segalla; o Palestra Italia, os meias Orlando e Vazio. Para o extinto São Paulo da Floresta foram o médio Rafael, o atacante Hércules e o goleiro José, enquanto a Portuguesa se reforçou com Joãozinho, Nico e Brandão. Moacyr foi para o Ypiranga.

Do esquadrão de 1932, só Piola continuou ligado ao Juventus – ele decidiu aguardar a retomada das práticas esportivas pela equipe mooquense, num belo e louvável gesto de fidelidade e amor à camisa grená.

Além do Juventus, outras três agremiações da Apea – C.A. Santista, S.C. Internacional e S.C. Germânia – permaneceram filiadas mas sem participar de nenhuma disputa oficial nos anos de 1933 e 1934. Isso incluía não só o futebol das divisões superiores, mas também duelos amistosos e torneios menores. O Juventus continuou ativo nas disputas de outras quatro modalidades: ciclismo, hóquei, boxe e tênis de mesa.

O campo da Rua Javari foi usado apenas ocasionalmente. Em 15 de outubro de 1933, por exemplo, o estádio recebeu um amistoso entre a Seleção Paulista e o Botafogo do Rio. Foi uma chance de ouro para o torcedor rever alguns de seus ídolos: José, Segalla, Dudu e Raul foram convocados pelo selecionado estadual e participaram do jogo. O time de São Paulo venceu por 2 a 1, com gols de Raul e Pupo.

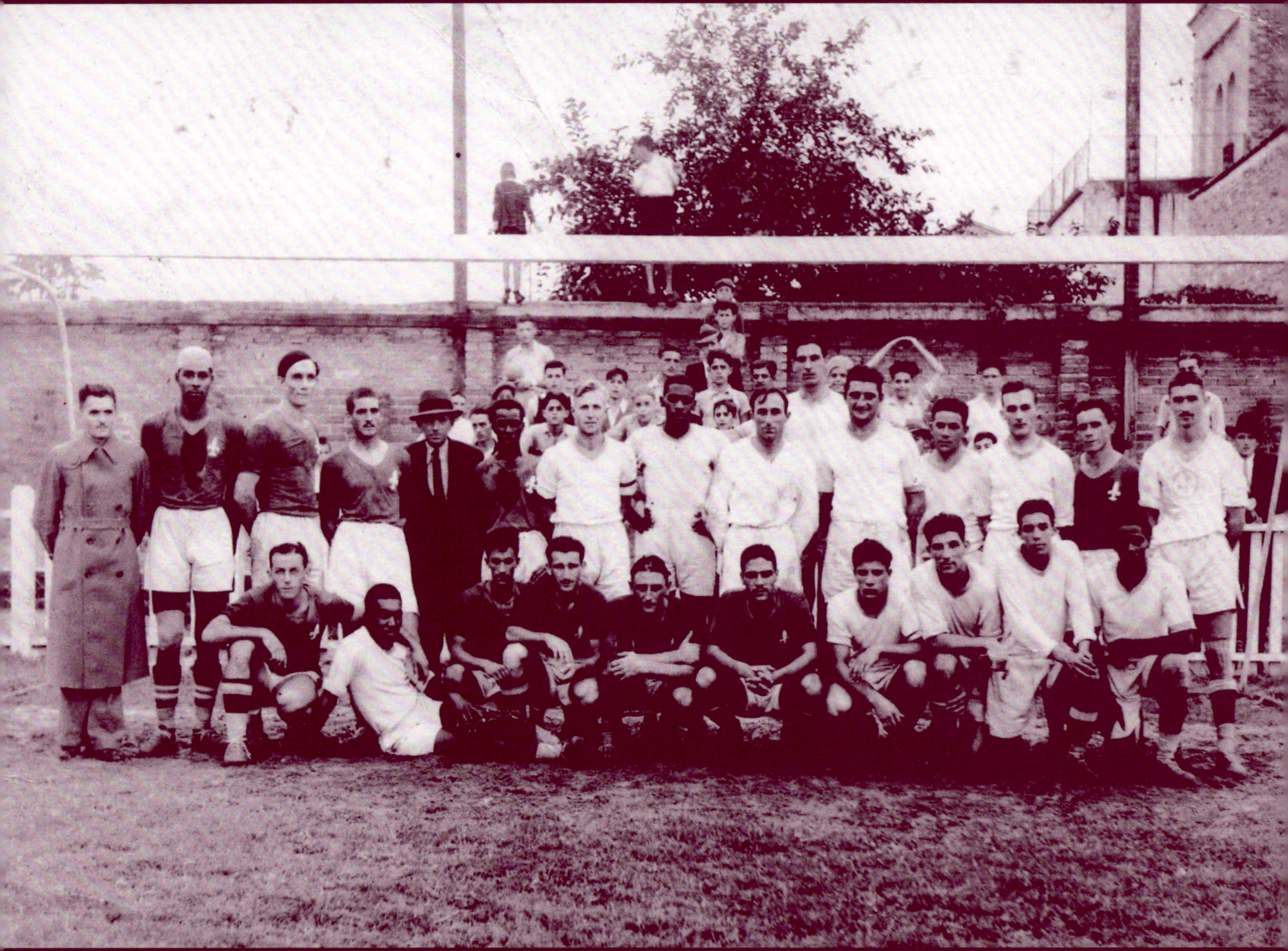

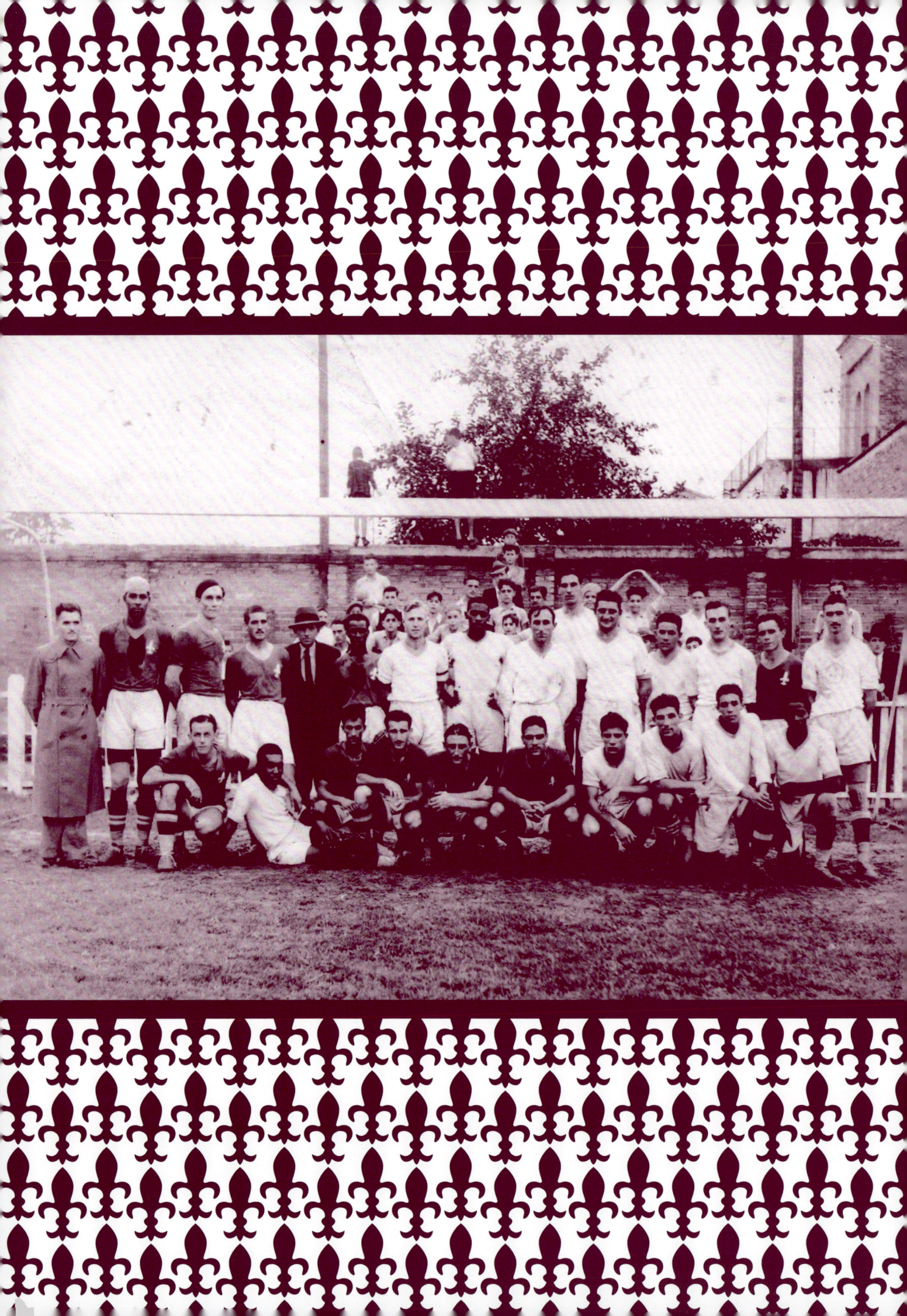

1934
SAI O JUVENTUS, ENTRA O FIORENTINO

A transição para o profissionalismo no futebol paulista foi uma grande bagunça. Com múltiplas entidades tentando filiar clubes e organizar o esporte, os conflitos de interesses e disputas de bastidores tornaram-se inevitáveis. Em âmbito nacional, por exemplo, havia duas entidades em lados opostos: Confederação Brasileira de Desportos (CBD, atual CBF) e Federação Brasileira de Futebol (FBF), essa última surgida em 1933, da união entre Apea e Liga Carioca de Futebol (LCF). Como só a CBD era reconhecida pela Fifa como organizadora da modalidade no país, a FBF passou a ser uma opção pouco atraente. As filiações minguaram. A entidade se enfraqueceu e acabou se dissolvendo.

Em São Paulo, a disputa pelas adesões dos clubes era entre a Apea e a Federação Paulista de Futebol (FPF). Ligada à CBD, a federação tentava atrair diversas equipes ao seu rol de filiados. O Juventus era um deles. Apesar do anúncio do afastamento do Clube no fim de 1932, abrindo mão da participação no primeiro certame profissional da Apea, em 1932, a FPF tentava convencer a equipe grená a participar de seu campeonato amador.

Em entrevista concedida ao jornal O Correio de S. Paulo em 15 de abril de 1934, Angelo Agarelli, o secretário-geral da agremiação, garantia, ao ser questionado sobre a possibilidade de filiação à FPF: "O Juventus não pretende ingressar nessa entidade. Esse assunto já está liquidado". Na mesma entrevista, que ocorreu quando um repórter do Correio encontrou o dirigente por acaso, nos arredores da sede da Apea, Agarelli ressaltou que o time grená estava afastado dos certames oficiais.

"Ficou decidido na última assembleia que o Clube Atlético Juventus não disputaria campeonato oficial de espécie alguma, nem na Apea, como profissional, nem na FPF, como amador", insistiu o secretário-geral. "Neste ano de 1934 continuaremos disputando somente amistosos, a fim de divertir nossos associados." Aquela declaração, contudo, era só um despiste. Na verdade, a história era bem diferente.

Com o Clube formalmente licenciado da Apea, o conde Rodolfo Crespi e seu filho Adriano decidiram fundar uma nova equipe, que assim poderia disputar o campeonato amador da FPF já em 1934 – e, de quebra, sem que o status formal do Juventus fosse alterado. Em homenagem à condessa Marina Regoli Crespi e seus pais, Pietro Regoli e Margherita Regoli, todos eles de Florença e torcedores da Fiorentina, decidiu-se pelo nome Clube Atlético Fiorentino. A data de fundação, 20 de abril de 1934, comprova que as engrenagens já estavam girando quando o secretário-geral Agarelli falou ao repórter do Correio, apenas cinco dias antes.

O Fiorentino passou a utilizar toda a estrutura física, organizacional e humana do Juventus, incluindo o campo da Rua Javari, bem como os jogadores que ainda permaneciam por lá. O uniforme seria idêntico ao da Fiorentina: réplicas da camisa roxa da equipe toscana trazidas da Itália pelo conde Adriano Crespi.

O Clube Atlético Fiorentino manteve-se em atividade por um curto período, entre 1934 e 1936 – mas chegou a atuar mesmo depois do retorno do Juventus à liga principal disputando partidas preliminares nos dias de jogos do Juventus. O capítulo mais marcante de sua breve trajetória, porém, foi escrito no próprio ano de 1934, pouco após seu inesperado surgimento.

CAMPEÃO LEGÍTIMO E RECONHECIDO

O Campeonato Paulista Amador de 1934 foi sensacional do ponto de vista técnico. Entre as equipes participantes estavam Hespanha de Santos (atual Jabaquara), São Paulo Railway (atual Nacional), Ponte Preta de Campinas, Albion e A.A. República, entre outros. O recém--criado Fiorentino, contudo, não teve muita dificuldade para atropelar a concorrência, conquistando o título de forma invicta e antecipada. A partida que sacramentou a façanha aconteceu em 2 de setembro de 1934, na Javari: 5 a 3 na Ponte Preta, com gols de Euvaldo, Euclydes, Raul, Bellacosa e Moacyr.

O resultado credenciou o Fiorentino a disputar a final do Campeonato Estadual promovido pela FPF com a Ferroviária de Pindamonhangaba, campeã amadora do interior. A decisão aconteceria em melhor de três jogos. Com triunfos expressivos por 5 a 0 e 3 a 1, o Fiorentino sagrou-se Campeão Estadual Amador de 1934 sem nem precisar disputar um terceiro jogo.

A partida final foi em 28 de outubro, na Javari, e o Fiorentino levou a campo Tito; Segalla e Bellacosa; Joãozinho (Italia), Dudu e Gongora; Sabratti, Euclydes, Raul, Moacyr e Euvaldo. Os tentos do Fiorentino foram de Sabratti e Raul (duas vezes). Autor de três gols na goleada por 5 a 0 em Pindamonhangaba, Raul foi carregado em triunfo pelos torcedores, numa festa inesquecível.

Em 1º de novembro de 1934, a Federação Paulista de Futebol fez constar em ata o título conquistado pelo Clube Atlético Fiorentino, que era proclamado legítimo Campeão Paulista Amador de 1934. Um mês depois, a entidade organizou uma festa para homenagear os jogadores, entregando a cada um deles uma belíssima medalha. A taça de 1934 permanece cuidadosamente preservada e exposta na sala de troféus do Juventus até os dias de hoje. A farta documentação sobre aquela importante conquista foi fundamental para que, em 2021, a federação reconhecesse oficialmente o Juventus como campeão estadual de 1934 ao lado do Palestra Italia/Palmeiras, vencedor do certame promovido pela Apea.

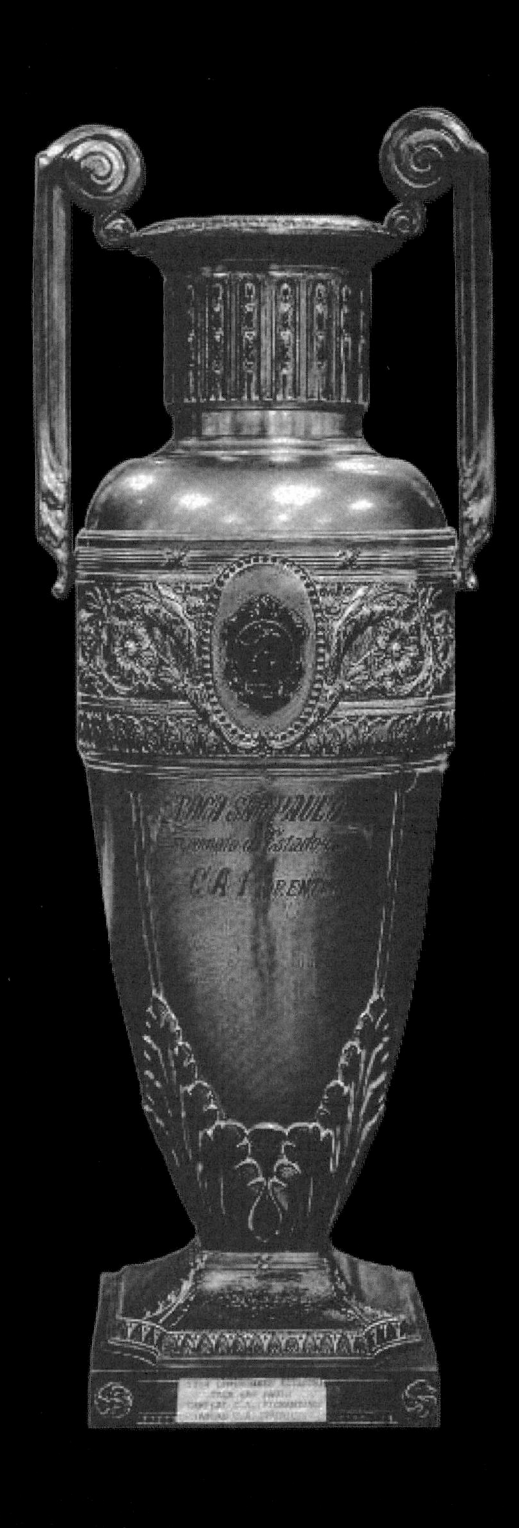

De fato e de direito: C.A. Fiorentino, Campeão Paulista de 1934

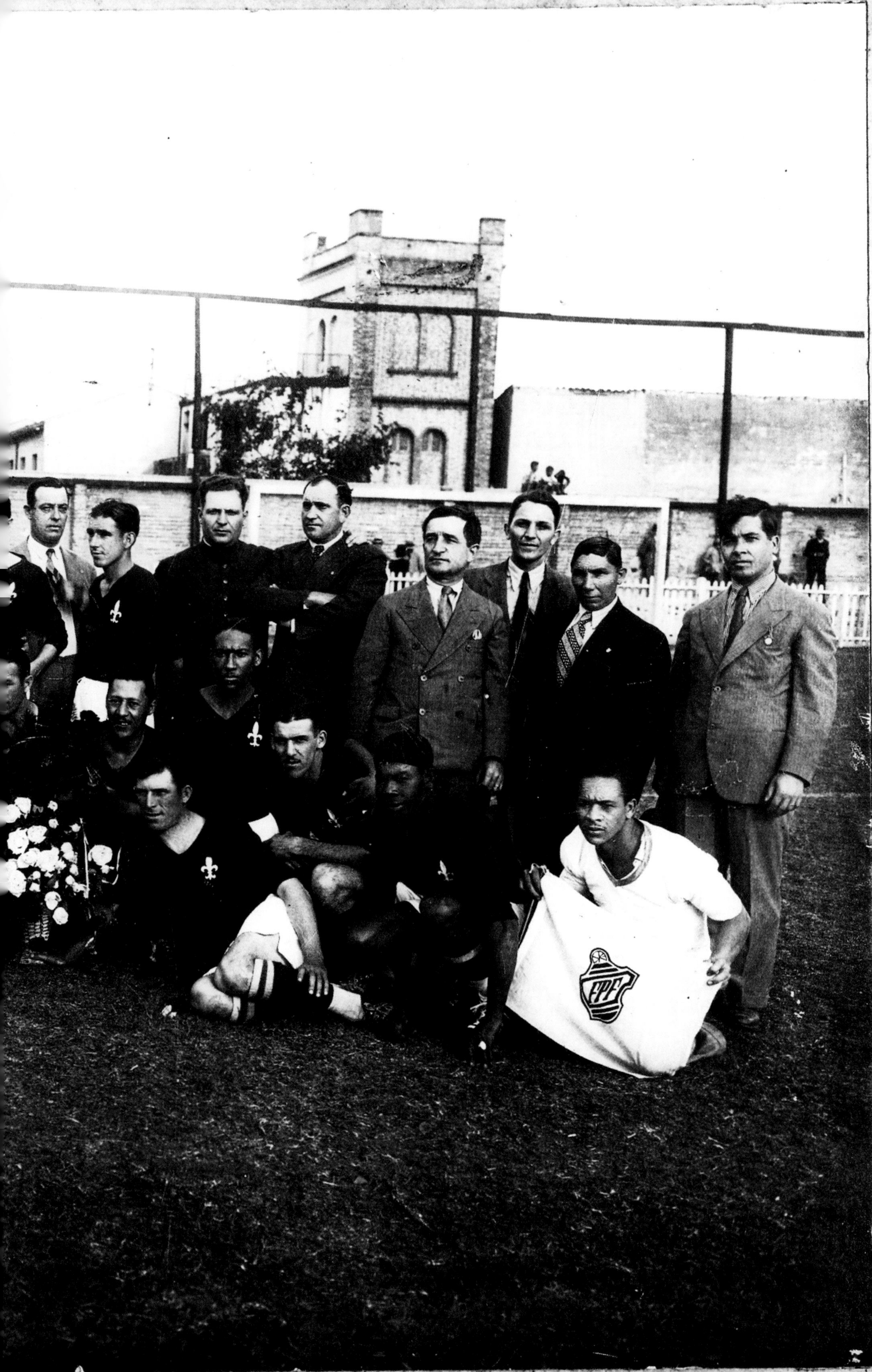
FPF

5
A ERA PROFISSIONAL
PRIMEIRAS TRAVESSURAS

No apagar das luzes de 1934, dois meses depois da histórica conquista do Clube Atlético Fiorentino no Estadual amador, sete equipes desligaram-se da Apea e criaram uma nova entidade, inicialmente chamada de Liga Bandeirante de Foot-Ball (LBF) e rebatizada logo em seguida de Liga Paulista de Futebol (LPF). A fundação aconteceu em 27 de dezembro de 1934 e teve o Juventus entre seus filiados iniciais, ao lado de Corinthians, Hespanha, Palestra Italia, Portuguesa Santista, Santos e São Paulo.

Como a nova liga ficaria ligada à CBD, sediada no Rio de Janeiro e devidamente reconhecida pela Fifa, ela estaria autorizada a promover partidas internacionais envolvendo seus clubes. A Apea continuaria ativa, mas muito esvaziada, com apenas a Portuguesa de Desportos como filiada de peso. Sob aquele arranjo, o futebol paulista passaria a ter dois campeonatos a partir de 1935:

um certame organizado pela Liga Paulista de Futebol, cujos times participantes aderiam ao profissionalismo, e o da Apea, ainda no amadorismo.

1935
O DIFÍCIL RETORNO

Após passar dois anos afastado para se adequar às exigências impostas pelo profissionalismo, o Juventus voltava à cena no novo Campeonato Paulista da LPF. A reintegração à divisão principal demandava uma reformulação no elenco, que passaria a ser comando pelo técnico João Gragnianini. Sua missão não era nada simples: montar um time capaz de jogar de igual para igual com os poderosos Corinthians, Palestra Italia e Santos. Na prática, contudo, o Juventus seria representado pela base do Fiorentino campeão amador, acrescida apenas do goleiro Rossetti, que atuava no futebol do interior.

No Torneio Início do Paulista de 1935, o Juventus até conseguiu derrotar o Santos na primeira rodada, 2 a 1, mas foi eliminado já no duelo seguinte pelo Palestra Italia, que venceu por 2 a 0. O abismo técnico que separava a modesta equipe grená dos demais participantes era nítido. O resultado foi uma campanha bem apagada no Estadual: sétimo lugar, com uma vitória, dois empates e nove derrotas, marcando só treze gols a sofrendo 31. O artilheiro juventino foi Octávio, que anotou três gols na campanha.

1936
SURGE O MOLEQUE TRAVESSO

As coisas melhoraram para o Juventus no Campeonato Paulista de 1936: com a equipe já adaptada à disputa acirrada na elite estadual, a campanha foi bastante superior à de 1935, com onze vitórias, quatro empates e seis derrotas, rendendo a quinta colocação na classificação geral. O saldo de gols passou a ser positivo, com 52 tentos marcados e 42 sofridos. Octávio foi outra vez artilheiro da equipe, mas com uma marca muito melhor que a da temporada anterior: dezesseis gols.

O time-base do Juventus, treinado por Raphael Liguori, era o seguinte: Zeca (Setalli); Toscano (Ditão) e Tito; Joãozinho, Dudu e Paulo; Sabratti, Nico, Octávio, Joanin e Moacyr (De Vita). Bororó, Raphael, Joffre e Zalli também eram presenças frequentes no time. E foi justamente esse o plantel responsável pelo surgimento do apelido de Moleque Travesso.

Até então, o Juventus era conhecido como "O Garoto", pois surgira como o participante mais jovem nos tempos do cam-

Acima, Adriano Crespi e o Moleque Travesso em charge dos anos 1930; abaixo, "O mosqueteiro e o garoto", ilustração d' A Gazeta Esportiva

peonato da Apea. Aquele primeiro apelido tinha sido uma das inúmeras criações do insuperável Thomaz Mazzoni, jornalista, escritor e historiador que entrou para a história como uma das figuras mais influentes do futebol paulista em seu tempo.

Nas páginas de A Gazeta Esportiva, Mazzoni idealizou os apelidos de todas as equipes da época: "Periquito" (Palestra Italia), "Mosqueteiro" (Corinthians), "Bugre" (Guarani), "Macaca" (Ponte Preta), "Nhô Quim" (XV de Piracicaba), "Glorioso" (Paulistano), "Veterano" (Internacional), "Vovô da Colina Histórica" (Ypiranga)... E no campeonato de 1936, uma atuação histórica do Juventus levou Mazzoni a inventar uma nova alcunha para a equipe grená.

TRAQUINAGEM NA MOOCA

Foi num duelo com o Corinthians, na Javari, em 7 de março de 1937 – não era incomum o campeonato de determinada temporada avançar pelo ano seguinte, pois o calendário do futebol paulista à época não era exatamente um primor de organização. Pois bem: naquela data, com as arquibancadas lotadas, o Juventus conseguiu a proeza de encerrar uma invencibilidade de 35 jogos sustentada pela equipe alvinegra. A vitória por 4 a 2 teve participação decisiva do goleiro Setalli, que defendeu um pênalti quando o Juventus vencia pelo placar mínimo. Joffre, Sabratti, Raphael e Nico marcaram os gols do time da casa.

Alguns torcedores compararam a atuação do onze juventino às exibições da Máquina Juventina de 1932. Os mais exaltados diziam até que aquela fora simplesmente a maior apresentação da equipe em sua jovem história. Para o genial Thomaz Mazzoni, a façanha fazia o Juventus merecer um novo epíteto: "O Moleque Travesso". A partir dali, a equipe mooquense ficaria famosa para sempre como aquela que surpreende os favoritos, que peita os grandes sem nenhum temor, que rouba pontos dos mais ricos (e muitas vezes os perde para os mais pobres, como um Robin Hood do futebol).

A temporada 1936 também ficou marcada pela estreia do Juventus nos campos do Rio de Janeiro. Na preparação para o Campeonato Paulista, em abril, o time pegou o trem para realizar suas primeiras partidas fora do Estado de São Paulo. O primeiro adversário foi o Olaria, no campo do São Cristóvão, valendo a Taça Confraternização. Debaixo de muita chuva, a equipe da Mooca goleou por 5 a 2, com gols de Baptista, Euclydes, Nico e Dudu (duas vezes). Em seguida, diante do Madureira, o quadro paulista conseguiu um empate em 3 a 3, com um gol de Joanin e dois de Baptista.

1937
PELO FUTURO DA JAVARI

Após três anos de divergências por causa da implantação do profissionalismo, os dirigentes da LPF e da Apea enfim chegaram a um acordo para que São Paulo voltasse a ter um único campeonato. Na verdade, a Apea não teve outra opção: muito enfraquecida, a entidade seria incapaz continuar, então o pacto de unificação surgia como única alternativa à simples extinção. No ano seguinte, a LPF passou a se chamar Liga de Futebol do Estado de São Paulo; três anos depois, ela daria origem à Federação Paulista de Futebol (FPF), que permanece até os dias atuais.

Concluídos os trâmites burocráticos para a fusão, começavam as competições referentes a 1937. No Torneio Início, o Juventus eliminou o Luzitano na estreia, vencendo por 3 a 1, mas foi eliminado pelo Palestra Italia, 2 a 0, já na rodada seguinte. O Campeonato Paulista daquela temporada contou com dez equipes, com o Moleque Travesso obtendo a sexta colocação. Em catorze partidas, os avinhados ganharam quatro, empataram três e perderam sete, com 23 gols pró e 28 contra. Nosso artilheiro foi Zalli, com nove tentos.

Com resultados modestos em campo, aquele ano ficou marcado mesmo pelo início de uma mobilização que resultaria na renovação do estádio da Rua Javari. Iniciada em 2 de outubro de 1937, a Campanha Pró-Estádio visava arrecadar os fundos necessários para a construção de arquibancadas de concreto e outras melhorias nas instalações. A comissão responsável pela campanha foi presidida por Pedro Ribeiro Filho, com Raul da Rocha Soares como secretário e Antônio Cabral como tesoureiro. Seus integrantes: Virgílio Isola, Roberto Ugolini, José Masi, Leonel Romanato, Raphael Liguori, Vicente Romano, Maximo de Marchi e Angelo Agarelli. Esse era o plano para a execução dos trabalhos:

Programa de Acção da Comissão Pró-Estádio

Solicitar ao Cotonifício Rodolfo Crespi para que tenha em sua guarda as importâncias que venham a ser subscriptas na Campanha Pró-Estádio.

Deliberar desde já que qualquer reforma, construção ou melhoramento a ser introduzido no campo ou na sede social só o será depois do parecer e estudo da Comissão e com aprovação expressa do Sr. Presidente do Clube, Conde Adriano Crespi.

Fins:
1º) Construção de uma nova arquibancada;
2º) Instalar a sede nos baixos da arquibancada ou não sendo isto possível, construir um salão amplo para reuniões, festas, conferências, entre outros, onde possam confraternizar com os associados e todos os funcionários do Cotonifício Rodolfo Crespi, isto nos moldes da organização "Dopolavoro";
3º) Melhorar e ampliar o gramado;
4º) Fazer a Entrada para o Estádio, dando-lhe o nome de um dos Beneméritos do clube ou outro a escolher pelos Srs. Presidente de Honra e Efetivo;
5º) Construir reservados para a Diretoria e Imprensa;

Conforme as possibilidades, será realizado este programa bem como outros melhoramentos julgados necessários e imprescindíveis.

Além das contribuições dos srs. Associados, a Comissão resolverá também promover festas, jogos, tômbolas, etc., para o mesmo fim.

A comunidade juventina se mobilizou para dar prosseguimento ao plano, com diversas famílias realizando doações significativas. Esses foram alguns dos mais destacados contribuintes do projeto de transformação do estádio: Vicente Capasso, Angelo Avallone, Antonio Maron Lopes, Genaro Capo, Matheus Liguori, Raphael Liguori, Luiz Rizzo, Henrique Lucchini, Orlando Allegretti, Luiz Sandri, Pedro Grande, Fernando Zanini, Angelo Berti, Oswaldo Rollino, Franklin de Caria, Paschoal Cipullo, Nicolino Romano, Domingos Cipullo, Leone Colombo, Felisberto Bosisio, Valentim Zanzetti Jr., Pedro Rodl, Artur Arvani, Eduardo Dalmaso, Alberto Grassia, Agostinho Barbulho e Manoel Ramalho.

1938
O JUVENTUS NA COPA

Depois dos triunfos do Uruguai em 1930 e da Itália em 1934, a Fifa escolheu a França como anfitriã da terceira Copa do Mundo, a ser realizada entre os dias 4 e 19 de junho de 1938. E quando Ademar Pimenta, o técnico do Brasil, anunciou sua lista de convocados, o bairro da Mooca se encheu de orgulho – afinal, dois dos escolhidos tinham passagens marcantes pelo Juventus em seus currículos.

O primeiro era Hércules de Miranda, trazido ao Clube por Angelo Agarelli em 1931, quando tinha apenas 18 anos. Natural de Guaxupé (MG), Hércules já estreou na equipe grená balançando as redes (num 4 a 0 sobre o São Bento, pelo Paulistão). Sua qualidade e regularidade eram incomuns para um atleta tão jovem e logo chamaram a atenção dos demais clubes – o São Paulo da Floresta o contratou em 1933. Ao ser convocado, ele defendia o Fluminense. Na Copa, fez duas partidas, contra a Polônia e a antiga Tchecoslováquia.

O outro egresso do Juventus na Copa da França foi Brandão, médio de estilo clássico, que aliava a virilidade à boa técnica e teve tremenda importância para a vida juventina nos anos 1930. Ao ser convocado, ele já defendia o Corinthians. Assim como Hércules, Brandão também disputou duas partidas no certame, nas vitórias sobre Tchecoslováquia e Suécia. O Brasil terminou em terceiro lugar, sua melhor campanha em Copas até então. Os juventinos se gabavam: "Esses saíram da Mooca, bello! Do nosso querido Juventão!".

Se para a torcida grená a Copa de 1938 foi fonte de orgulho, para os cartolas o torneio causou uma grande dor de cabeça. Como as equipes paulistas tiveram de ceder seus atletas à Seleção Brasileira, o calendário ficou todo prejudicado. A LPF decidiu então criar uma nova competição, o Campeonato Paulista Extra, a ser disputado antes do Mundial. Na prática, aquela temporada ficaria com dois Estaduais de importância equivalente.

O certame extraordinário começou em 10 de abril de 1938, com doze times divididos em três grupos. O Juventus caiu na mesma chave que Corinthians, Luzitano e Santos. Apesar de boas atuações nos embates com os grandes alvinegros, o Moleque Travesso foi eliminado, pois só o vencedor do grupo se classificava à fase final.

No Paulistão propriamente dito, o Juventus alcançou a quinta colocação, graças a uma campanha com quatro vitórias, um empate e seis derrotas (com 15 gols pró e 17 contra). Seu artilheiro foi Danilo, que marcou quatro vezes.

A partida mais destacada do Juventus naquela temporada não foi por nenhum dos dois Estaduais. Em 18 de outubro de 1938, a LPF promoveu um amistoso entre o Moleque Travesso e a Seleção Paulista, que se preparava para disputar o Campeonato Brasileiro de Seleções. O público que lotava as dependências do Estádio Palestra Italia esperava uma vitória tranquila do selecionado estadual, já que essa equipe, treinada por Sílvio Lagreca, contava com verdadeira fartura de talentos individuais.

Quem foi ao campo para presenciar um show dos astros da Seleção Paulista acabou sendo surpreendido. A equipe grená entrou com tudo, disputando cada bola e ocupando cada palmo do campo com disposição de sobra. Jurandyr, goleiro do Palestra Italia, jogou emprestado na meta juventina e foi uma barreira quase intransponível; na linha de frente, o artilheiro Danilo estava inspirado. Resultado final: uma goleada impiedosa do Moleque Travesso, 5 a 1, com três gols de Danilo e dois de Pasquera.

Ninguém esperava que o Juventus pudesse derrotar um esquadrão formado pelos maiores craques de São Paulo; vencer por goleada, então, era um delírio. Aquela partida entrou para a galeria das maiores vitórias da história do Clube. O onze do técnico Waldemar Justiniano tinha Jurandyr; Ditão e Tito; Cipó, Sábia (Ovídio) e Nico II; Pasquera, Jofre, Danilo, Joanin e Zalli. Pela Seleção Paulista atuaram Clodô; Agostinho e Junqueira; Fiorotti, Neves e Del Nero; Mendes, Nico (Alcides), Biry, Rolando e Paulo.

1939
NOVO PAREDÃO

Apesar de não ter o mesmo poderio financeiro que os clubes mais consagrados de São Paulo, o Juventus sempre contava com o dinamismo de sua diretoria na hora de encontrar soluções e preencher as lacunas do elenco. Quando o ótimo goleiro Setalli foi contratado pelo SPR (atual Nacional) após mais uma grande temporada vestindo grená, os dirigentes do Moleque Travesso não dormiram no ponto e foram ao interior para buscar Roberto, um arqueiro jovem e habilidoso. Ele acabaria se transformando num grande guardião da meta juventina, inclusive garantindo um lugar entre os maiores nomes do Clube em sua posição.

Ele puxava a escalação-base do Juventus, então treinado por Nico, para a nova temporada: Roberto; Ditão e Tito; Ovídio, Sábia e Paulo; Ferrari (Pasquera), Jofre, Dal Mas, Grifo e Carmo. Depois de perder logo na estreia no Torneio Início (1 a 0 para o Ypiranga), essa equipe permeou a zona intermediária da tabela ao longo de todo o

CAMPEÃO EM DUAS RODAS: O CICLISMO JUVENTINO

Enquanto o futebol do Juventus se adaptava à nova era profissional e crescia a olhos vistos, o Clube também cumpria ótimo papel em outra modalidade clássica – principalmente entre os italianos, apaixonados pelas duas rodas. Não por coincidência, o ciclismo sempre teve muitos adeptos na Mooca, grande reduto de imigrantes vindos da Bota. Incentivado pelo conde Raul Crespi, o ciclismo juventino era fortíssimo nos anos 1930 e 1940, chegando a dividir as atenções dos associados e torcedores com o próprio futebol.

Os ciclistas do Juventus conquistaram diversos títulos importantes naquele tempo, como o campeonato paulista coletivo (segunda categoria) em 1938 e o título estadual individual (segunda categoria) de Raul Soncini, naquele mesmo ano – que, aliás, marcou o início das provas organizadas pela Federação Paulista de Ciclismo. Braulio Teixeira foi duas vezes campeão paulista, em 1940 e 1941 (terceira categoria, provas de velocidade). O Clube conquistou mais um título estadual coletivo em 1941, também na terceira categoria.

Aqueles eram os frutos de um trabalho iniciado anos antes, em 1936, quando o Clube decidira retomar o funcionamento de seu departamento de ciclismo, à época inativo. A mais importante competição da modalidade no país era a Prova Ciclística 9 de Julho, organizada pelo jornal A *Gazeta*. Em nota enviada à redação do diário em 24 de junho de 1936, o secretário-geral Angelo Agarelli oficializava a retomada das atividades ciclísticas juventinas:

Temos o prazer de comunicar a V.S. que este clube, graças a pertinácia de um grupo de sócios amantes do esporte do pedal e a collaboração de um grupo de cyclistas, reorganizou a sua Seção de Cyclismo e, naturalmente, deseja participar da grande prova popular "9 de Julho" instituída por esse respeitoso vespertino. Para tal fim enviamos em anexo uma primeira lista de defensores da camiseta grená. Agradecidos pela atenção que dispensar ao nosso pedido, fazemos votos sinceros para que esta prova se revista do mesmo brilho das competições anteriores.

Paulista de 1939, terminando na sétima colocação. Foram sete vitórias, três empates e dez derrotas, com 33 gols marcados e 37 sofridos. O artilheiro, com dez gols, foi Carmo.

Também em 1939, o Juventus foi convidado a disputar a Taça Euclydes Vieira, parte das comemorações do bicentenário da chegada dos primeiros habitantes a Campinas. O adversário seria o Corinthians da cidade, time que militava na Liga Campineira de Futebol. O Juventus tinha prestígio fora da capital paulista e sua chegada foi motivo de grande expectativa entre os torcedores daquela cidade, merecendo destaque nas páginas dos jornais locais, como o Diário do Povo.

A partida aconteceu em 17 de setembro, no campo da Rua Barão Geraldo de Rezende, que ficou completamente lotado para o embate. E o Juventus logo tratou de impor seu jogo de forte marcação e rápidos contragolpes. Em duas escapadas, que resultaram em gols de Ferrari e Dal Mas, a equipe grená liquidava a partida, ficava com a taça e jogava água no chope do "Leão da Várzea", como era conhecido o Corinthians campineiro.

Aquela edição da prova foi um grande sucesso popular – e o Juventus saiu com dois troféus graças ao desempenho coletivo de atletas como Miguel Reiter, Fernando Marra, Rubens Gomes de Moraes, Ferdinando Luizetto, Julio Hajnal, Constantino Bartisotto, André Both e Guilherme Huber. No mesmo ano de 1936, o Juventus organizou sua própria prova ciclística, realizada em 4 de outubro e válida pelo campeonato estadual da Associação Paulista de Ciclismo e Motociclismo (APCM), com percurso de 58 quilômetros indo e voltando da Penha até Suzano. O juventino Miguel Reiter ficou em quinto na primeira categoria e Julio Hajnal deu o título ao Clube na segunda categoria.

No ano seguinte, a Prova Ciclística Clube Atlético Juventus homenageou o conde Raul Crespi e Manoel Vieira de Souza, dirigentes e beneméritos grenás que sempre lutaram pela modalidade. Ambos atuaram como juízes honorários da prova, realizada em 3 de outubro de 1937. O percurso compreendia o trajeto São Paulo-Santo Amaro, com ida pela estrada velha e volta pela autoestrada. O juventino Miguel Reiter ficou em quarto lugar na primeira categoria, que tinha um trajeto de 69 quilômetros. Ferdinando Luizetto ficou em terceiro na segunda categoria (46 quilômetros) e Raul Soncini levou o Juventus ao topo do pódio na terceira categoria (23 quilômetros).

6
PACAEMBU
A FORÇA JOVEM DA NAÇÃO

Os anos 1940 foram marcados por uma grande novidade no futebol paulista. Com a inauguração do Estádio Municipal do Pacaembu, os clubes da cidade ganhavam um palco à altura de seus fantásticos craques e de suas fanáticas torcidas. Mesmo sendo um dos mais jovens integrantes da elite do Estado, o Juventus brilhou intensamente nos duelos travados naquele novíssimo campo – e confirmou sua fama de algoz dos favoritos e poderosos em diversas ocasiões.

1940
O PRIMEIRO CAMPEÃO DO PACAEMBU

A construção de uma grande praça esportiva no vale do Pacaembu era um sonho antigo. Tudo começou nos anos 1920, com a Companhia City de São Paulo doando um terreno de cerca de 76.000 metros quadrados para a obra. A empreitada, porém, ficou abandonada por mais de uma década. A ideia de retomar o projeto foi de um juventino: em 1936, o prefeito Fábio da Silva Prado, marido da condessa Renata Crespi e conselheiro da agremiação da Mooca, resolveu aproveitar o projeto original e finalmente dar início aos trabalhos.

Em 1938, Prestes Maia assumiu como prefeito e manteve as obras a todo vapor. No ano seguinte, o estádio já estava praticamente construído. A inauguração, no entanto, ficou para 1940. O comitê de organização das festividades de abertura idealizou uma competição quadrangular para marcar a estreia do campo: o Torneio de Campeões do Pacaembu, também chamado de Taça Cidade de São Paulo, a ser disputado por Atlético-MG, Corinthians, Coritiba e Palestra Italia. Já as demais equipes filiadas à entidade máxima do futebol de São Paulo foram chamadas a participar do Torneio Relâmpago do Pacaembu.

O Juventus disputou o troféu com o Comercial paulistano, o Hespanha de Santos, as duas Portuguesas (da capital e do litoral) e mais Santos, São Paulo e Ypiranga. O formato seria quase o mesmo do Torneio Início, ou seja, partidas eliminatórias de apenas vinte minutos, num único dia e local, com o número de escanteios como critério de desempate. A diferença é que as equipes finalistas decidiriam o título na preliminar da decisão do Torneio de Campeões.

A fase classificatória do Torneio Relâmpago aconteceu em 1º de maio de 1940, com o Moleque Travesso eliminando Hespanha e Santos. A vaga na final, contra a Portuguesa de Desportos, estava garantida. Em 5 de maio, diante de cerca de 50.000 torcedores, o Juventus entrou com tudo e fulminou a Lusa, 3 a 0, gols de Ferrari, Danilo e Neves. O Moleque Travesso era o primeiro campeão da história do Estádio Municipal do Pacaembu.

Um título inesquecível, cujos principais heróis foram Ferrari, imparável no comando do ataque, e Roberto, sinônimo de segurança na meta grená. O público espetacular que lotava as dependências do novo estádio para a final do Torneio de Campeões (em que o Palestra Italia derrotou o Corinthians, 2 a 1) vibrou e aplaudiu de pé a conquista juventina. O time do técnico Nico foi a campo com a seguinte formação: Roberto; Ditão e Tito; Ovídio, Sábia e Nico II; Ferrari, Cafelândia (Badi), Danilo, Aurélio e Neves.

Aquela equipe não teve a mesma sorte no Torneio Início de 1940, caindo na segunda rodada para a Portuguesa Santista. A participação no Campeonato Paulista também foi frustrante: 11ª colocação, com apenas três vitórias em vinte jogos disputados. O Juventus perdeu nada menos que dezesseis jogos, sofrendo 70 gols no total e somando apenas 29. Os artilheiros da equipe foram Aurélio e Ferrari, com cinco tentos cada.

1941
JAVARI DE CARA NOVA

O desenvolvimento do futebol paulista nos anos 1940 não se limitou à abertura do Pacaembu. Clubes e dirigentes sabiam da necessidade de melhorar todas as praças esportivas da cidade, até para dar conta de um público cada vez maior e mais assíduo. E a diretoria do Juventus não quis ficar para trás. O Clube já tinha iniciado uma reforma no estádio da Rua Javari em 1937, mas os trabalhos só foram concluídos em meados de 1941. A inauguração das novas arquibancadas e vestiários aconteceu em 13 de julho, com direito a discurso triunfante do vice-presidente Manoel Vieira de Souza e presença de personalidades diversas da vida política, social e esportiva da capital paulista.

As festividades incluíam um torneio que reuniria o próprio Moleque Travesso, o Corinthians, o SPR (atual Nacional) e o Ypiranga. Depois da vitória do Ypiranga sobre o SPR na preliminar – 1 a 0, com gol de Miguelzinho, autor do primeiro tento do estádio reformado –, foi a vez do Juventus enfrentar o Corinthians. Os alvinegros venceram por 3 a 1, com Ferrari, de pênalti, marcando o primeiro gol grená da nova Javari. Com base na vultosa arrecadação obtida nas bilheterias, a estimativa foi de 15.000 pessoas presentes ao novo campo do Juventus, recorde absoluto de público daquela praça. À época, foi decidido que o local receberia o nome de Estádio Conde Adriano Crespi. Tal designação, contudo, durou apenas por um breve período. O próprio Adriano Crespi sugeriu a troca para o nome que permanece até hoje: Estádio Conde Rodolfo Crespi.

Após percorrerem demoradamente todas as novas dependencias do Estadio Juventino, foi formado este grupo entre esportistas, cronistas da imprensa e do radio. Aparece ao centro a figura do sr. conde Adriano Crespi.

S. PAULO CONTA COM MAIS UMA OTIMA PRAÇA DE ESPORTES
O NOVO ESTADIO DO C. A. JUVENTUS
DE FERRAZ NETTO

O C. A. Juventus foi sempre um clube que teve em mente progredir. Luta para ter um bom quadro de foot-ball, que possa se embrear aos mais possantes esquadrões do Brasil. Não tem sido feliz. Nunca na divisão principal conquistou um título de campeão, mas a sua turma muito tem dado que falar de si. Muitos já foram os grandes quadros que perante o Juventus tombaram ante o implacável sabor da derrota. Assim já aconteceu com o Corinthians, com o São Paulo, com o Palestra e com vários outros grêmios. Sempre, enfim, foi um quadro que deu trabalho. Agora mais uma altissonante vitória acaba de conquistar o clube "avinhado". Construiu, naquele mesmo local onde algum tempo atrás estava situado o famoso "campinho" — o grande alçapão para os clubes maiores — um grande estádio com capacidade para comportar uma assistência de 20 a 25 mil pessoas. Todo êle edificado em concreto armado, possue linhas arquitetônicas das mais modernas. E' mesmo, para o bem da verdade, mais um orgulho do esporte bandeirante. Uma outra joia do "soccer" paulista.

Quiz a esforçada diretoria do C. A. Juventus que a primeira vista do novo estádio fosse dada à Imprensa e ao Radio. Convidando então toda a gente dos jornais e das emissoras radiofônicas, foi servido um **cock-tail** após demorada visita por todos os recantos da praça de esportes. Durante o **cock-tail** a "Radio Record", pela sua onda, fez levar a todos os esportistas do Brasil a palavra de cada um dos cronistas presentes, que tiveram palavras calorosas de entusiasmo pelo que acabavam de ver. A seguir falaram o dr. Paulo M. Carvalho em nome da "Radio Record", e, agradecendo, discursou, pelo Juventus, o sr. Manoel Vieira de Souza, vice-presidente do clube.

Um aspécto da nova arquibancada do campo do C. A. Juventus, vendo-se tambem uma parte das obras ainda em vias de conclusão.

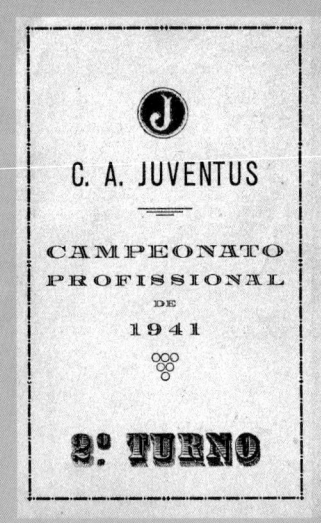

Programação das cerimônias inaugurais do novo estádio

DA LIGA À FEDERAÇÃO

A renovada Rua Javari seria um dos principais palcos do Campeonato Paulista daquele ano – competição que também ficaria marcada como a primeira a ser organizada pela Federação Paulista de Futebol (FPF). Essa denominação surgiu na esteira da criação do Conselho Nacional de Desportos (CND) pelo governo de Getúlio Vargas. O novo órgão passou a comandar e regulamentar todas as associações, ligas e federações brasileiras, acabando de vez com a ciranda das entidades esportivas no país. Um dos efeitos da nova legislação foi a conversão da Liga de Futebol do Estado de São Paulo (LFP) na Federação Paulista, que herdou todo o seu patrimônio e assumiu a organização da modalidade. O Juventus foi aclamado como um dos onze clubes fundadores da FPF.

Em meio aos preparativos para o Paulistão de 1941, o Juventus foi buscar um reforço promissor no Estrela da Saúde, que disputava as divisões menores da extinta liga paulista. Renato Violani era um jovem atacante que se destacava principalmente pela velocidade e faro de gol. Depois de ser eliminado logo na estreia do Torneio Início pela Portuguesa, o Juventus entrou na briga por uma boa colocação no Estadual.

Ao final de vinte rodadas, a equipe grená ficou com a décima colocação, com cinco vitórias, quatro empates e onze derrotas, anotando 32 gols e sofrendo 49. O artilheiro juventino foi justamente a revelação Renato, autor de oito gols no certame e principal referência ofensiva da equipe naquela campanha. A joia grená passou a ser cobiçada por todos os grandes clubes do país, mas ficaria na Mooca por uma temporada mais.

1942
ARTILHARIA PESADA

No início dos anos 1940, quase não havia duelos entre os clubes do Sudeste e o do Nordeste do país. As enormes distâncias entre suas capitais dificultavam o intercâmbio entre as regiões. O primeiro clube nordestino a ousar empreender uma temporada pelo Sudeste foi o Sport Recife, graças aos esforços de Luiz da Rosa Oiticica, empresário e ex-atleta do próprio Leão. E o primeiro adversário do Sport em terras paulistas foi justamente o Juventus, num amistoso realizado em 1º de janeiro de 1942, na Rua Javari. A agremiação pernambucana era campeã estadual e tinha um grande plantel. E os ânimos já ficaram exaltados antes mesmo do pontapé inicial, como descreveu um jornal recifense à época:

Os paulistas contestaram a indicação do pernambucano Palmeira para a arbitragem, indicando o paulista Jorge de Lima, o Joreca, igualmente refutado pelo Sport. A solução ocorreu de forma casual: o famoso árbitro carioca Mário Vianna, que assistia à partida, aceitou o convite para apitar.

Iniciada a partida, o Moleque Travesso, então treinado por João Chiavone, levou um susto ao tomar o primeiro gol logo aos 10 minutos. Oswaldinho tratou de levantar o moral de seus companheiros e comandou uma virada fantástica. Ao final da primeira etapa, o Juventus derrotava o Sport por incríveis 6 a 1. Na etapa final, os pernambucanos se encheram de brio e reduziram a vantagem do time da casa, mas não tiveram forças para superar a muralha montada por Ditão e Sordi na retaguarda juventina. Placar final, Juventus 8 a 5. E a goleada não foi a única frustração dos visitantes conforme a imprensa pernambucana:

A maior decepção ocorreu na divisão da renda, cujo total foi de 6 contos e 450.000 réis, sendo que 900.000 contos foram destinados ao árbitro e apenas 300.000 contos ao Sport, cujo diretor, Hibernon Wanderley, não aceitou a humilhação, deixando o dinheiro com os paulistas.

No Paulista daquele ano, o Moleque Travesso fez uma boa campanha, batendo com folga os números da temporada 1941. Com nove vitórias, um empate e dez derrotas, o Juventus ficou com o quinto lugar, além de ter um dos goleadores do certame. O jovem Renato balançou as redes dezoito vezes e ficou na terceira posição da tábua de artilheiros, atrás apenas de Valdemar e Milani. Consolidado como um dos grandes talentos do futebol paulista, ele acabou se transferindo para o Palmeiras, em que teve curta passagem. Renato marcou época mesmo em sua equipe seguinte, a Portuguesa, formando um ataque memorável com Pinga II, Nininho, Pinga I e Simão.

1943
REVANCHE NO PACAEMBU

Mesmo sendo um clube jovem, com menos de duas décadas de atividade, o Juventus ia se confirmando como grande algoz de equipes mais tradicionais e conhecidas ao longo dos anos 1940. O Moleque Travesso aprontou mais uma das suas surpresas na disputa do título paulista de 1943. Com uma equipe muito qualificada, a Portuguesa de Desportos caminhava firme rumo à taça, somando nove partidas de invencibilidade. Era a grande favorita à conquista do Estadual. Em 11 de julho, porém, ela teria de enfrentar o Juventus pelo segundo turno do Paulista. A Lusa era a mandante e o Estádio do Pacaembu estava no centro das atenções, pois todos os demais postulantes à taça secavam a equipe da colônia portuguesa.

A Portuguesa vencera por 1 a 0 no primeiro turno, na Rua Javari, mas a partida fora muito parelha, decidida com um gol aos 43 minutos do segundo tempo. Os juventinos, portanto, queriam a revanche – e sabiam que tinham boas chances de dar o troco. A equipe do técnico João Chiavone contou com uma tarde muito inspirada dos atacantes Juan Carlos, Zalli e Ferrari, que surpreenderam a Lusa logo de cara. Zalli abriu o placar aos 21 e o argentino Juan Carlos ampliou um minuto depois. A partir daí surgiria outro destaque da equipe naquela jornada, o goleiro Robertinho, que praticou defesas decisivas e segurou o ímpeto luso.

Na volta do intervalo, a Portuguesa diminuiu; logo em seguida, contudo, o zagueiro lusitano Jahú fez contra. Ferrari, numa bela jogada, anotou o 4 a 1, selando a vitória grená. Ninguém na crônica esportiva paulista esperava por aquele desfecho. A Portuguesa deu adeus ao título, e o Juventus somou pontos importantes para fechar o Paulista em quarto lugar, com nove vitórias, cinco empates e seis derrotas. Paulo e Ferrari, com dezesseis gols cada, ficaram na terceira colocação entre os artilheiros.

A ótima campanha no Paulistão rendeu ao Juventus um convite para excursionar pelo Paraná. Em 10 de outubro, o Juventus estreou naquele Estado em partida contra o Atlético-PR (atual Athletico-PR), em Curitiba, valendo uma taça que levava o nome do clube anfitrião. Vitória juventina por 1 a 0, com gol de Paulo e estreia do atacante Teleco pela equipe grená. Inconformados com a derrota, os atleticanos pediram a revanche, e ela aconteceu dois dias depois. Foi pior ainda para os donos da casa: Juventus 4 a 0. Outro troféu obtido naquela temporada foi o da Taça José Fernal, em amistoso para marcar os 40 anos do Fortaleza de Sorocaba, a equipe que revelou o grande Oberdan Cattani para o futebol. Deu Juventus, 1 a 0.

1944
PARANDO A MÁQUINA

Qualquer confronto entre paulistas e cariocas é marcado pela rivalidade – mas isso era ainda mais latente nos anos 1940. Torcedores de ambos os Estados aguardavam ansiosamente para ver seus times medindo forças com oponentes vindos de fora. Quando a diretoria do Juventus acertou um amistoso de início de temporada com o Fluminense, a expectativa foi enorme. Os dirigentes grenás queria começar 1944 com força total, e nada melhor que preparar o elenco com um duelo com o vice-campeão do Rio de Janeiro.

Treinado por Atuel Velásquez, o Flu era um dos grandes esquadrões da época, a ponto de carregar o apelido de "Máquina". Tinha como base o seguinte time: Batatais; Norival e Morales; Rodriguez, Spinelli e Bigode; Pedro Amorim, Bastarrica, Magnones, Simões e Pinhegas. O Juventus, por sua vez, mantinha a equipe que terminara o Estadual em quarto lugar, mas com uma troca de técnico – Joaquim Loureiro estreava no lugar de João Chiavone, que tinha se transferido para o Corinthians. Ele escalou a seguinte formação: Sant' Anna; Ditão e Sordi; Moacyr, Celeste e Nico II; Ferrari, Juan Carlos, Oswaldinho II (Zabot), Paulo e Zalli. Por causa da magnitude da partida, o palco escolhido para a partida, em 17 de fevereiro de 1944, foi o Pacaembu.

Ferrari e Nico

Com muita fibra e um jogo vistoso, o Juventus comandou as ações. Teve na figura de Ferrari o seu principal destaque. Ele foi a alma e o coração da equipe grená, conduzindo o Juventus a um empate heroico contra uma das maiores equipes do futebol brasileiro. O amistoso terminou em 3 a 3, com Ferrari (duas vezes) e Paulo balançando as redes pelo Moleque Travesso. O resultado teve repercussão nacional e foi considerado um dos maiores feitos da história grená até então. Para os mais antigos, aquela jornada ficou eternizada como "o dia em que a máquina parou".

O ano de 1944 também ficaria marcado pelo surgimento de mais uma revelação juventina. Arnaldo Robles, mais conhecido como Pinga II, fez sua estreia com a camisa grená em 29 de julho, contra o SPR, pelo Paulista. Sua passagem pela Mooca foi curta, mas ele viria a marcar época no futebol paulista ao lado de seu irmão, José Lázaro Robles, o Pinga I, com as cores da Portuguesa.

A campanha no Estadual daquele ano repetiu algo que começava a virar uma sina: o Juventus fazia ótimas partidas contra os grandes e favoritos e acabava sofrendo nos confrontos com equipes de menor nível técnico. Após um início promissor, com empates diante de Santos e Corinthians e vitórias sobre Portuguesa Santista, Portuguesa de Desportos e Ypiranga, a equipe perdeu a confiança e o fôlego ao sofrer uma goleada do SPR, 4 a 1. Ao final do certame, o Moleque Travesso estava numa discreta 7ª colocação, fechando sua participação com sete vitórias, quatro empates e nove derrotas. O artilheiro grená no campeonato foi Ferrari, com onze gols.

1945
REFORÇO DE
COPA DO MUNDO

O plantel juventino foi submetido a mais uma reformulação para a disputa da temporada 1945 – a começar pelo técnico João Chiavone, que retornou ao comando da equipe. No gol, Chiquinho, que atuava no SPR, chegou para substituir o excelente Robertinho, que tinha deixado o Clube. Para o meio chegaram Laxixa e Ortega. Mas a contratação de maior impacto foi a de Arthur Machado, zagueiro de primeiríssimo nível com experiência em Copa do Mundo.

Machado tinha clubes como Portuguesa, Fluminense e Palmeiras no currículo. No auge, no fim dos anos 1930, defendeu a Seleção Brasileira, sendo titular em quatro dos cinco jogos disputados pela equipe nacional na Copa de 1938, na França. Participou inclusive da vitória por 4 a 2 sobre a Suécia, que rendeu ao Brasil a terceira colocação no Mundial, sua melhor campanha numa Copa até aquele momento. Mas sete anos depois, a realidade para Machado era outra. Aos 36 anos, ele chegava à Rua Javari para formar a dupla de zaga com Ditão e resolver

A HISTÓRIA DO CLUBE ATLÉTICO JUVENTUS

os problemas defensivos do time após a saída de Sordi. Machado fez apenas catorze jogos pela equipe grená antes de encerrar sua vitoriosa carreira – mas sua despedida em partidas oficiais foi em grande estilo.

Em 16 de setembro de 1945, o experiente defensor entrou em campo pela última vez numa goleada por 4 a 1 sobre o Comercial paulistano na Rua Javari. Emocionado, Machado foi ovacionado pela torcida grená. A Mooca assistia ao último ato de uma trajetória gloriosa. Apesar de contar com a categoria de Machado naquele certame, o Juventus fechou o Paulista na nona colocação, à frente apenas do Comercial e da Portuguesa Santista, com cinco vitórias, dois empates e treze derrotas.

1946
SURGE UMA PROMESSA

Machado não era o único veterano do elenco que não conseguiu triunfar em 1945: o elenco estava envelhecido em diversos setores. Em 1946, o técnico juventino João Chiavone iniciou uma profunda reformulação, alçando à equipe principal alguns jovens valores que já despontavam entre os aspirantes. E um deles parecia ter um potencial extraordinário. Em 15 de agosto, num amistoso com o Corinthians, no Pacaembu, o meia-esquerda Rodolfo Carbone realizou sua estreia pelo Juventus, entrando no segundo tempo no lugar de Zé Braz. O garoto da base grená agarrou a chance com unhas e dentes, correspondendo às expectativas de Chiavone e tendo ótima atuação. A partida terminou empatada, mas quem saiu vencendo foi o futebol brasileiro, que ganhou mais um craque produzido na Mooca.

Cauteloso, Chiavone decidiu manter Carbone nos aspirantes até o fim daquela temporada. Mas o técnico já sabia que a futura linha ofensiva de seu time teria um lugar cativo para aquela grande revelação. Enquanto aguardava a maturação adequada de seu próximo craque, o Juventus seguia pregando suas peças nos favoritos. No Paulista daquele ano, o Moleque Travesso voltou a complicar a vida da Portuguesa com uma linda vitória por 2 a 1, no Pacaembu, com gols de Niquinho e Abraão, derrubando a invencibilidade lusa e tirando-a da liderança. Aquela atuação brilhante, entretanto, foi uma exceção: o Juventus terminou o campeonato de 1946 em décimo lugar entre onze participantes, com quatro vitórias, três empates e treze derrotas.

'LA MÁQUINA' VESTE GRENÁ

No fim daquela temporada, a Rua Javari teve o privilégio de receber um dos grandes esquadrões da história do futebol. Era o auge do futebol argentino, e seu máximo expoente, o River Plate, desembarcava no Brasil em dezembro de 1946 para realizar um série de amistosos no país. Conhecido como "La Máquina", aquele River contava com a legendária linha de frente formada por Muñoz, Moreno, Pedernera, Labruna e Lostau – e sua chegada causava alvoroço nos torcedores e cronistas locais. A *Gazeta Esportiva* narrou a vinda do River ao país da seguinte maneira:

Todas as atenções se voltam para a simpática delegação portenha desde que os craques millonarios desceram em Congonhas. Todos os demais fatos de nosso futebol foram relegados a segundo plano. A crônica em peso está preocupada apenas com a presença do poderoso clube em São Paulo. Visitando-nos pela segunda vez, nem por isso diminuiu o interesse que toda torcida demonstra em ver em ação o quadro de Moreno. Coisas transcendentais aconteceram nesta semana, mas todas elas ficaram esquecidas no cenário futebolístico.

Já em São Paulo, os dirigentes da agremiação argentina aceitaram o convite dos diretores grenás e decidiram adotar o estádio do Juventus como palco de seus treinamentos durante a estadia na cidade. Satisfeitos com a acolhida, os atletas do River Plate fizeram questão de treinar vestindo o glorioso manto juventino – e as fotos daquele time antológico com as camisas grenás na Javari renderam imensa publicidade ao Clube, tanto no Brasil como no exterior.

1947
NA TÉCNICA E NA RAÇA

Outro argentino famoso chegaria à Rua Javari na temporada seguinte à visita do River Plate. Depois de um péssimo início de temporada, com três empates e sete derrotas nos dez primeiros jogos do Paulista de 1947, o Juventus demitiu o técnico Eugênio Vanni. O sucessor teria a dura missão de reabilitar a equipe e tirá-la das últimas colocações. O argentino Alejandro Galán, mais conhecido como Jim Lopes, foi o escolhido – e sua chegada surtiu efeito imediato. A equipe grená perdeu só um dos oito jogos seguintes e ressurgiu das cinzas.

Os mais otimistas chegaram até a apontar o Moleque Travesso como possível candidato à Taça dos Invictos. O conde Adriano Crespi engrossou o coro e propôs um pagamento adicional aos jogadores caso eles alcançassem aquela importante conquista. Mas uma inesperada derrota para um dos seus mais ferrenhos rivais, o Ypiranga, arrefeceu as pretensões juventinas. Ainda assim, o trabalho de Jim Lopes empolgava a todos. O argentino começou como técnico na própria cidade de São Paulo (pelo Estudante Paulista, em 1937) e rodou pela América do Sul até aportar na Mooca, onde ficaria até o fim de 1949. Profundo conhecedor do futebol, Jim Lopes reconhecido por montar equipes muito bem organizadas taticamente.

Além do excelente trabalho do técnico argentino, outro destaque na campanha juventina naquele Paulista foram as atuações do centro-médio Sebastião Lorena, eleito revelação do campeonato pela *Gazeta Esportiva*. Niquinho e Carbone – esse último enfim integrado ao time principal – também fizeram uma temporada excelente pelo Moleque Travesso, que terminou a competição em sétimo lugar, com cinco vitórias, seis empates e nove derrotas. O Juventus teve também um herói inesperado naquele certame: Sturaro, atacante do quadro de aspirantes, teve de assumir a meta juventina num Corinthians x Juventus no Pacaembu. As peripécias de Sturaro naquela partida foram narradas da seguinte forma pelo jornal *Mundo Esportivo*:

Em determinado instante, Muniz, ao fazer uma intervenção perigosa, contunde-se. Os jogadores juventinos correm para socorrer o arqueiro. Eis que, repentinamente, surge um de-

Sturaro, Luís e Lorena

les pronto para vestir a camiseta de Muniz. Era o ponteiro direito Sturaro, que à última hora substituíra o titular Russinho.

Poucos instantes depois, aquele jovem já fazia uma defesa de alta classe. Os espectadores ficaram espantados. Ele tinha queda para o arco. Ninguém acreditava num milagre do Juventus que o fizesse garantir o empate. Sturaro enfrentava o ataque corintiano com absoluta serenidade. Não se afobava com as ameaças.

Veio o segundo tempo e, com ele, a consagração de Sturaro. O rapaz fez o "diabo". Defendeu tudo. Alguns chutes considerados indefensáveis eram por ele aparados com segurança. As atenções do público, então, se convergiram para o goleiro improvisado.

O mais interessante de tudo era o desespero do corintiano Servílio, que lutando com todas as forças para passar à frente de Lula na artilharia do campeonato, via todos os seus arremessos morrerem mansamente nas mãos de goleiro juventino. Terminada a contenda, Sturaro é felicitado pelos próprios corintianos. Seus companheiros carregam-no em triunfo até o vestiário. Ele fora o herói de uma jornada. A garantia primordial daquele estupendo empate.

1948
O POUSO DO
'ARTILHEIRO AVIADOR'

Uma grande contratação para o ataque juventino agitou o noticiário esportivo e colocou em polvorosa todo o bairro da Mooca em 1948. Tratava-se de Mário Milani, o "Artilheiro Aviador", que chegava para reforçar o Moleque Travesso no Campeonato Paulista daquele ano. Nascido em Jundiaí, Milani foi um dos grandes craques do futebol brasileiro na década de 1940, com títulos estaduais por Corinthians e Fluminense. Foi também bicampeão brasileiro pela Seleção Paulista e artilheiro do Campeonato Brasileiro de Seleções em duas ocasiões.

Seu inusitado apelido não era nenhum exagero: Milani era, de fato, apaixonado por aviação e pilotava seu próprio avião. Tanto nos tempos de Corinthians como na passagem pelo Juventus, o craque viajava várias vezes entre Jundiaí e São Paulo para comparecer aos treinamentos. A estreia do artilheiro com a camisa grená aconteceu na segunda rodada do Campeonato Paulista, em 16 de maio, contra o Ypiranga, com a Javari lotada. E o rival estragou a festa, fazendo 6 a 1 no time da casa.

O tropeço na primeira apresentação do "Artilheiro Aviador" não foi motivo para desânimo. Ao contrário: a superação foi uma das marcas da equipe no certame estadual. Ainda no primeiro turno, vitórias sobre o São Paulo, por 2 a 1, e sobre o Palmeiras por 1 a 0, mostraram a força do time montado por Jim Lopes. Só faltou ser mais regular: depois de oscilar demais no segundo turno, o Juventus terminou o Paulistão novamente na sétima colocação (sete vitórias, cinco empates e oito derrotas).

7
RENOVAÇÃO
SONHO, EUFORIA E QUEDA

No fim dos anos 1940, o Juventus passou por um dos momentos mais difíceis de sua história. Após um quarto de século servindo como o pilar central que mantinha o Clube de pé, a família Crespi decidia se afastar. Sem o suporte dos Crespi, os maiores benfeitores da agremiação, seria preciso buscar novas formas de manter a equipe ativa. A comunidade juventina respondeu ao chamado, se mobilizou e iniciou um necessário processo de reestruturação. A segunda metade do século XX estava chegando – e o time da Mooca teria novos desafios pela frente.

1949
NÃO À FUSÃO

Entre 1924 e 1949, o Juventus foi efetivamente mantido pelos Crespi. A saída da família da direção, portanto, era um baque tremendo. A notícia de que o clã se afastaria provocou enorme agitação entre os juventinos, que logo saíram à procura de novos rumos para o futuro de seu Clube. E uma das possibilidades cogitadas foi extremamente controversa.

Em dezembro de 1949, a direção grená negociou uma fusão esportiva com a Ponte Preta – acerto que representaria a transferência integral do departamento de futebol ao clube de Campinas. Ayrton Couto, um dos dirigentes da agremiação do interior, representou os interesses da Macaca na reunião do Conselho Deliberativo grená. Couto estava acompanhado de outro histórico dirigente alvinegro, Moysés Lucarelli – esse, aliás, o grande responsável pela construção do estádio da Ponte, que leva o seu nome.

A Ponte propunha assumir todos os gastos do departamento de futebol e quitar os salários dos jogadores grenás. Em troca, ficaria com a vaga do Moleque Travesso na primeira divisão do futebol paulista. O futebol do Juventus encerraria suas atividades e o conde Adriano Crespi seria empossado como sócio benemérito da Ponte Preta. Essa proposta foi levada a voto na sede do clube da Mooca em 27 de dezembro de 1949. Dos 33 conselheiros presentes, 23 votaram contra e fusão e apenas dez se manifestaram a favor.

Os votos contrários foram dos seguintes conselheiros: Leonardo Galdino, Caetano Liguori, Eugenio Montanhez, Armando Ciani, Bernardino Piva, Mario Previato, Conrado Agarelli, Achilles Vasconcelos, Othelo Panetta, Salvador Archiná, José Fuscella, Francisco Colangelo, Jacson Cardenuto, J.A. Pacheco, Valdir Premerame, Abelino Meneghatti, Leonel Romanato, Rafael Galdi, Pedro Marcilia, Antonio Vallinotti, Luiz Nostrichi, Raul da Rocha Soares e Jaci Vieira de Souza. Os favoráveis à fusão e encerramento das atividades do futebol foram Elias Vitta, Adriano Magalini, Adriano Crespi, Maximiliano de Maximo, João Manzoli, Francisco Cipullo, Sebastião Lapolla, Oscar Queiroz, Dino Becari e Rogério Rodrigues.

Voto vencido naquela reunião, o conde Adriano Crespi quitou todos os vencimentos do mês corrente e pediu licença do cargo de presidente, assumindo em seu lugar o primeiro vice, Oscar Queiroz. Preocupado em buscar uma solução de longo prazo, o novo mandatário nomeou uma comissão composta por cinco membros do Conselho. O Juventus viraria o ano num preocupante limbo, sem saber qual seria seu destino.

1950
A MOOCA RESISTE

A chave para a sobrevivência do Juventus estava mesmo na torcida e na comunidade. Isso ficaria bem claro logo no começo de 1950. Já na primeira quinzena de janeiro, os moradores organizaram uma grande passeata pelas ruas da Mooca para manifestar seu apoio à decisão de rejeitar a fusão com a Ponte Preta. Conselheiros e comerciantes do bairro cerraram fileiras e prometeram intensificar seus esforços em prol do Clube, que não desistiria tão facilmente.

Pedro Pedretti, vice-presidente do Conselho, e Othelo Panetta, primeiro secretário, anunciaram publicamente a decisão de caminhar usando as próprias pernas. "O Juventus continuará", confirmou Panetta em uma entrevista ao jornal A Gazeta Esportiva:

Sua situação é das melhores, pois temos apenas de pagar, no dia 10 de janeiro, os ordenados referentes a dezembro. Mas isso já está liquidado, uma vez que o conde Adriano Crespi ordenou que se fizesse esse pagamento. Depois, sim, teremos de lutar bravamente para arcar com as demais despesas. O clube ficará em nossas mãos, sem quaisquer dívidas, o que muito nos facilitará. E queremos abrir um capítulo especial para agradecer, em nome de toda a família juventina, à elevada compreensão do conde Adriano, que nos deu uma oportunidade para podermos continuar a trabalhar e levantar novamente o Juventus.

Pedretti falou sobre o crescimento do quadro associativo e do apoio do pessoal do comércio mooquense:

Estamos dispostos a trabalhar sem tréguas e tenho certeza de que triunfaremos.

Pelo movimento inicial de pedidos e propostas de adesão social que nos chegam todos os dias, acho que alcançaremos perto de 5.000 sócios até março. Ademais, é grande o interesse dos comerciantes do bairro, que esperam cooperar para fazer do Juventus um grande clube, uma potência!

Além da quitação dos salários de jogadores e funcionários, uma das grandes preocupações era com a manutenção do estádio da Rua Javari. "Muito embora estejam correndo boatos de que o conde não mais o cederá ao clube, não é verdade. O campo continuará a ser do Juventus e ocuparemos todas as suas dependências, como já vinha acontecendo", esclareceu Panetta. Logo em seguida, em 11 de janeiro, aconteceu a eleição da nova diretoria, com o médico Antônio de Cillo Neto assumindo a presidência e Mário Previato e Armando Ciani empossados como homens fortes do futebol.

A busca por novas receitas começou com a criação de um programa de rádio exclusivo sobre o Juventus na Rádio Pan-Americana, o Avinhado. A atração, que servia para divulgar as coisas do Clube e tentar captar novos parceiros, era transmitida às terças e quintas, sob o comando do radialista Mario Franqueira Filho.

Outra iniciativa foi a organização da primeira festa junina realizada nas dependências do Juventus. Antônio Chiavone, responsável pelo evento, contratou o humorista Zé Fidelis, famoso no rádio paulistano, e várias outras atrações, garantindo o sucesso de público e renda dessa edição inaugural. A festa junina do Juventus tornou-se tão tradicional que hoje em dia é considerada uma das mais importantes da cidade de São Paulo.

JULINHO NA JAVARI

Encarregado de conduzir o futebol juventino nessa nova etapa, Mario Previato tratou de montar uma grande equipe para o Campeonato Paulista de 1950. Da Portuguesa, trouxe o goleiro Caxambu, um dos melhores de sua posição; no Palmeiras, foi buscar o experiente médio Og Moreira; por fim, garimpou na várzea um ponta-direita que viria a ser um dos maiores jogadores do futebol brasileiro, Julinho Botelho.

Os reforços se juntaram a Carbone, Milani e Oswaldinho para formar um verdadeiro esquadrão. A única perda foi o técnico Jim Lopes, que acabou sendo contratado pelo Palmeiras. Para comandar essas feras na ausência de Lopes, Mario Previato teve uma ideia inovadora e ousada: promoveu o atacante Mario Milani, que já estava prestes a pendurar as chuteiras, ao cargo de técnico-jogador. Deu muito certo.

Nos amistosos de preparação para o Paulista, o Moleque Travesso causou verdadeiro furor pelo interior do Estado. Em quinze jogos, só perdeu três vezes, o que rendeu ao time o apelido de "Rei do Interior". Sua vitória mais expressiva foi contra o XV de Piracicaba, em 21 de maio, no Estádio Regente Feijó. A vitória grená por 3 a 2 quebrou a invencibilidade do time da casa, que já durava quase um ano.

Esse período foi marcado por três conquistas importantes. Diante do Velo Clube, em 16 de abril, em Rio Claro, o Juventus venceu por 4 a 3 e faturou a Taça Antônio Campagnoli. Uma semana depois, em 23 de abril, na Javari, obteve a Taça Aniversário do C.A. Juventus, goleando o São Cristóvão por 5 a 0. Para completar, mostrou a força de seu elenco erguendo a taça do Torneio do Paraná, com quatro vitórias em quatro jogos, todas por goleada. O Moleque Travesso atropelou quem apareceu pela frente: 8 a 1 no Operário de Londrina, 4 a 2 no Comercial de Cornélio Procópio, 4 a 0 no Bela Vista do Paraíso e 7 a 0 no Operário de Apucarana, selando a conquista com chave de ouro.

Um dos destaques da equipe, Carbone estava em ótima fase – tanto que foi convocado para a Seleção Paulista que disputou a partida de inauguração do Maracanã, em 16 de junho de 1950, com um triunfo dos visitantes sobre os cariocas por 3 a 1. Após uma campanha apagada no Paulista de 1949 – em que ficou só na décima colocação entre doze participantes – a promessa era de um salto considerável no Estadual de 1950. Diante de concorrentes duríssimos, porém, a equipe grená oscilou demais. Numa das edições mais niveladas da história do campeonato, o Juventus teve de se contentar com a oitava colocação, com sete vitórias, quatro empates e onze derrotas.

1951
UM CAMPEONATO FRUSTRANTE

Apesar de ter feito uma campanha bem abaixo do esperado em 1950, o Juventus foi uma ótima vitrine para o talento dos atacantes Carbone e Julinho Botelho. Previsivelmente, os outros clubes da capital paulista já estavam de olho naqueles dois fabulosos jogadores, ambos já elevados a ídolos juventinos. Foi impossível resistir ao assédio. Carbone acabou indo para o Corinthians, enquanto Julinho passaria a defender as cores da Portuguesa.

Sem suas principais peças de ataque na temporada anterior – o único remanescente no setor era Oswaldinho –, o Juventus viu sua produção ofensiva despencar. Na tentativa de melhorar o desempenho, a direção trouxe cinco atletas da equipe de aspirantes do Corinthians: os meias Nézio, Edélcio e Castro e os atacantes Nenê e Noronha. Também fez uma aposta em Eduardinho, atacante experiente e consagrado, com passagens por Nacional e Corinthians e já em final de carreira. Mas Julinho Botelho e Carbone eram insubstituíveis, e nenhum dos reforços foi capaz de suprir suas ausências. Pior: Julinho e Carbone brilhavam em seus novos times, enchendo o torcedor juventino de saudade.

A campanha no Paulista foi irregular. O Moleque Travesso começou o certame sendo comandado pelo técnico argentino Floreal Garro, mas ele deixou o cargo após uma derrota por 3 a 2 para o Comercial da Capital em plena Javari. A direção foi buscar um velho conhecido: o também argentino Jim Lopes. O impacto foi imediato. Com Lopes de volta, o Juventus chegou a construir uma boa sequência invicta, com cinco partidas sem perder. Foi quando um escândalo mexeu com o plantel e caiu como balde d'água fria sobre as pretensões da equipe.

Em 8 de dezembro de 1951, no Pacaembu, o Juventus foi goleado pelo Corinthians por 7 a 2. Encerrado o duelo, o zagueiro grená Pascoal foi acusado de ter sido subornado para entregar o jogo. O caso foi muito explorado pela imprensa esportiva, causando o afastamento do atleta – que defendia o Clube desde 1947 – e abalando o moral do elenco. No fim, nada foi provado contra Pascoal. O Juventus teve de engolir a 11ª colocação, com sete vitórias, seis empates e quinze derrotas.

1952
SALVAÇÃO ARGENTINA

O Paulista de 1952 teve um clube a mais em relação ao ano anterior. Uma virada de mesa favoreceu o Jabaquara – que deveria ter caído, mas conseguiu fugir do rebaixamento e se manter na elite graças a uma manobra jurídica. Em meio a esse ambiente tumultuado nos bastidores da Federação Paulista de Futebol, o Juventus iniciou o ano fazendo uma verdadeira faxina no elenco. Jim Lopes aceitou uma proposta da Portuguesa e foi substituído por um técnico promissor que militava no interior paulista, João Lima – e ele foi incumbido de renovar outra vez o plantel.

Os contratos de medalhões como Caxambu e Og Moreira foram rescindidos. Nenê, atacante que se destacou com a camisa grená em 1951, foi negociado com o São Paulo. Para o lugar deles viriam nomes menos conhecidos, talentos escondidos na várzea paulistana e nos clubes do interior. De Maria e Henrique, atacantes do XV de Piracicaba, De Paula e Cunha, ex-São Cristóvão, e Orestes e Valdomiro, que eram da várzea, desembarcaram na Javari. Valussi, zagueiro com passagem pelo Corinthians, De Camilo, ex-São Paulo, e Pedro, ex-Portuguesa, também chegaram.

Essas apostas, contudo, não renderam o esperado. A inexperiência e a falta de entrosamento logo ficaram evidentes, e o Juventus terminou o primeiro turno do Paulista de 1952 com uma campanha apagadíssima, amargando a última colocação do certame. Todos davam a queda para a Segundona como certa, a ponto de o presidente Antônio de Cillo Neto cogitar o encerramento das atividades do departamento de futebol em caso de rebaixamento. Na avaliação da cúpula juventina, o clube não teria forças para se recuperar se o pior viesse a ocorrer.

A tentativa de evitar a degola foi comandada pelo diretor de futebol Edmundo Scala. Sabendo que a reação precisava ser imediata, ele começou reparando um erro cometido no início da temporada, quando o clube aceitou liberar Jim Lopes à Portuguesa. O técnico argentino foi recontratado e chegou falando grosso: "Comigo o Juventus não cai!".

Estrategista e profundo conhecedor do futebol sul-americano, Lopes detectou as principais carências da equipe e buscou em seu país de origem as soluções para problemas que tinham de ser sanados com urgência. Lopes ganhou carta branca da direção para contratar dois argentinos do Independiente, o goleiro Ferro e o atacante Paz, além de trazer mais um compatriota, Juan José Negri – esse último já estava no futebol brasileiro, mas não vinha sendo utilizado na Portuguesa.

LUTANDO ATÉ O FIM

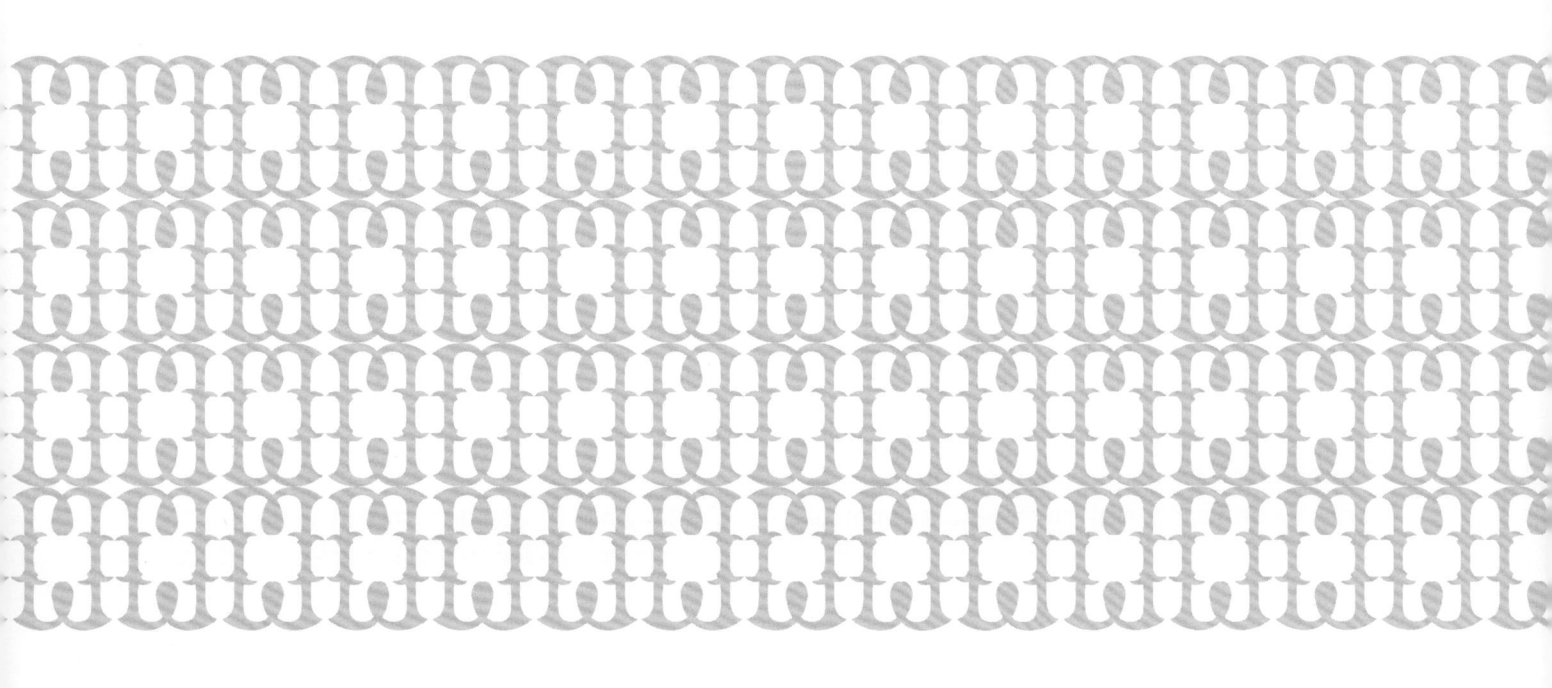

O quarteto argentino deu outra dinâmica à equipe, mas Jim Lopes logo teria de lidar com mais um problemão: a ausência de Oswaldinho, ídolo e líder da equipe. O atacante foi suspenso por cinco jogos pelo Tribunal de Justiça da FPF por ter agredido o árbitro Amaral Sobrinho depois de um jogo com o Palmeiras, em 25 de outubro. Num duelo parelho, o Juventus perdeu por 2 a 0. Oswaldinho partiu para cima do juiz, acusando Amaral Sobrinho de ter armado o resultado a favor dos alviverdes.

Confrontado por todas essas dificuldades, o Moleque Travesso foi se superando jogo a jogo. Uma vitória por 4 a 1 sobre o Guarani, em 15 de novembro, na Javari, marcou uma arrancada rumo à salvação. Vieram empates preciosos diante da Portuguesa, no Pacaembu, e do Santos, em plena Vila Belmiro, e finalmente uma vitória estrondosa sobre o vice-líder São Paulo, por 2 a 0, no Pacaembu lotado. Graças à reação liderada pelos reforços argentinos, o Juventus chegava à última rodada ainda vivo na disputa pela permanência na primeira divisão.

Para isso, seria preciso derrotar o XV de Piracicaba em casa. A direção buscou mobilizar a comunidade mooquense, espalhando cartazes pelo bairro, comprando anúncios e realizando várias promoções para atrair o público – tudo para mostrar a enorme importância daquele jogo decisivo para a vida juventina. A resposta foi extraordinária: uma verdadeira multidão tomou a Rua Javari para empurrar o Juventus em 31 de janeiro de 1953. O público foi estimado em 12.000 pessoas a e renda foi a segunda maior da rodada, só perdendo para a decisão do título, entre Corinthians e São Paulo, no dia seguinte, no Pacaembu.

O adversário tinha um grande time, com nomes como Idiarte e Santo Cristo, mas a pressão grená foi total. O primeiro tempo, muito tenso e truncado, terminou sem gols. Na volta do intervalo, o Juventus saiu na frente com Oswaldinho, aos 4 minutos. O XV deu a saída e perdeu a bola; Castro foi lançado e ampliou para 2 a 0, aos 5 minutos. Arrasador na frente e seguro lá atrás, o Juventus ia se garantindo. Coube a Oswaldinho, aos 11, marcar o terceiro e último gol da partida. Depois foi só administrar a vantagem e esperar o apito final.

Euforia total. Campo invadido. Carnaval na Mooca. O Juventus ficava na primeira divisão. "Nossa vitória foi magnífica!", bradava Castro nos vestiários. O ídolo Oswaldinho foi carregado em triunfo, e Jim Lopes e seus pupilos argentinos foram aclamados por todos como os grandes trunfos do Moleque Travesso para evitar a degola.

Oswaldinho

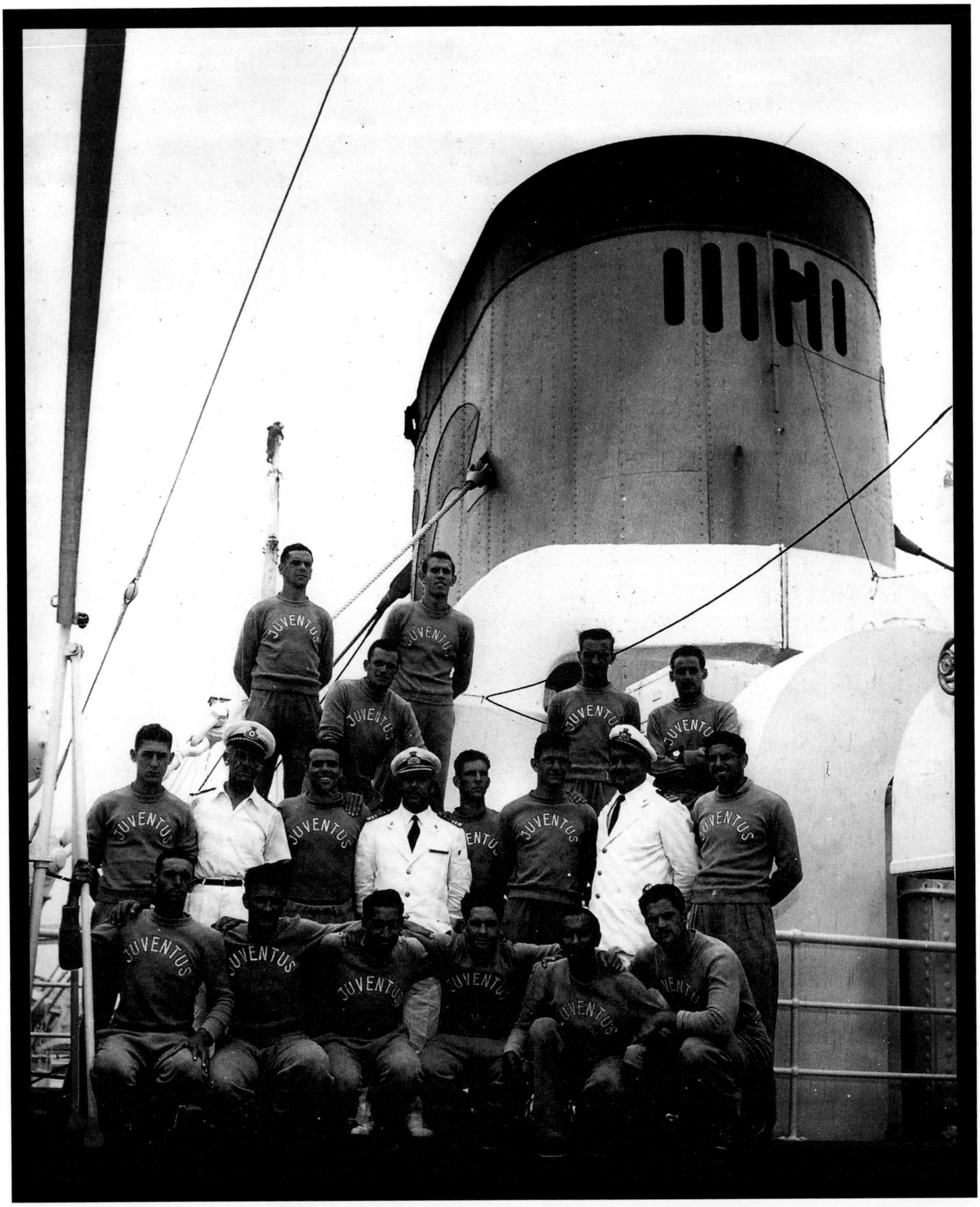
JUVENTUS

1953
DAS CANÁRIAS À IUGOSLÁVIA

Encerrado o Paulista de 1952, a direção do Juventus decidiu por uma nova reformulação no elenco. Apesar do sucesso de Jim Lopes e dos reforços Ferro, Paz e Negri na reta final do Estadual, a legião argentina representava um peso financeiro que o Clube não conseguiria suportar por mais tempo. Zezé Procópio foi contratado para ser o novo técnico, mas durou só uma partida no cargo, pois também não entrou em um acordo financeiro com a diretoria. A partir dali, o zagueiro Diogo acumularia as funções de jogador e técnico interino. Diogo segurou as pontas até que o vice-presidente Modesto Mastrorosa enfim conseguisse trazer um comandante permanente, um italiano chamado Rossini.

Foi sob o comando dele que o Juventus chegou ao título do Torneio Interestadual Jânio Quadros, um quadrangular realizado na Rua Javari contra Ypiranga, Portuguesa Santista e Bonsucesso. A conquista serviu como um aperitivo para voos ainda mais altos. Como o Moleque Travesso buscava a afirmação como nova força do futebol de São Paulo, a direção resolveu organizar sua primeira excursão à Europa.

Às vésperas do embarque, o elenco sofreu uma perda irreparável. O ídolo Oswaldinho teve um desentendimento com o novo treinador e decidiu deixar o Clube. Temperamental, o "Estilingue Grená", como fora apelidado na Mooca, rescindiu seu contrato com o Juventus e foi defender a Portuguesa. Por outro lado, antes de pegar o navio rumo ao Velho Continente, o plantel recebeu os zagueiros Salvador e Juvenal, o meia Bonfiglio e o goleiro Petroni, todos cedidos por empréstimo pelo Palmeiras. Do São Paulo veio o atacante Durval e do Corinthians, o também atacante Zezinho.

PRIMEIRO A VENCER NA BOTA

Em 11 de maio de 1953, o Juventus estreava em solo europeu de maneira auspiciosa. Nas Ilhas Canárias, na Espanha, o Moleque Travesso disputou a primeira partida internacional de sua história, derrotando o Deportivo Las Palmas por 2 a 1. Os gols juventinos foram de Castro e Zezinho. Já em solo italiano, o Juventus encarou a Sampdoria, em Gênova, em 17 de maio, e venceu novamente por 2 a 1. Foi um feito inédito: o equipe da Mooca era simplesmente a primeira representante brasileira a derrotar um time italiano naquele país.

Na sequência, um pulo na Escandinávia, com triunfo sobre o IFK Norrköping, campeão sueco, por 2 a 1, em 21 de maio, e derrota pelo

AVVIO TRA GLI APPLAUSI, FINALE TRA I FISCHI

Juventus San Paolo - Roma 2-1

I marcatori: Renosto, Zezinho, Edelcio - Trentacinquemila spettatori - Ghiggia tra i migliori giallorossi

placar mínimo para o Malmö, vice-campeão nacional, uma semana depois. A próxima parada foi Colônia, na Alemanha, com vitória por 3 a 2 sobre o Preussen Dellbrück. Retornando à Itália, o Juventus viajou a Nápoles, onde foi derrotado pelo Napoli, no Estádio San Paolo, por 3 a 2, em 4 de junho. Os napolitanos tinham um timaço, com nomes muito marcantes na história do clube peninsular, como Hasse Jeppson, Bruno Pesaola, Giancarlo Vitali e o brasileiro Vinícius.

Mas o grande triunfo em terras italianas foi obtido na capital do país. No dia 10 de junho de 1953, em um Estádio Olímpico lotado, o Moleque Travesso conseguiu derrotar a Roma por 2 a 1, com gols de Zezinho e Edélcio. Foi uma das primeiras grandes façanhas do futebol brasileiro no exterior, com o Juventus mostrando muita garra e técnica para superar os romanos diante da inflamada torcida local. E o time do técnico Rossini não pararia por ali.

A próxima escala seria a Suíça, onde o Juventus enfrentou o campeão nacional, Basel, com derrota por 4 a 3 – note-se, porém, que esse jogo aconteceu no dia seguinte ao duelo com a Roma. Em 15 de junho, mais descansado, o esquadrão grená bateu o Servette por 1 a 0. Dois dias depois, em Viena, uma derrota por 2 a 0 para o Áustria Viena, antes de voltar à Suíça e reencontrar o Basel, com honroso empate em 1 a 1. O Lausanne seria o adversário seguinte, com vitória grená por 2 a 0, e depois viria o Sturm Graz austríaco, superado por 3 a 0.

REKORD MAGASINETS *Idrottsalbum* 23/7-53

JUVENTUS Ståiende fr. v.: Walter, Victor, Arnoldo, Nicolau, Juvenal, Salvador, Diogo. Knästående fr. v.: Izabelino, Paz, Oswaldo, Bazao, Edelcio, Castro.

O encerramento da exaustiva turnê aconteceria no fim de junho, na extinta Iugoslávia, com empate sem gols com o Estrela Vermelha e vitória sobre o Partizan Belgrado, 2 a 1, fechando o giro europeu em grande estilo. O time-base na viagem foi o seguinte: Walter; Juvenal e Salvador; Vitor, Nicolau e Valdomiro; Paz, Zezinho, Durval, Edélcio e Bazão (Castro). Ao retornar a São Paulo, a delegação foi recebida com festa nas ruas da Mooca.

A euforia duraria pouco. Mesmo com o enorme sucesso da excursão, o plantel retornava com o Clube em ebulição. Circulavam boatos sobre uma possível venda da Rua Javari. Outro rumor que fazia o bairro ferver dava conta de uma fusão com o Comercial da capital paulista. As frequentes discussões sobre quem deveria treinar a equipe também se somavam à pauta, incendiando o noticiário do Clube e as rodinhas de torcedores na Mooca.

Em meio a esse cenário turbulento, toda a confiança conquistada com resultados expressivos em solo europeu se dissipou. A campanha no Campeonato Paulista acabou sendo prejudicada por esse contexto, e a salvação diante do risco de rebaixamento só foi obtida num triangular eliminatório com a Portuguesa Santista e o Ypiranga. Com vitória sobre a Lusinha por 3 a 0 e um revés por 2 a 1 para o concorrente da capital, o time grená escapava – por muito pouco – da queda à Segundona.

1954
SEM ESCAPATÓRIA

Após permanecer na elite a duras penas no ano anterior, o Juventus sabia muito bem que precisaria de reforços para encarar a temporada 1954. O nome mais impactante contratado pelo presidente Modesto Mastrorosa foi o consagrado goleiro Oberdan Cattani, que se desligava do Palmeiras após catorze anos de bons serviços prestados ao clube alviverde. Com Oberdan sob os paus, o Juventus iniciou o Estadual sonhando em surpreender – a crônica esportiva o apontava inclusive como um adversário de respeito, credenciado a brigar pelos primeiros postos. E seu começo no Campeonato Paulista foi mesmo promissor: vitória sobre o São Paulo, 2 a 0, e empate heroico com o Corinthians, 1 a 1 no Pacaembu lotado.

A segunda partida foi marcada pela espetacular defesa de Oberdan no pênalti cobrado pelo ídolo corintiano Cláudio Cristóvão Pinho, aos 44 minutos do segundo tempo. O Moleque Travesso chegou a liderar o certame e atravessou as seis primeiras rodadas invicto. A ambição de brigar pela dianteira da competição, entretanto, não durou muito. Uma sequência de oito jogos sem vencer acabou com qualquer ilusão: a batalha juventina seria mesmo outra, na parte inferior da tabela.

Ao final do primeiro turno, o Juventus somava só dez pontos, à frente apenas de Noroeste, XV de Piracicaba, São Bento de São Caetano do Sul e Ypiranga. Os tropeços se acumulavam, o time afundava e os demais concorrentes se distanciavam. Desde 1952, duas equipes caíam para a Segundona a cada ano – ou seja, o sinal de alerta estava ligado na Mooca. No segundo turno, o desempenho foi ainda pior, com a equipe avinhada ganhando só nove pontos de 26 disputados. Aquela campanha trágica culminou, enfim, na queda – não sem antes submeter a torcida a mais uma tarde de sofrimento.

A equipe grená chegou à última rodada ainda com alguma chance de se salvar. Para isso, teria de bater o já rebaixado Ypiranga e torcer por derrotas de Noroeste e XV de Piracicaba. O Moleque Travesso fez sua parte e derrotou o Ypiranga por 2 a 1 no Estádio Palestra Italia. Mas tanto o XV de Piracicaba como o Noroeste venceram – esse último, no Pacaembu, diante de uma Portuguesa muito displicente e apática, o que despertou sérias desconfianças entre os juventinos. Mas não tinha mais jeito: o rebaixamento estava sacramentado.

Com o descenso consumado, os boatos sobre o futuro do futebol do Juventus voltaram com tudo. Rumores de uma possível fusão com a Ferroviária ou de uma parceria com o Comercial eram ventilados na imprensa paulista. Modesto Mastrorosa veio a público e negou de forma veemente qualquer possibilidade de ruptura, garantindo que o destino do Clube seria mesmo a busca pelo retorno à elite. O trabalho continuava – a começar pelo campo da Rua Javari, que ganhou novo alambrado (em substituição às românticas "cerquinhas") e um novo e moderno sistema de iluminação, doado por um associado que preferiu ficar no anonimato.

1955
NADA DE TAPETÃO

Ao contrário de outras equipes tradicionais do futebol paulista – como Ypiranga e Nacional, que após o rebaixamento se licenciaram para não disputar a Segundona –, o Juventus queria voltar com méritos próprios. A conduta ética da agremiação demandava que a equipe encarasse as agruras da divisão de acesso do Campeonato Paulista. De acordo com os paredros juventinos, essa era uma forma de resgatar a dignidade do clube após o fracasso de 1954.

O elenco sofreu novas mudanças, com destaque para a promoção de revelações das categorias de base à equipe principal – caso, por exemplo, do zagueiro Ditão, filho do lendário Ditão que marcou época nos anos 1930 e 1940. Pando e Diógenes foram outros jovens valores vindos das categorias secundárias que logo se firmaram como titulares entre os profissionais.

Com sangue novo e orgulho no peito, o Moleque Travesso iniciou sua preparação conquistando dois importantes troféus interestaduais: um em Joinville, diante do Caxias catarinense, e outro em Minas Gerais, frente ao Uberlândia. Essas vitórias deram a confiança necessária para que a equipe entrasse na dura caminhada de volta à elite com ânimo redobrado. E a campanha na primeira fase da Segundona foi reflexo disso: o Juventus foi o campeão de seu grupo e chegou sem grandes problemas ao octogonal final, em que enfrentaria os vencedores das demais chaves.

Nessa etapa decisiva, mudanças no comando técnico fizeram com que a equipe caísse de produção, e os juventinos amargaram um frustrante oitavo lugar. Mas a decisão de evitar as viradas de mesa e brigar pelo retorno no campo acabou sendo premiada, ainda que por linhas tortas. A Federação Paulista de Futebol decidiu alterar a fórmula de disputa da divisão principal para o ano seguinte, criando um turno de classificação com dezoito clubes. Além das catorze agremiações que disputaram a elite do Paulista em 1955, o Estadual de 1956 teria também Ferroviária, Nacional, Portuguesa Santista e Juventus.

Além da conquista do acesso, a temporada teve outros fatos dignos de nota. Um deles vindo das categorias de base: a revelação do goleiro Felix, futuro craque de Seleção Brasileira – que, contudo, seria negociado com a Portuguesa antes mesmo de atuar no time adulto do Juventus. Os avanços patrimoniais também seguiam a todo vapor, com a grande inauguração do novo ginásio poliesportivo da Javari (com vitória grená sobre o Palmeiras no basquete masculino). O retorno à elite ocorreria em meio a um clima de otimismo.

1956
NO CALDEIRÃO PORTENHO

Corinthians, Palmeiras, Portuguesa e São Paulo eram os principais clubes da capital, mas coube ao Juventus a honra de ser o primeiro representante paulistano a atuar no mítico estádio de La Bombonera, em Buenos Aires. Foi em 31 de maio de 1956, na última das seis partidas amistosas que o Moleque Travesso disputou em sua viagem à Argentina. O Boca Juniors não deu chances aos grenás, vencendo por 4 a 1. O gol juventino foi de Bernardi.

Nas outras cinco partidas realizadas na Argentina, a equipe avinhada somou duas vitórias (sobre Atlético Tucuman e Seleção de Tucuman), dois empates (com Liga Cultural e Talleres) e uma derrota (para a Seleção de Villa Maria). A equipe-base que excursionou pela terra do tango foi a seguinte: Villera; Bonfiglio (Diógenes) e Guegue; Adhemar, Riogo (Nicolau) e Mendonça; Larri, Zeola (Homero), Tito, Orlando e Bernardi. O técnico era Alfredo Gonzalez.

De volta ao Brasil, o Juventus cumpriu boa campanha no Torneio de Classificação do Paulista, obtendo sua vaga para a disputa da fase principal da competição estadual entre os dez primeiros colocados. O médio-volante Adhemar e atacante Orlando foram os destaques da equipe – Adhemar, por sinal, foi convocado para a Seleção Paulista naquele ano. Já Orlando foi um dos artilheiros do Torneio de Classificação. Na volta à elite paulista, o Juventus termina o campeonato na oitava colocação, sua melhor campanha na década de 1950.

8
COMUNIDADE
NOSSO TIME, NOSSO CLUBE

No fim dos anos 1950, o Juventus esteve à beira de desaparecer. Sem recursos, o Clube passou algumas temporadas simplesmente lutando pela sobrevivência. A salvação só viria no começo da década de 1960, quando a comunidade formada em torno da equipe grená entrou em ação, constituindo um quadro associativo gigantesco e prestando sólido suporte à agremiação dali em diante. Nesse caminho, o Clube encarou tempos duríssimos, marcados por uma heroica resistência – além, é claro, de alguns triunfos memoráveis nos gramados.

1957-1958
BOTANDO ORDEM NA CASA

Apesar de seguir encarando seus oponentes com bravura nos campos de São Paulo, o Juventus parecia estacionado no tempo na segunda metade dos anos 1950. O futuro da instituição não era nada animador, pois o dinheiro era curto e suas atividades eram voltadas quase que exclusivamente ao futebol, com raras e esporádicas exceções. Esse modelo rendia receitas escassas, complementadas por mensalidades pagas por pouco mais de trezentos associados e por doações eventuais de dirigentes e comerciantes da Mooca. Mal dava para cobrir as despesas com o futebol e manutenção do estádio da Rua Javari.

Percebendo que a situação se agravava ano a ano, o então presidente Modesto Mastrorosa manifestou o desejo de deixar o cargo. Temerosos pelo futuro, dois dirigentes juventinos, Farid Habib e o Doutor Valente, procuraram Roberto Ugolini, um influente empresário e ex-diretor, para convidá-lo a assumir o comando. Ugolini estava afastado do clube há tempos e não se entusiasmou com a ideia, mas garantiu que ia pensar a respeito.

Passado algum tempo sem que Ugolini respondesse, foi a vez da dupla de dirigentes formada por José Ferreira Pinto Filho e Mário Previato reiterar o convite ao empresário. Desta vez ele aceitou, sob a condição de que tanto Pinto

Filho como Previato concordassem em fazer parte da administração. Em meados de 1958, ocorreu a renúncia de toda a diretoria comandada por Modesto Mastrorosa, seguida pela posse da nova direção comandada por Roberto Ugolini.

O novo presidente encontrou um cenário dificílimo, mas conseguiu manter o Juventus de pé na base do arrojo, competência e dedicação. O empresário de sucesso tratou de organizar a gestão, conseguindo inclusive viabilizar alguma melhora na saúde financeira do Clube. A situação, entretanto, ainda estava muito distante da imaginada e pretendida pelos dirigentes. Nos anos seguintes, o Juventus seguiu resistindo, mas era questão e tempo até que uma providência mais drástica tivesse de ser adotada para reavivar a instituição.

UM ÍCONE CHEGA À JAVARI

Dentro de campo, o processo de reconstrução do time teve como alicerce a chegada, em 1957, daquele que se tornaria o maior ídolo de toda a história juventina: Clóvis Nori. Paulistano do Bom Retiro, com passagens pelo Comercial da capital e pelo Corinthians – onde conquistara o Campeonato Paulista do IV Centenário, em 1954 –, o zagueiro chamava a atenção por seu jogo firme, técnico, e, acima de tudo, leal. Por essa comunhão de valores com o clube, Clóvis encontrou na rua Javari sua morada definitiva no futebol, defendendo o Moleque Travesso até 1968, quando finalmente penduraria as chuteiras, depois de 276 partidas disputadas.

Para se ter uma ideia de sua dedicação ao Juventus, basta lembrar que o zagueiro não quis folga nem no dia do próprio matrimônio. A história foi contada assim pela "Revista do Esporte" de julho de 1959:

A singularidade do fato merece um registro todo especial. Clóvis marcou seu casamento para o dia 18 de junho de 1959. Acontece, porém, que seu clube e o Palmeiras não jogaram no dia marcado pela tabela da FPF (7 de junho), adiando a contenda para o dia 18 do mesmo mês. Daí, então, surgiu o problema. A discussão se agitava quando Clóvis pediu a palavra e resolveu a situação: queria casar e jogar também. E foi o que aconteceu. Às 18h, na igreja Nossa Senhora das Dores (Ipiranga), Clóvis casou-se com a srta. Acolina Soderi e depois partiu para o Pacaembu, a fim de jogar contra o Palmeiras. O jogador, após os dois grandes acontecimentos (social e esportivo), estava duplamente feliz: realizou o grande sonho e jogou uma boa partida. O Juventus arrancou mais um ponto do time milionário do Palmeiras.

A experiência e a categoria do "Professor" foram fundamentais tanto para o Juventus suportar as turbulências do final dos anos 1950 quanto para voltar aos trilhos na década seguinte. Em 1963, a *Gazeta Esportiva* lhe dedicou as seguintes palavras – que explicam também porque o clube, anos mais tarde, o homenagearia com um busto póstumo na rua Javari:

Além de profissional exemplar, Clóvis destaca-se também como competente e carinhoso chefe de família, esposo e pai notável. Clóvis encontra no Juventus seu segundo lar. Aprendeu a amar as cores do "Moleque Travesso" e é bastante estimado por todos os que estão ligados, de uma forma ou de outra, ao clube da rua Javari.

Recebeu, em 1961, o prêmio "Carlos Joel Nelli", como o jogador mais disciplinado do futebol de São Paulo, através do programa "Os Melhores do Futebol". Nunca, em toda a sua carreira, Clóvis alijou um jogador do gramado. Sempre entrou lícito nos lances mais delicados, visando a bola e jamais o adversário. Reconhece que o antagonista é um colega de profissão e, acima disso, ser humano. O adversário deve ser respeitado na sua integridade física.

Clóvis possui imensa legião de amigos, começando no Juventus e se estendendo pelos de-

Clóvis Nori,
o Professor

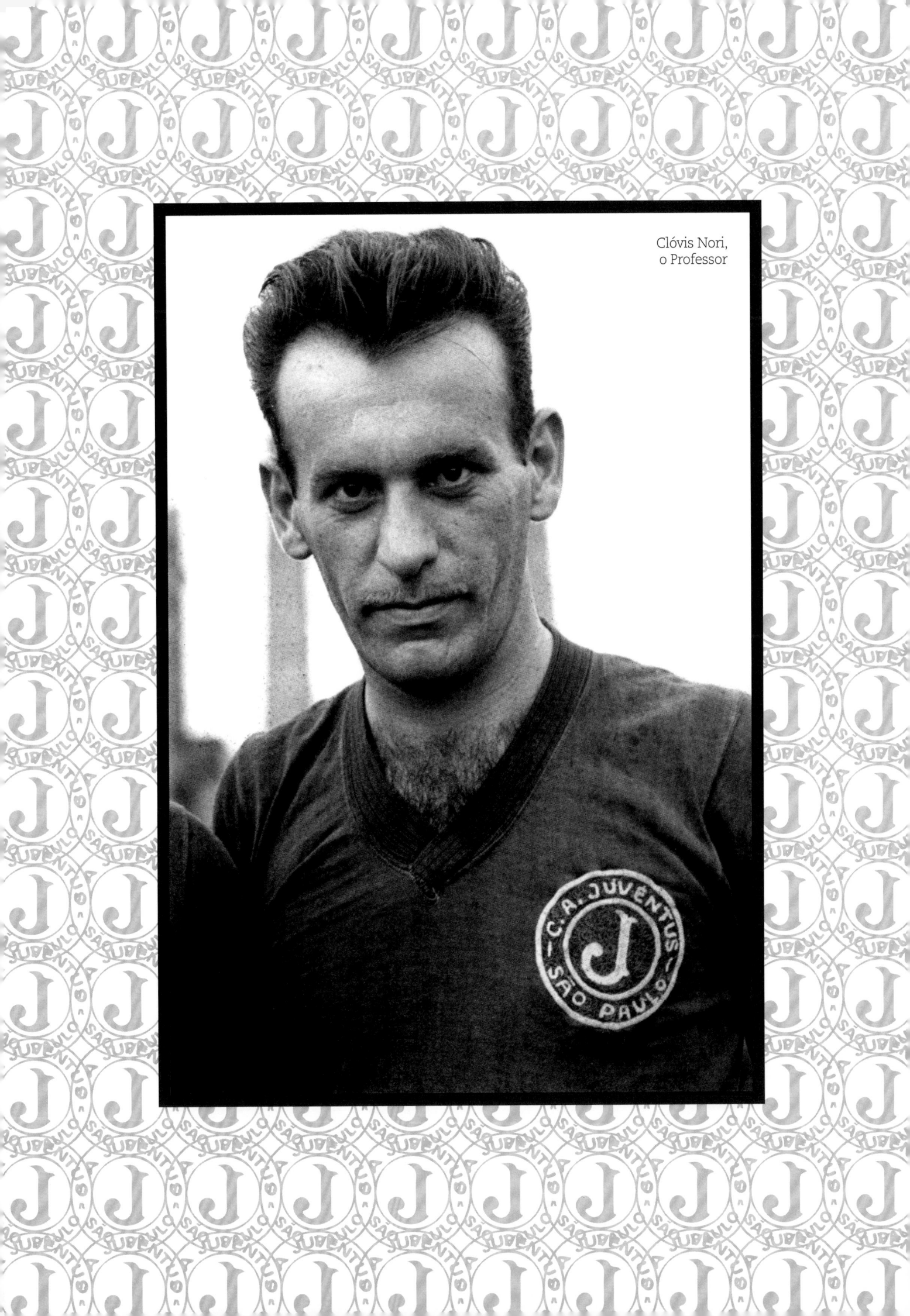

mais clubes do Brasil. Está feliz na rua Javari e espera terminar sua gloriosa carreira no grêmio da Mooca. Aliás, os juventinos já afirmaram ser Clóvis maior que simples profissional. Representa parcela do patrimônio juventino, do patrimônio moral, do qual o "Moleque Travesso" se orgulha de ter.

1959
CHUVA DE GOLS NA JAVARI

Se os tempos eram difíceis fora de campo, dentro dele o Juventus seguia exibindo uma resiliência notável. No dificílimo Campeonato Paulista de 1959, uma competição com nível técnico estratosférico, o time comandado por José Carlos Bauer ficou oito partidas invicto. Com um futebol ofensivo e ousado, o Juventus esteve no pelotão de frente da tabela de classificação durante boa parte do certame, chegando a alcançar a quarta colocação. O Moleque Travesso enfileirava atuações convincentes e encantava o público paulista. E o líder dessa grande equipe era um jovem de imenso talento chamado Wilson Buzone.

O fenômeno Buzone estava no Clube desde 1958, vindo do Nacional. A cada partida ele dava uma amostra de seu faro de artilheiro. Passou a ser rotina a presença de um grande contingente de repórteres e curiosos na Rua Javari só para ver aquele garoto brilhar. A torcida juventina sabia que com Buzone não tinha placar em branco: ele chegou a marcar dez gols num intervalo de 8 dias naquele Estadual. Para mostrar o tamanho da façanha, basta dizer que ele concorreu pela artilharia da competição com Pelé e Pepe.

Buzone não era o único responsável por aquela boa campanha. Bauer mesclou juventude e experiência na hora de montar seu plantel para o Estadual. Lanzoninho, ex-São Paulo, Homero Oppi, ex-Corinthians e Rodrigues Tatu, ex-Palmeiras, formavam o trio de veteranos da equipe, chamando a responsabilidade e prestando suporte aos mais novos. Já Zeola, Cássio, Lima e Pando, além do próprio Buzone, davam sangue novo ao time. Graças à presença dos atletas mais rodados, os novatos podiam atuar mais soltos e desenvolver seu melhor futebol com toda a tranquilidade. Essa química fez do Juventus uma das melhores equipes daquele Paulistão.

Ao longo da competição, o time foi perdendo fôlego, começou a oscilar demais e acabou perdendo várias posições na tabela, até pela força dos concorrentes mais tradicionais. Terminou em décimo lugar, mas a impressão deixada por aquele Juventus, com sua ótima técnica e espírito de luta, deixou a melhor das impressões. Buzone é até hoje o maior artilheiro do Clube numa só edição do Paulista, com 28 gols. A ótima campanha rendeu a ele uma vaga na Seleção Paulista, botando o craque Coutinho no banco e formando a linha de frente com Dorval, Chinesinho, Pelé e Pepe.

As qualidades de Buzone logo despertaram o interesse de clubes do exterior. Aliás, acreditava-se que ele já estava praticamente negociado com o futebol europeu quando aconteceu sua convocação. Mas o que tinha tudo para ser uma carreira gloriosa acabou em frustração. Em um dos jogos da Seleção Paulista, contra sua equivalente baiana, Buzone sofreu uma gravíssima lesão no joelho. Teve de ficar afastado da bola por dois anos. Ao retornar aos gramados, em 1962, jamais conseguiu recuperar sua antiga forma. O atacante rodou por alguns clubes antes de retornar ao Juventus no fim dos anos 1960.

Buzone

A JOIA MAIS BONITA DO REI

Buzone marcou gols belíssimos naquele Paulista – mas nem o mais fanático juventino ousaria colocá-los à frente da obra de arte que Pelé construiu na Rua Javari em 2 de agosto de 1959. Entre os quase 1.300 tentos da carreira do maior de todos os tempos, aquele foi sem dúvida o mais bonito, conforme afirmava o próprio Rei. O lance antológico na vitória santista por 4 a 0 fez o Estádio Conde Rodolfo Crespi entrar para a história do futebol mundial.

Pela grandiosidade do lance e pela fama que ele conquistou ao longo dos anos, todo mundo garante ter presenciado a façanha de perto, nas arquibancadas da Javari. O fato, entretanto, é que poucas foram as verdadeiras testemunhas daquela pintura – entre elas, dois dos autores desta obra, Angelo Eduardo Agarelli e Vicente Romano Netto, sendo que o último ajudou o próprio Rei na reconstituição dos fatos para o filme Pelé Eterno (2004). Como não havia registro do lance em vídeo, os produtores reconstruíram o gol usando computação gráfica. Assim foi o lance histórico, de acordo com o testemunho de Romano Netto:

Jair da Rosa Pinto, meia do Santos, lança a bola do centro do gramado à ponta direita, para Dorval, que domina e corre pela lateral, até passar um pouco da altura da linha da grande área. Dorval lança a bola quase rasteira em direção a Pelé, que se estava na cabeça da área, marcado por Homero, zagueiro-central do Juventus. Pelé antecipa-se a Homero e, com o pé direito, dá um toque sob a bola, que sobe pela esquerda do corpo do defensor grená, fazendo uma meia-lua. Pelé volta no sentido contrário a Homero, pelo lado direito do zagueiro, e pega a bola antes dela cair ao solo.

Quando surge o zagueiro juventino Clóvis Nori, que avança para obstruir a jogada, Pelé aplica o primeiro chapéu em Clóvis. No momento em que a bola estava caindo e Pelé se preparava para finalizar a jogada – o que, por si só, já seria um belo gol –, eis que surge o zagueiro-direito Julinho, que vai para cima de Pelé, tentando novamente impedir o prosseguimento da jogada. Julinho toma outro chapéu.

O zagueirão juventino não desiste e, voltando de costas, com o cotovelo direito, tenta obstruir o avanço de Pelé, mas não consegue. Enquanto a bola desce, Pelé fica frente a frente com o goleiro Mão de Onça, na risca da pequena área. O camisa 1 grená salta aos pés do Rei, que aplica o terceiro chapéu. A bola sobe e Pelé, de cabeça, manda para o fundo das redes do Juventus.

Na comemoração, Pelé deu um soco no ar, consagrando aquele gesto, que passaria a ser sua forma mais conhecida de celebrar gols. Poucos sabem, no entanto, que o soco no ar tinha sido a resposta do Rei a um grupo de torcedores juventinos que o vaiava desde uma forte dividida com o zagueiro Pando. No lance, o defensor grená levou a pior e quebrou a perna.

Em 1959, na Javari lotada, Pelé fez seu mais belo gol; em 2006, o Rei do Futebol voltou ao estádio para a inauguração do busto em sua homenagem

Clóvis Nori, ídolo juventino que participou diretamente do lance do gol, recordou a cena com um misto de indignação e orgulho durante uma entrevista publicada pelo jornal *Diário Popular* em 30 de julho de 2000: "Lembro que o Rodrigues, ponta-esquerda do Juventus, me disse que eu não devia ficar bravo e sim aplaudir. Mas você acha que eu ia aplaudir o cara depois de levar um gol daquele?" Em 2006, a diretoria do Juventus homenageou Pelé, inaugurando um busto de bronze na Rua Javari e imortalizando o gol mais bonito da vida do Rei.

1960
POR UM TRIZ

No Campeonato Paulista de 1960, o Juventus não foi nem sombra daquele time empolgante do ano anterior. Com a terceira defesa mais vazada da competição, a equipe da Mooca flertou com as últimas colocações do início ao fim da disputa, sendo obrigada a disputar o "Torneio da Degola". Ele reunia as equipes com o pior aproveitamento de pontos do certame, valendo a sobrevivência na elite. O Juventus disputou o triangular do desespero com América de São José do Rio Preto e Corinthians de Presidente Prudente. Só o primeiro colocado escaparia do rebaixamento.

Com três vitórias e um empate, o Moleque Travesso se garantiu na primeira divisão para o ano seguinte. Na última partida, em 10 de fevereiro de 1962, na Rua Javari, o time avinhado bateu o América por 3 a 0, gols de Cássio (duas vezes) e Mituca. Alívio geral entre os juventinos e um desfecho celebrado em belíssima crônica assinada por Roberto Botacini Moreira, jornalista e colunista social que na juventude havia atuado como goleiro do Juventus:

Pela primeira e única vez nesta coluna, o que aliás deverá causar estranheza aos nossos leitores, não criticarei costumes, não analisarei problemas sociais, políticos, psicológicos ou fatos. Abrirei um parêntese e nele colocarei um endereço: Rua Javari, 117, na velha Mooca que parece ter sido feita antes do mundo.

Há um século a Mooca já era elegante, talvez o bairro mais elegante de São Paulo. De um lugar a outro estendiam-se muros de chácaras, sempre cobertos de trepadeiras, velhas residências cercadas de alpendres enredados de madressilvas com grandes árvores a lhe fazer sombra; os elegantes da época iam passear à tarde pela Rua da Mooca, por entre majestosas chácaras com portões de ferro e muros de tijolos descarnados; neste jardim de fábula, surgiria mais tarde a residência do clube mais simpático de São Paulo, o time da turma da Mooca, o que mais admiradores tem na Paulicéia.

Porquê? O palmeirense torce primeiro para o Palmeiras depois para o Juventus; os portugueses bonachões da Ilha da Madeira também. São-paulinos e corintianos, todos eles representados por grande número de adeptos, torcem pelo empate quando vêm seus clubes em luta com o Moleque Travesso. Todos sentiriam o rebaixamento do tradicional e veterano clube grená.

Ninguém compreenderia São Paulo sem o Juventus. Seria o mesmo que foi Buenos Aires e o bairro do Boca sem Carlos Gardel. Não se admite São Paulo sem o Juventus, não se ouviria mais a mescla de torcedores de todas as raças gritarem seus 'Mamma mia', 'Madona', 'Raios', 'Passe la pelota' e os 'Sayonara' em uma bela sinfonia internacional.

Os poetas, jornalistas, atores, músicos, boêmios, gente de bom humor, políticos, a 'furiosa' do Vianna, a turma do circo, Cilo Netto, Farid Abib, o deputado Derville, o Bullara, 'Seu' Romeu, o Moacir secretário, Mordomo Osvaldo, o Conde Crespi: desde o vendedor de amendoins na porta do estádio ao grande industrial – todos iriam sentir a falta do Moleque Travesso.

O paulistano reclama a existência do Juventus. A Mooca com seus paralelepípedos molhados pela garoa lembrando Londres também. Devido a isto e ao mesmo tempo prestando uma grande contribuição social a toda uma coletividade, visando o bem estar do populoso e lendário bairro é que os amigos do clube tendo à frente uma plêiade de homens como: Roberto Ugolini, Mario Previato, Américo Egídio Pereira, José Ferreira Pinto e outros, uniram-se com o intuito de preservar o C.A. Juventus, doando futuramente à capital paulista mais um monumento esportivo: o estádio Roberto Ugolini.

A sorte está lançada. O êxito alcançado e a cooperação de todos ultrapassaram a expectativa, tudo demonstrando como as cores avinhadas são queridas. Eu que aprendi a admi-

rar o Juventus desde quando garoto o possuía em meu futebol de mesa, que o defendi com orgulho envergando a camiseta número 1, deixo aqui minha homenagem ao sexto grande clube paulista e que se colocará entre os maiores do Brasil. Muito obrigado a todos vocês que souberam cuidar tão bem do meu Garoto Travesso.

1961-1962
A GRANDE VIRADA

Mesmo com o Juventus escapando do rebaixamento, as dificuldades enfrentadas em 1960 minaram as forças de Roberto Ugolini. Cansado de dar murro em ponta de faca, o presidente do Juventus manifestou sua frustração em público em 1961. O dirigente anunciava que não tinha mais condições de seguir naquele caminho, pois não enxergava retornos positivos dos esforços de sua diretoria. Era preciso mudar, e isso seria discutido numa reunião extraordinária convocada para tratar do futuro do Clube.

Participaram do encontro, além do próprio Ugolini, os dirigentes José Ferreira Pinto Filho, Mario Previato, Américo Egídio Pereira, Mário Francisco Coronato e Sérgio Agarelli. A solução proposta para alterar os rumos da agremiação foi a transformação do Juventus em um clube sócio-esportivo, com um grande quadro de associados.

Mário Coronato ficou encarregado de manter contato com a Santapaula Melhoramentos, empresa que mantinha um clube muitíssimo bem organizado na Zona Sul, para saber mais sobre seu funcionamento e sobre a obtenção dos recursos necessários para a viabilização do empreendimento. Dessa conversa surgiu a ideia de captar recursos por meio da venda de títulos associativos.

Em 30 de outubro de 1961, uma Assembleia Geral foi realizada para tratar da reforma dos estatutos, necessária para que o Juventus desse início ao grande empreendimento. Traçados os planos, começaram os primeiros movimentos práticos. No início de 1962, o Clube começou a negociar a aquisição de uma área de aproximadamente 85.000 metros quadrados no Parque da Mooca, em um local estratégico, próximo à Avenida Paes de Barros.

"Quando fomos ver o terreno com Previato, Américo, doutor Ferreira e outros companheiros, confesso que não gostei", relembraria Roberto Ugolini em entrevista ao diário A *Gazeta Esportiva* em 22 de outubro de 1967. "Achava-o excessivamente irregular. Além do mais, a Companhia Parque da Mooca, dona da gleba, relutava em vendê-lo." A resistência dos donos, porém, foi superada graças às garantias oferecidas pelos prestigiados diretores juventinos, incluindo o próprio presidente Ugolini. Com o aval desse grupo, a empresa proprietária do terreno topou fazer negócio. Em abril, o Juventus assumia a posse do local com grandes festejos, anunciando o plano de obras ali mesmo.

Pouco antes, o Juventus havia obtido a autorização do governo federal para começar vender os títulos patrimoniais. Com isso, as engrenagens começavam a girar. Criou-se um enorme grupo de corretores e eles se espalharam por toda a Zona Leste para vender e divulgar a iniciativa. O lançamento da venda de títulos familiares ocorreu em 15 de dezembro de 1961. Um mês depois, já tinham sido comercializados 4.569 títulos, no valor de 44.000 cruzeiros velhos cada, pagos em 40 prestações.

Em 12 de abril de 1962, quatro meses após o lançamento, o número de adesões prenunciava o êxito do empreendimento: eram 16.353 títulos comuns, além de cerca de 5.000 títulos remidos, esses últimos com um valor sensivelmente mais elevado e um recurso de grande importância para a aceleração das obras. O Clube Atlético Juventus chegaria a nada menos de 120.000 associados, entre titulares e dependentes, o que fazia dele a agremiação com o maior número de sócios em toda a América Latina.

Cerimônia de lançamento da pedra fundamental do Clube Social

DA PLANIFICAÇÃO À REALIDADE!

Operários e máquinas já estão construindo, no coração de São Paulo, a mais moderna praça de esportes do País. Para você e sua família, em ambiente sadio e agradável:

**RECREAÇÃO
ESPORTE
CONVÍVIO SOCIAL**

★ conjunto de piscinas com mais de 4.000 m2.
★ deslumbrante Sede Social, 2 modernos restaurantes, salas de estar, de jogos, bibliotecas.
★ ginásio, parque infantil, depto. de assistência médica.

A valorização do TÍTULO PATRIMONIAL acompanha o ritmo impressionante das obras.
Adquira-o agora por apenas Cr$ 48.000, à vista ou Cr$ **1.500**, mensais, para não ter que pagar acima de Cr$ 80.000, dentro em breve.

E PRATIQUE O SEU ESPORTE PREDILETO:

Natação, polo aquático, baló aquático, saltos ornamentais, ginástica, ginástica com aparelhos, ginástica rítmica, patinação, box, luta-livre, ju-jitsu, halterofilismo, bola ao cesto, volei-bol, futebol de salão, hoquei sobre patins, tênis, bocetia, malha, tênis de mesa, bilhares, jogos de salão e mais uma série de modalidades esportivas, além do... FUTEBOL.

CLUBE ATLETICO JUVENTUS

Rua Javari, 117 - Tel. 93-4058 - Departamento de Expansão Social, aberto das 8 às 22 horas

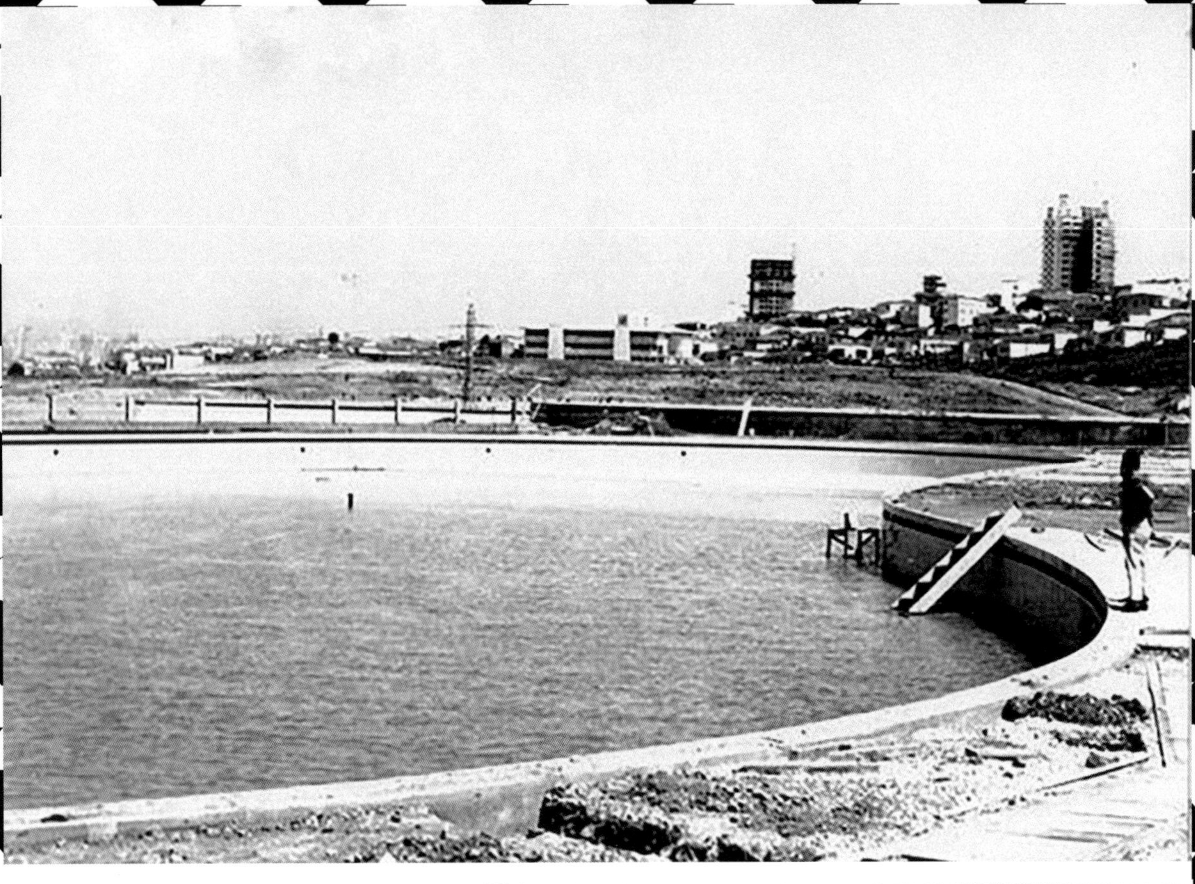

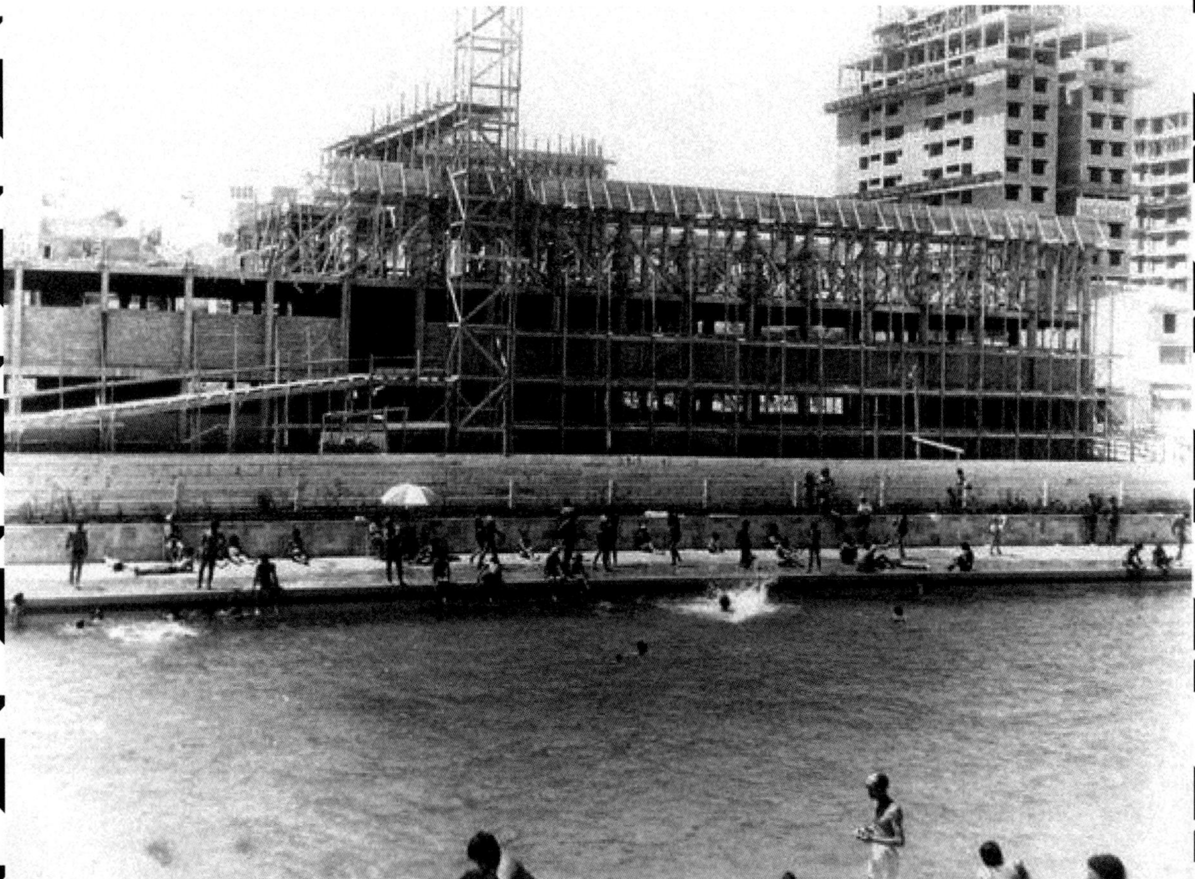

GIGANTE DA ZONA LESTE

A escritura do terreno foi lavrada em março de 1962. No mês seguinte, foi lançada a pedra fundamental do Estádio Roberto Ugolini. O ritmo de trabalho já começou acelerado, com os serviços de terraplanagem e a preparação das bases para os itens prioritários do plano: uma piscina infantil, um bosque para recreação, as quadras para basquete, vôlei e tênis e lanchonete e restaurante.

No início, a venda dos títulos era feita pela Tibagi, uma empresa que prestava serviço semelhante para a Santapaula. Percebendo que já havia adquirido experiência suficiente para operar o negócio por conta própria, a direção resolveu assumir essa tarefa – o que fez o ingresso de receitas aumentar. Como os proprietários dos títulos pagavam religiosamente, o capital de giro crescia mês a mês, o que permitia o aceleramento constante das obras.

Em abril de 1964, às vésperas do 40º aniversário do Juventus, eram inauguradas as piscinas social e olímpica (a infantil já estava entregue), deixando o Clube na condição de melhor agremiação da cidade para os banhistas e nadadores. Ao longo dos anos ainda foi erguido o Palácio Grená, grandioso salão de festas do Clube, e a Sede Administrativa, incluindo subsolo com vestiários, departamentos médico e fisioterápico e salões de beleza, entre outras instalações. Paralelamente, foram surgindo ainda outras quadras, churrasqueiras, capela e um campo de futebol.

Diante da explosão do número de associados, que atingiu uma escala que nem os mais otimistas previam, surgiram alguns problemas, como a burocracia no controle do ingresso ao Clube e atrasos e falhas na cobrança e recebimento das mensalidades. A direção decidiu comprar computadores para dar conta de administrar esses fluxos, fazendo do Juventus o primeiro clube brasileiro a entrar na era digital. O sistema era básico e obsoleto para os padrões atuais, mas avançadíssimo para a época.

Formada por pessoas criativas e inovadoras, a direção juventina teve outras ótimas sacadas. Uma delas foi um acordo com o São Paulo Futebol Clube. A agremiação tricolor havia lançado o Carnê Paulistão, que sorteava grandes prêmios, incluindo carros zero quilômetro. O Clube da Mooca usou o mesmo modelo de vendas de seus títulos associativos para comercializar centenas de milhares de carnês da promoção, resultando numa receita vultuosa e importantíssima para o custeio das obras. Anos depois, o Juventus lançou uma promoção similar por conta própria: o Carnê Amigão, que também fez sucesso e contribuiu de maneira fundamental para o Clube Social progredir.

Figuras como Ugolini, Previato e tantos outros – merece uma menção especial o administrador-geral Divaldo Attilio – foram essenciais para que o Clube escapasse do risco de fechamento, continuasse ativo e ainda erguesse uma sede social extraordinária. Unida, a comunidade juventina se reergueu e voltou a crescer.

1963
O BRILHO DO PEQUENO POLEGAR

Mesmo enquanto gastava com cimento e tijolo para erguer a nova sede associativa, a diretoria não abandonava o futebol profissional. Se na parte social o Clube crescia vertiginosamente, o time não poderia ficar para trás. Diante da necessidade de reforçar o plantel no início dos anos 1960, o Juventus foi ao mercado em busca de um grande líder dentro e fora de campo. Num ato de coragem e visão, Mário Previato, o diretor de futebol grená, conseguiu o que muitos duvidavam: convencer os dirigentes do rival Corinthians a ceder o passe livre de um dos maiores craques do time, Luizinho Trochillo, o Pequeno Polegar.

Essa ousadia de Previato não foi um ato isolado – ele não escondia de ninguém o sonho de fazer do Juventus a quinta força do futebol paulista. Titular absoluto do Corinthians de 1948 a 1960, Luizinho reunia todas as qualidades necessárias para fazer a equipe da Mooca decolar. Ele chegou à Rua Javari em 1961, participou de uma boa campanha no mesmo ano e voltou a se destacar na temporada seguinte, mas seu grande campeonato vestido de grená ainda estava por vir.

Experiente e vitorioso, Luizinho escreveu de vez seu nome na história do Juventus ao conduzir a equipe ao quinto lugar no Campeonato Paulista de 1963, atrás apenas de Palmeiras, Santos, São Paulo e São Bento. Sob o comando do técnico Silvio Pirillo, a equipe construiu uma campanha excelente, ainda mais quando se leva em conta a qualidade técnica dos oponentes. Aliás, os resultados contra os grandes clubes da capital, que eram times cheios de craques históricos, foram justamente os mais expressivos.

Com esse espírito vencedor, o Juventus mostrava-se valente e disposto a encarar todos os adversários em igualdade de condições – ainda que vivesse um período mágico do futebol brasileiro, em que enfrentava os maiores craques do planeta a cada fim de semana. Fora de campo, o clube gozava de prestígio e representatividade. Mário Previato, eleito o melhor dirigente de 1961, 1963 e 1966 pela crônica esportiva, reiterava a ambição do Clube: "O Juventus não teme nenhum adversário. Temos um grande time, que nada deve aos demais. Nossa meta é concluir a grande praça esportiva que estamos edificando no Parque da Mooca e conquistar o título paulista".

Previato não contava, porém, com o assédio dos demais clubes. O sucesso daquela equipe não tinha passado despercebido. Sucedeu-se um verdadeiro desmanche: Luizinho voltou para o Corinthians e Silvio Pirillo foi contratado para comandar o Palmeiras. O próprio Previato se desligou da direção do futebol profissional. Com essas e outras baixas significativas, ficava difícil ser protagonista. O goleiro Claudinei, o defensor Hidalgo, o meia Rafael Chiarella e os atacantes Antoninho e Gino Orlando seriam os principais nomes da equipe juventina nos anos seguintes – uma época com alguns bons valores individuais, mas que não brilharam coletivamente.

JOAQUINZINHO É SELEÇÃO

Além de Luizinho, outro craque diminuto se destacou com a camisa grená no início dos anos 1960. Gaúcho de Pelotas, Joaquim Gilberto da Silva, o Joaquinzinho, iniciou sua carreira na base do Brasil, o clube mais tradicional de sua cidade. Logo transferiu-se para o Internacional de Porto Alegre, em 1957, e em seguida para o Corinthians, em 1959. Defendeu o alvinegro de Parque São Jorge até o fim de 1961, quando chegou ao Juventus como uma grande promessa do nosso futebol.

No Moleque Travesso, Joaquinzinho fez uma excelente temporada de 1962, despertando a atenção do técnico da Seleção Brasileira, Aymoré Moreira, que o convocou para um amistoso com o Paraguai, disputado em 3 de março de 1963, em Assunção. O craque juventino começou o jogo entre os titulares e foi substituído na segunda etapa por Hilton Chaves. O Brasil empatou em 2 a 2.

Joaquinzinho embarcou no Paraguai ainda como atleta grená e chegou a São Paulo como jogador do Fluminense – foi contratado pelo clube carioca na viagem de volta. No tricolor carioca, sob o comando de Fleitas Solich, sagrou-se campeão do Torneio Rio-São Paulo logo em sua estreia. No ano seguinte, conquistou o Campeonato Carioca. Após sair do Fluminense, em 1966, rodou por diversas equipes do interior paulista e, em 1969, encerrou a carreira no Esporte Clube Pelotas, em sua terra natal.

Joaquinzinho e Luizinho

9
PELO MUNDO
MUITO ALÉM DA RUA DOS TRILHOS

Na esteira do brilho de Pelé e companhia nas Copas da Suécia e do Chile, o Juventus arrumou as malas e viajou pelo planeta nos anos 1960 e 1970. Além das excursões internacionais que ajudaram a levar o nome e o escudo do Clube a estádios da Europa e da Ásia, foi também um período de vitórias marcantes em solo brasileiro – com destaque para o fim de duas amargas escritas.

1966-1968
GRENÁ X CANARINHO

Campeã do mundo em 1958 e 1962, a Seleção Brasileira mirava na conquista do tri em 1966, na Inglaterra – e a preparação do escrete canarinho incluiu uma série de amistosos contra equipes do próprio país. As partidas serviriam para o técnico Vicente Feola testar diferentes formações e definir a delegação que disputaria o Mundial. O Moleque Travesso foi um dos adversários escolhidos.

Em 29 de junho de 1966, Juventus e Seleção Brasileira se enfrentaram em partida amistosa na cidade de Serra Negra, local da concentração do Brasil. Os juventinos bem que se esforçaram, mas o selecionado de Pelé e Garrincha desfilou toda sua categoria, fazendo 6 a 0, gols marcados de Servílio, Gerson (duas vezes), Dino, Pelé e Silva.

O Juventus voltaria a enfrentar a Seleção em 5 de junho de 1968, mais uma vez como sparring da equipe canarinho – que, na ocasião, fazia os preparativos para encarar o Uruguai pela extinta Copa Rio Branco.

Em amistoso disputado no estádio do Pacaembu, o Moleque Travesso ofereceu muita resistência ao selecionado nacional, que acabou vencendo por 3 a 1. Os gols do Brasil foram de Paulo Borges, Rivelino e Tostão; Adilson descontou para o time da Mooca. Um fato inusitado do jogo: o Juventus trocou o grená por camisas azuis e calções e meias brancas, vestindo o uniforme reserva da Seleção Brasileira.

Aquela foi uma época marcante para a comunidade mooquense. Meses antes de enfrentar o Brasil no Pacaembu, o Juventus inaugurou uma nova e belíssima sede social. A festa realizada em 26 de abril de 1968 abriu as portas da nova casa juventina a autoridades, dirigentes, associados e convidados, festejando também o 44º aniversário de fundação do Clube. O deputado Derville Alegretti discursou em nome do Conselho Deliberativo e José Ferreira Pinto Filho falou em nome da diretoria executiva, todos exaltando a nova conquista da agremiação. Foi um tempo de otimismo e orgulho no Clube.

1969
FIM DE JEJUM E REFORÇO ARGENTINO

O Juventus daria mais uma demonstração de força em 31 de maio de 1969, dia em que encerrou uma escrita que incomodava muito a torcida grená. Eram passados doze anos desde a última vitória juventina sobre o Palmeiras. Na penúltima rodada do segundo turno do Campeonato Paulista, o Moleque Travesso receberia a agremiação alviverde na Rua Javari. A vitória era fundamental: sob risco de ser rebaixado, o Moleque Travesso precisava ir para cima do poderoso oponente.

A equipe da casa tratou de se impor desde o início do jogo, perdendo grandes chances de abrir o marcador. O sofrimento grená só acabou aos 20 minutos do segundo tempo. O meia Gonçalves roubou a bola de Jaime e fez um lançamento longo para o atacante Antoninho, apelidado "Minhoca". Ele ganhou da zaga palmeirense na corrida, driblou o goleiro Leão e marcou o gol da vitória. Eufórica, a torcida grená comemorou demais o fim do longo jejum frente ao tradicional rival – além, é claro, de sua permanência na elite paulista.

Outro motivo de orgulho da equipe avinhada naquele ano foi a chegada do meia-atacante César Luis Menotti, craque veterano do futebol argentino que, na década seguinte, viria a ser o técnico da seleção campeã mundial em 1978. Sua estreia com a camisa do Juventus aconteceu em 16 de abril de 1969, numa derrota por 6 a 1 para o Palmeiras, no Palestra Italia, pelo estadual.

Uma fatalidade encurtou sua passagem pelo time da Mooca. Apenas quinze dias depois de estrear, Menotti se machucou gravemente numa dividida duríssima com o ponta Terto, do São Paulo, numa partida disputada na Javari. O argentino passou um mês e meio longe dos gramados, mas conseguiu voltar a jogar naquele mesmo ano. Ficou marcado no Clube pelos dois gols que anotou numa goleada por 4 a 1 sobre o São Bento. Um deles, de bicicleta, ainda é lembrado como um dos mais bonitos da história juventina.

Antoninho

1970-1971
CAMPEÃO DO 'PAULISTINHA'

No fim dos anos 1960, a Federação Paulista de Futebol decidiu adotar um novo formato de disputa no Campeonato Paulista. Foi criado um Torneio de Classificação, que envolvia todos os clubes filiados, com exceção de Corinthians, Palmeiras, Portuguesa, Santos e São Paulo. Os cinco primeiros colocados desse torneio preliminar juntavam-se aos cinco grandes da época para disputar a fase final do campeonato, perfazendo um total de dez equipes num certame de turno e returno. Assim seria apurado o campeão estadual.

Depois de terminar sua primeira participação em 9º lugar, ficando de fora da fase decisiva, o Juventus alcançou a 5ª colocação em 1970. O sucesso no "Torneio Paulistinha", como a seletiva foi apelidada pelo público, dava ao Clube o direito de disputar com os grandes o Estadual de 1971, em que o Moleque Travesso terminaria em 9º lugar.

No segundo semestre de 1971, a equipe voltava a disputar o Torneio de Classificação, o único caminho para retornar ao Paulista no ano seguinte. Sob o comando do técnico Milton Buzetto, o quadro grená cumpriu excelente campanha, alcançando o título inédito do Paulistinha na última rodada. A vitória sobre o Noroeste, em Bauru, em 12 de dezembro, foi por 3 a 1, com gols de Adnan, Sérgio Pinheiro e Brecha.

Um dos heróis da partida, Sérgio Pinheiro foi também o destaque da campanha que levou o Moleque Travesso à fase final do Estadual. O atacante anotou doze gols em 22 jogos no Torneio Paulistinha. O time que atuou na partida decisiva diante do Noroeste foi o seguinte: Miguel; Chiquinho, Guassi, Oscar e Osmar; Brida (Cardoso) e Brecha (Luís Moraes); Antoninho Adnan, Sérgio Pinheiro e Luís Antônio.

Brida e Brecha

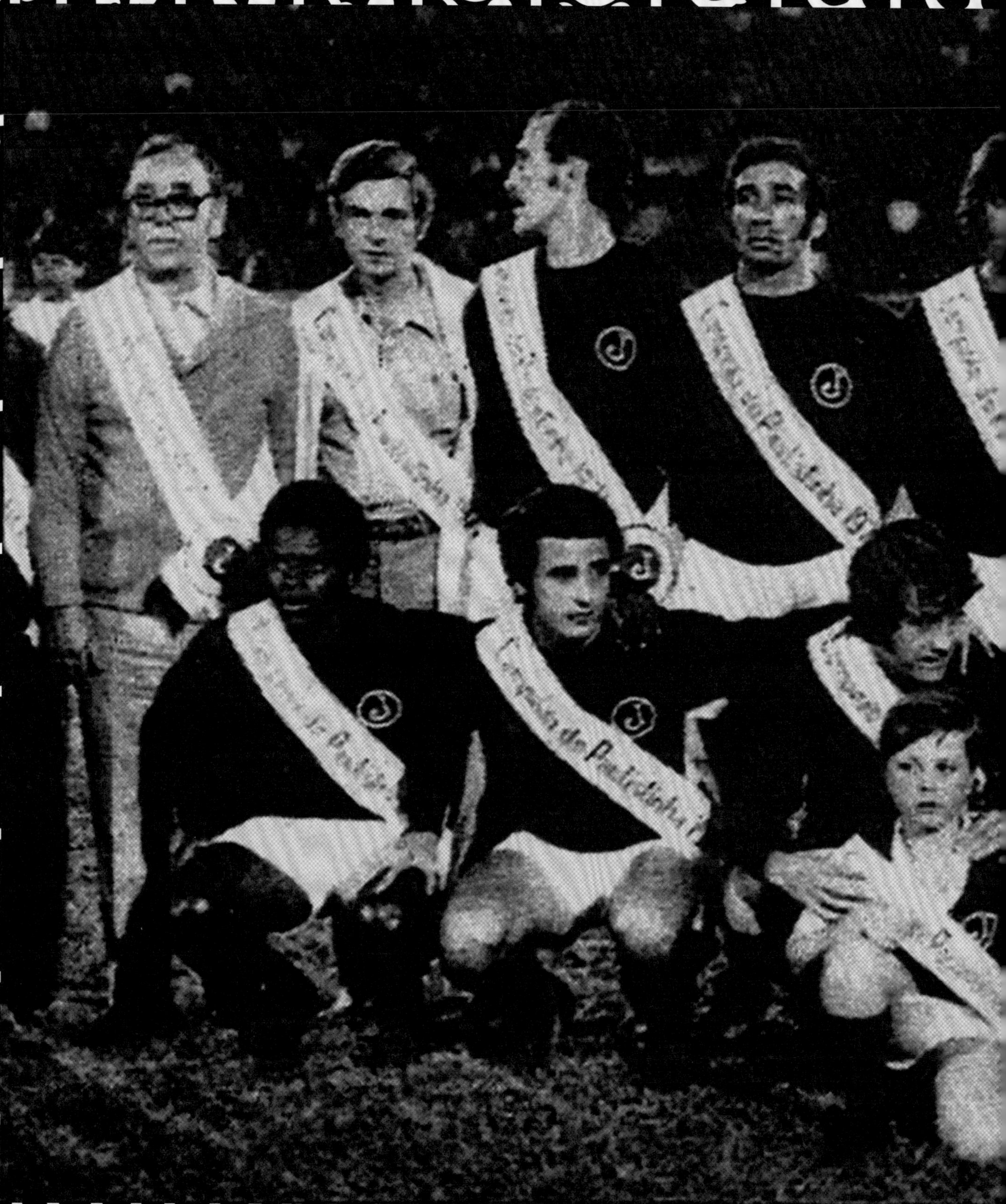

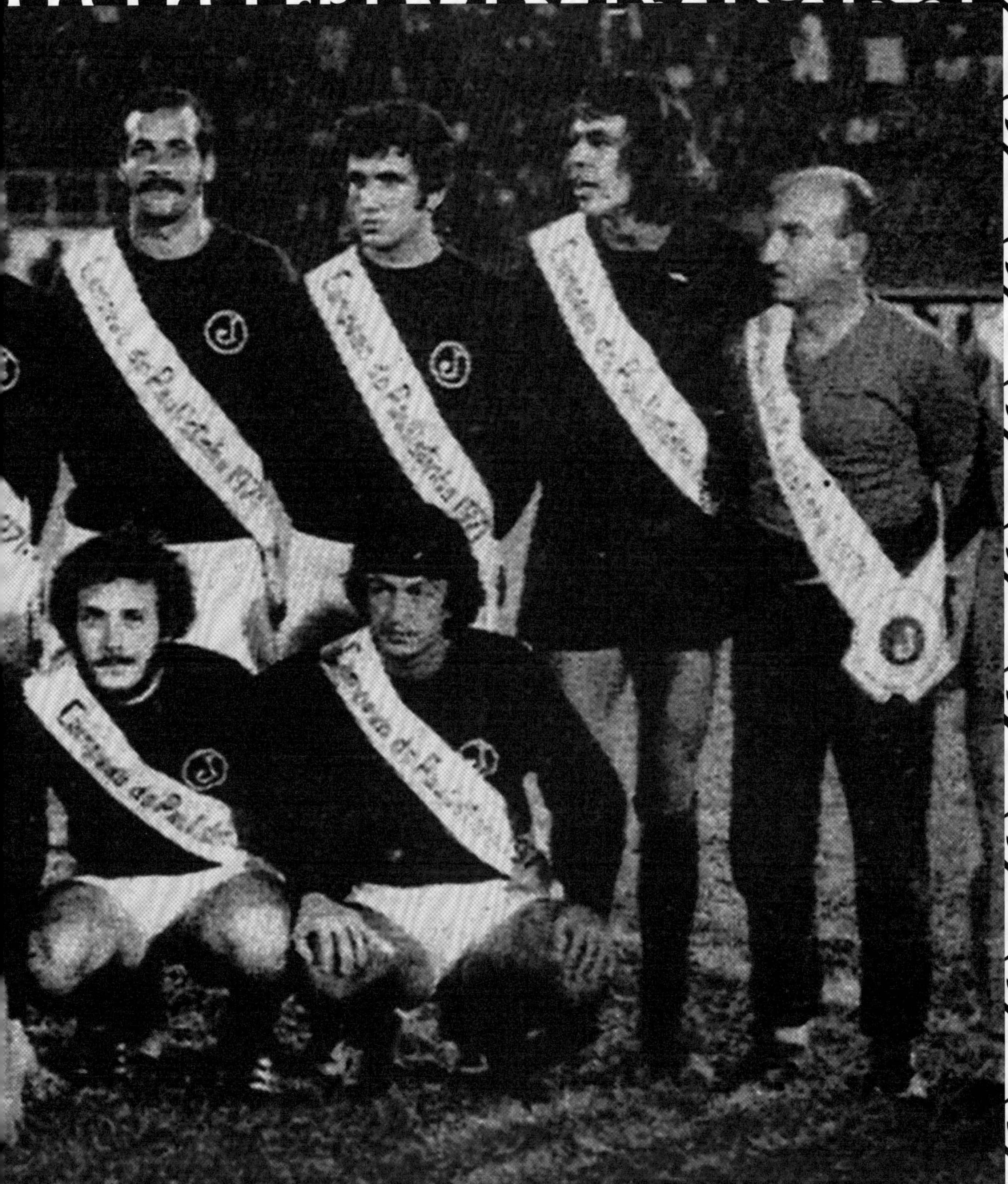

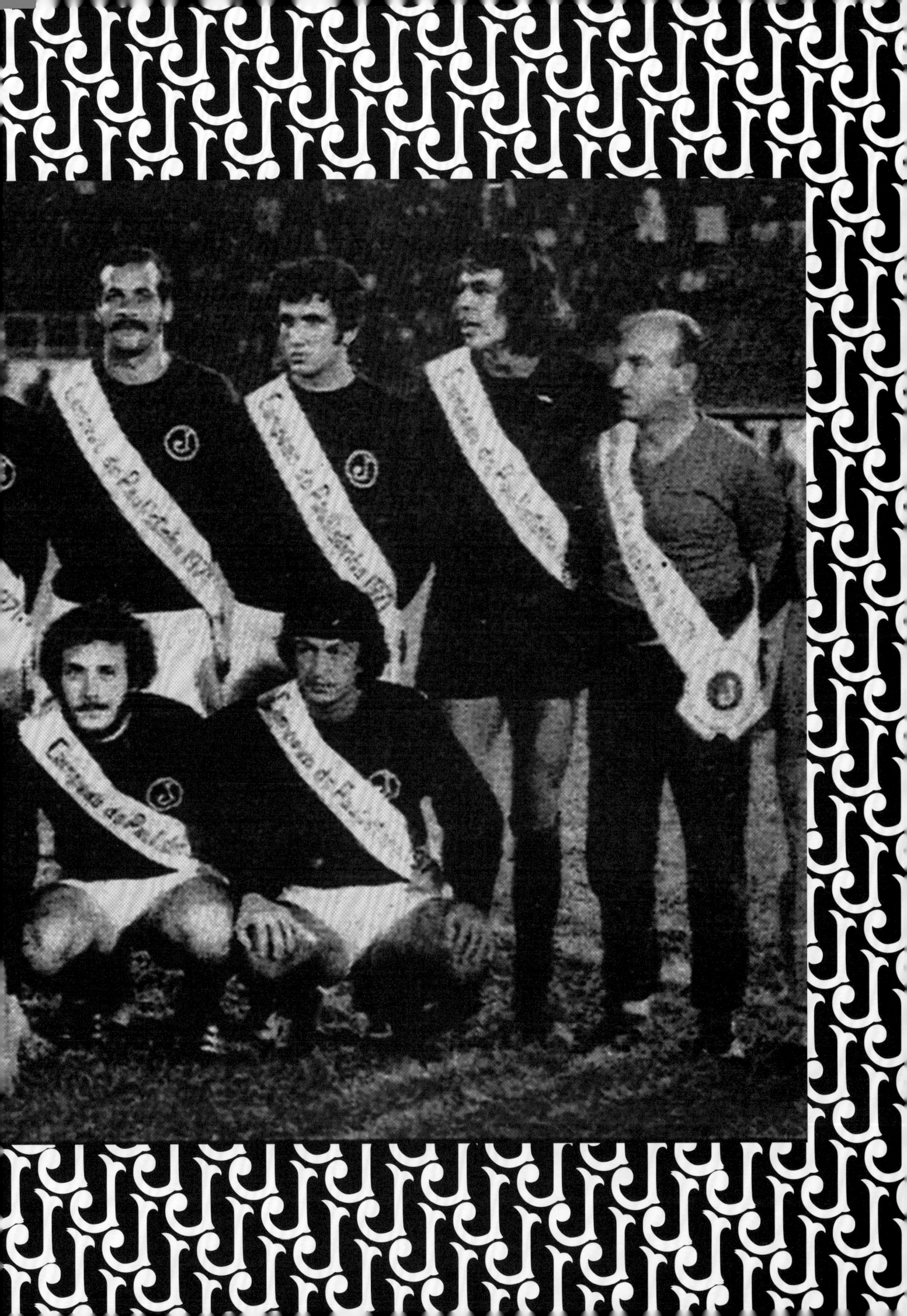

1972-1973
JORNADAS EUROPEIAS

Dezenove anos depois de sua última excursão à Europa, o Juventus voltou ao Velho Continente em maio de 1972 – e sua campanha pelos gramados estrangeiros foi boa, com a equipe grená retornando invicta ao Brasil. Foram duas vitórias (sobre o AEK, da Grécia, e o Podeba Prilep, da antiga Iugoslávia) e sete empates (com Paok, Olympiakos, Panathinaikos AEK, Olympiakos Volou, Sloboda e Seleção de Ionnina). A equipe base do técnico Milton Buzetto tinha Miguel; Chiquinho, Carlos, Osmar e Oscar; Brida e Brecha; Luís Antônio, Adnan, Sérgio Pinheiro e Antoninho (Ziza).

O sucesso daquela turnê europeia rendeu ao Juventus um novo convite para atuar na Europa. Em outubro de 1973, o Juventus desembarcou na Espanha, onde derrotou venceu o Tenerife por 2 a 1, e em Portugal, goleando o Vieira do Minho por 7 a 0, caindo para o Sporting Espinho por 2 a 1 e empatando sem gols com Belenenses e Olhanense. A delegação deixou a Península Ibérica rumo à Bélgica, onde obteve duas vitórias (2 a 1 no Antuérpia e 1 a 0 no Olympic), um empate (1 a 1 com o Circle) e uma derrota (4 a 3 pra o Club Brugge). Para fechar a excursão, uma parada em território francês, com empate sem gols com o Sochaux. O Juventus atuou na maioria das partidas com a seguinte formação: Bernardino; Chiquinho, Paulo, Guassi e Deodoro; Maurinho e Luís Moraes; Antônio Carlos, Vanderlei, Ziza e Guassu.

1974
AMPLIANDO FRONTEIRAS

Depois dos giros europeus do ano anterior, o prestígio do Juventus no exterior aumentou – e, em janeiro de 1974, a equipe deixaria a Mooca rumo ao continente asiático, onde realizaria sua pré-temporada. Como o Moleque Travesso praticava um futebol moderno e competitivo, as equipes da Ásia, onde a modalidade ainda estava se desenvolvendo, queriam ver o quadro paulista em ação.

O convite dos asiáticos foi bem recebido pela direção grená não só por oferecer uma nova oportunidade de divulgar o clube no exterior como também pela boa cota oferecida ao Clube, que receberia um importante reforço financeiro enquanto difundia sua marca numa região emergente na prática do esporte das multidões.

O primeiro desafio foi a disputa do Torneio Internacional do Japão e a estreia foi logo contra a seleção B do país anfitrião, em Osaka. Com dois gols do atacante Vanderlei, o time grená venceu por 2 a 1. Na sequência, outra vitória por 2 a 1 contra o F.C. Farul Constanta, equipe da Romênia. A decisão do torneio aconteceu diante da Seleção principal do Japão. O Estádio Nacional de Osaka ficou lotado para acompanhar a vitória juventina por 2 a 0, com gols de Mário e Vanderlei. Foi o primeiro troféu internacional obtido pela agremiação mooquense.

Também em Osaka, o Juventus disputou mais um torneio triangular, batendo a seleção de Hong Kong por 1 a 0 e perdendo para o forte Sporting de Portugal, também por 1 a 0. O fato inusitado dessa partida foi o encontro dos irmãos Canotilho, cada um atuando por um time. O meia Vagner, que ganhou destaque no próprio Juventus, atuou pelo time português, em que virou ídolo. Chiquinho, lateral-direito, defendia a equipe grená.

O Juventus ainda passaria por Hong Kong, com triunfo sobre a seleção da China, 1 a 0. Dali para a Indonésia, com vitórias sobre o Persebaya (4 a 1) e sobre a seleção de Jacarta (3 a 0), além de um empate em 1 a 1 com a seleção indonésia. A despedida da Ásia foi com chave de ouro: outro encontro com a seleção japonesa, mais uma vitória, desta vez por 1 a 0.

Já de volta ao Brasil, o Juventus foi convidado pela CBD para fazer a partida preliminar de um amistoso entre Brasil e Áustria, em 1º de maio de 1974, no Morumbi. A equipe grená subiu ao gramado perante um público de 123.132 pagantes e fez 1 a 0 na seleção paulista juvenil, que dias antes tinha conquistado o título sul-americano da categoria representando o Brasil.

1977
PEIXE NA RODA

Enquanto surfava na fama internacional do futebol brasileiro nos anos 1970, o Juventus amargava um incômodo jejum diante do clube mais famoso do país no exterior. O Santos era uma espinha entalada na garganta dos juventinos, acumulando mais de duas décadas sem ser derrotado pelo Moleque Travesso. Entre os anos de 1955 e 1977, os santistas foram soberanos nos duelos contra a equipe da Mooca. Essa foi uma das mais longas escritas da história do futebol paulista.

Não por coincidência, Pelé defendeu o Santos durante quase todo esse período – o Rei se despediu sem jamais ter perdido para o Juventus. A última vitória tinha acontecido em 1955, 4 a 2 num amistoso na Javari. Contando só os jogos oficiais, o jejum era ainda mais longo: o Moleque Travesso não superava o Santos pelo Campeonato Paulista desde 31 de julho de 1949, quando triunfou por 3 a 1, com gols de Orlando e Milani (duas vezes).

A desforra grená veio em 1977 – curiosamente, o mesmo ano em que Pelé, então no Cosmos, se despediu dos gramados. Em 7 de maio, em partida do primeiro turno do Paulista, o Moleque Travesso foi à Vila Belmiro para encarar um Santos pressionado. O time da casa tinha de vencer por três gols de diferença para avançar ao quadrangular final. O técnico juventino Milton Buzetto entendia que sua equipe deveria armar uma aferrada retranca. Os alvinegros partiram para o ataque desde o início, mas foram surpreendidos por um rápido contragolpe grená logo aos 19 minutos. Tadeu Macrini fez 1 a 0 e complicou de vez o Santos.

Descontrolado emocionalmente, o Santos não tinha calma para concluir as jogadas ofensivas, além de deixar espaços na defesa. Aos 33 do segundo tempo, Tadeu Macrini saiu livre mais uma vez e fez Juventus 2 a 0. A retranca de Buzetto derrubava o gigante alvinegro, que estava eliminado. A dolorosa escrita diante da equipe praiana enfim estava encerrada. A equipe responsável por encerrar o jejum foi a seguinte: Armando; João Carlos, Carlos, Polaco e Deodoro; Tião, Elói e Ivã; Xaxá (Lineu), Tadeu Macrini (Ademar) e Wilsinho.

Além da memorável vitória sobre o Santos, 1977 ficou marcado por mais uma excursão do Juventus à Europa. A primeira escala foi a França, com vitória sobre o Toulouse (1 a 0), empate com o Rouen (2 a 2) e derrota para o Bordeaux (1 a 0). Na Romênia, foram sete jogos, com três vitórias, três empates e só uma derrota. Depois a Bulgária, com dois empates sem gols, um deles com a seleção local. Esgotado por essa maratona, o Juventus obteve seu pior desempenho ao desembarcar na Itália. Foram três derrotas: 6 a 1 para a Lazio, 2 a 0 para o Perugia e 2 a 1 para o Napoli.

Como se não bastasse todo aquele périplo europeu, o Juventus ainda realizou quatro partidas na Arábia Saudita antes de retornar ao Brasil. Foram duas vitórias e dois empates, um deles com o Al-Hilal, um dos mais importantes clubes do Oriente Médio. A equipe base de Milton Buzetto era a seguinte: Armando Bracalli; Arnaldo, Jorge, Polaco e João Carlos; Zé Luís, Elói e Xaxá; Lineu, Tadeu e Basílio.

1978
ATALIBA E UM TIME DE RESPEITO

Disputado desde 1976, o Torneio Incentivo da Federação Paulista de Futebol reunia os clubes que não participavam de nenhuma divisão do Campeonato Brasileiro. O objetivo era manter as equipes em atividade enquanto a competição nacional era disputada pelas equipes maiores. O Juventus não foi bem nas duas primeiras edições, caindo logo na primeira fase, mas a campanha de 1978 foi inolvidável.

A competição servia como preparação para a disputa do Campeonato Paulista, que aconteceria no segundo semestre, e o Juventus, então comandado pelo técnico Roberto Brida, cumpriu uma primeira fase irrepreensível, avançando em primeiro lugar num grupo que tinha times competentes, como Ferroviária, Paulista de Jundiaí, São Bento e XV de Jaú. Na fase decisiva, o regulamento previa um quadrangular com XV de Jaú, Marília e Paulista. O Juventus ficou com o vice.

O título não veio, mas aquele Torneio Incentivo dava pistas de que o Moleque Travesso seria osso duro de roer no Paulistão. Não deu outra: confiante, organizado e competitivo, o time de Roberto Brida terminou o Estadual em sétimo lugar, sua melhor colocação desde 1963.

O destaque individual daquela equipe, celebrado pela crônica esportiva como uma das grandes revelações da temporada, foi o atacante Ataliba, mais uma cria da base juventina. Hábil, veloz e oportunista, ele foi vice-artilheiro do Paulista, com 25 gols. O time base daquela campanha: Armando Colonesi; Arnaldo, Cedenir, Deodoro e Paulinho; Nedo e Tião; Ataliba, Luciano Coalhada, Geraldão e Wilsinho.

BASQUETE JUVENTINO: ÍDOLOS E PIONEIROS

Além de ter levado a campo ótimos times nos Campeonatos Paulistas e excursões internacionais, o Juventus também cumpriu um bom papel nas quadras durante a década de 1970. A época mais memorável do basquete juventino foi o período em que o Clube contou com o talento do pivô Rosa Branca, bicampeão mundial com o Brasil em 1959 e 1963. Ele chegou em 1975, já veterano (35 anos), vindo do Osasco, e liderou a equipe no Campeonato Estadual Adulto Masculino daquele ano. A agremiação da Mooca ficou em sétimo lugar.

A história juventina no basquete também registra outros feitos e figuras importantes. Em 1971, no ginásio do Juventus, a equipe grená, sob o comando do técnico Paulo Albano dos Santos, bateu a Pirelli por 54 a 51 e conquistou a IV Taça Anchieta de Basquete Adulto Masculino. Aquele ano marcou o início de uma longa sequência na elite estadual, com os juventinos disputando o Paulista até 1977. No passado, o Moleque Travesso já havia conquistado um título estadual de bola ao cesto da segunda divisão, em 1946, em uma das primeiras competições oficiais organizadas pela Federação Paulista de Basquete (FPB).

10
NO AUGE
QUE BELO TIME, QUE BELO ESQUADRÃO

A década de 1980 foi o maior momento da história esportiva do Clube Atlético Juventus. Foram anos de conquistas, crescimento e afirmação – a equipe grená atravessava as fronteiras do Estado de São Paulo e enfim competia em âmbito nacional. A agremiação conquistou um novo status, ficou mais conhecida Brasil afora e subiu de patamar dentro e fora de campo. Um período glorioso, que permanece marcado como a era dourada do Clube.

1980-1982
RUMO À ELITE

O ciclo virtuoso do Juventus nos anos 1980 começa com sua inédita participação numa competição nacional de futebol. A Taça de Prata era equivalente à Série B do Campeonato Brasileiro, e o Juventus – que até então era considerado um time regional, sem projeção fora de São Paulo – estreou na competição justamente em 1980. Contando com um bom elenco, a equipe mooquense ficou na 11ª colocação logo em sua primeira campanha.

Além de buscar reforçar o time com jogadores de qualidade, o Clube investia pesadamente na estrutura de apoio ao futebol. Um exemplo: o Juventus foi um dos pioneiros na construção de um alojamento para os jogadores mais jovens. Localizada na Rua Padre Raposo, a "Casa dos Atletas", como era conhecida, abrigava até trinta jogadores. Os novatos acomodados ali recebiam, além de um salário, assistência médica, dentária e escolar. Outro investimento da época foi a abertura de uma nova concentração atrás do gol situado à direita da Rua Javari. Ela recebeu o nome do antigo e dedicado dirigente Sérgio Agarelli.

Com essa postura vanguardista, os resultados começaram a surgir. Sob o comando do técnico Candinho, o Juventus conquistou a quinta colocação no Paulista de 1982, repetindo a melhor posição obtida pelo Clube até aquele ano (em 1963). A equipe base da época era formada por César; Nelson, Nelsinho, Leís e Bizi; Paulo Martins, Gatãozinho e Mário; Sidnei, Ilo e Trajano.

O bom desempenho no Estadual rendeu à equipe grená uma vaga na Taça de Ouro, que correspondia à Série A do Campeonato Brasileiro, no ano seguinte. Ou seja: em 1983, o Juventus finalmente frequentaria a elite do futebol brasileiro, concretizando um sonho acalentado por gerações de torcedores juventinos ao longo dos anos.

1983
A MAIOR CONQUISTA

A estreia do Moleque Travesso na divisão principal do futebol brasileiro aconteceu em 23 de janeiro de 1983, contra o Vila Nova, no Parque São Jorge – a Rua Javari foi vetada pela CBF para receber os jogos da equipe grená na elite. Um empate sem gols, com futebol fraco, marcou o início da campanha. Três dias depois, o Moleque Travesso recebia o Atlético-MG, de novo no estádio do Corinthians e outra vez com 0 a 0 no placar, com ótima atuação do goleiro juventino Carlos Pracidelli.

Em 30 de janeiro, o Juventus foi jogar como visitante: empatou em 1 a 1 com o Rio Branco do Espírito Santo no Estádio Engenheiro Araripe, em Cariacica. Coube a Deodoro marcar o primeiro gol juventino na elite nacional. Encerrando o primeiro turno da Taça de Ouro, o Juventus foi a Caio Martins, em Niterói, no dia 2 de fevereiro, sendo derrotado pelo América do Rio por 2 a 0.

No segundo turno, a equipe da Mooca trocou o Parque São Jorge pelo Palestra Italia ao atuar como mandante. No estádio do Palmeiras, fez 3 a 2 no Rio Branco do Espírito Santo, em 9 de fevereiro, com um show do atacante Ilo, autor dos três gols. Dez dias depois, porém, o Moleque Travesso voltou a ser superado pelo América, por 3 a 1, de novo no Palestra Italia. O gol solitário do mandante foi marcado por Trajano.

Nas últimas duas partidas da fase inicial, o Juventus amargou derrotas para Vila Nova e Atlético-MG, ambas fora de casa, ambas por 1 a 0 – e, graças a esses tropeços, precisou decidir seu futuro contra o Goiás, numa repescagem que valia a permanência na Taça de Ouro. Em 9 de março de 1983, o Juventus foi ao Serra Dourada, em Goiânia, e lutou bravamente na derrota por 3 a 2. Uma partida muito disputada, em que Deodoro e Fagundes balançaram as redes para os visitantes. Restava a disputa da Taça de Prata – o que acabaria sendo um ótimo caminho para o Moleque Travesso.

A GAZETA esportiva

CÁSPER LÍBERO, FUNDADOR E DIRETOR (1928-1943) — Carlos Joel Nelli, diretor (1943-1969)
Thomaz Mazzoni, redator chefe (1947-1970) — Olímpio de Silva e Sá, diretor

Ano L (edição diária, XXXV) — 4.ª-feira, 4-5-1983 — N.º 20.366 — Diariamente Cr$ 100,00

Zé Maria entregou o cargo de técnico e depois de uma reunião com os jogadores, a diretoria anunciou o novo orientador da equipe.

1 × 0 JUVENTUS CAMPEÃO!

NESTA EDIÇÃO

Grande público viu "show" do Brasil: 3 a 1
Pág. 13

Pela primeira vez, em 59 anos de existência, o C.A. Juventus consegue um título nacional, ao derrotar o C.S.A., por 1 × 0, no Parque São Jorge, perante um público de 3.205 pagantes, que rendeu a importância de Cr$ 1.608.200,00. Desta feita a Taça de Prata foi para a rua Javari.

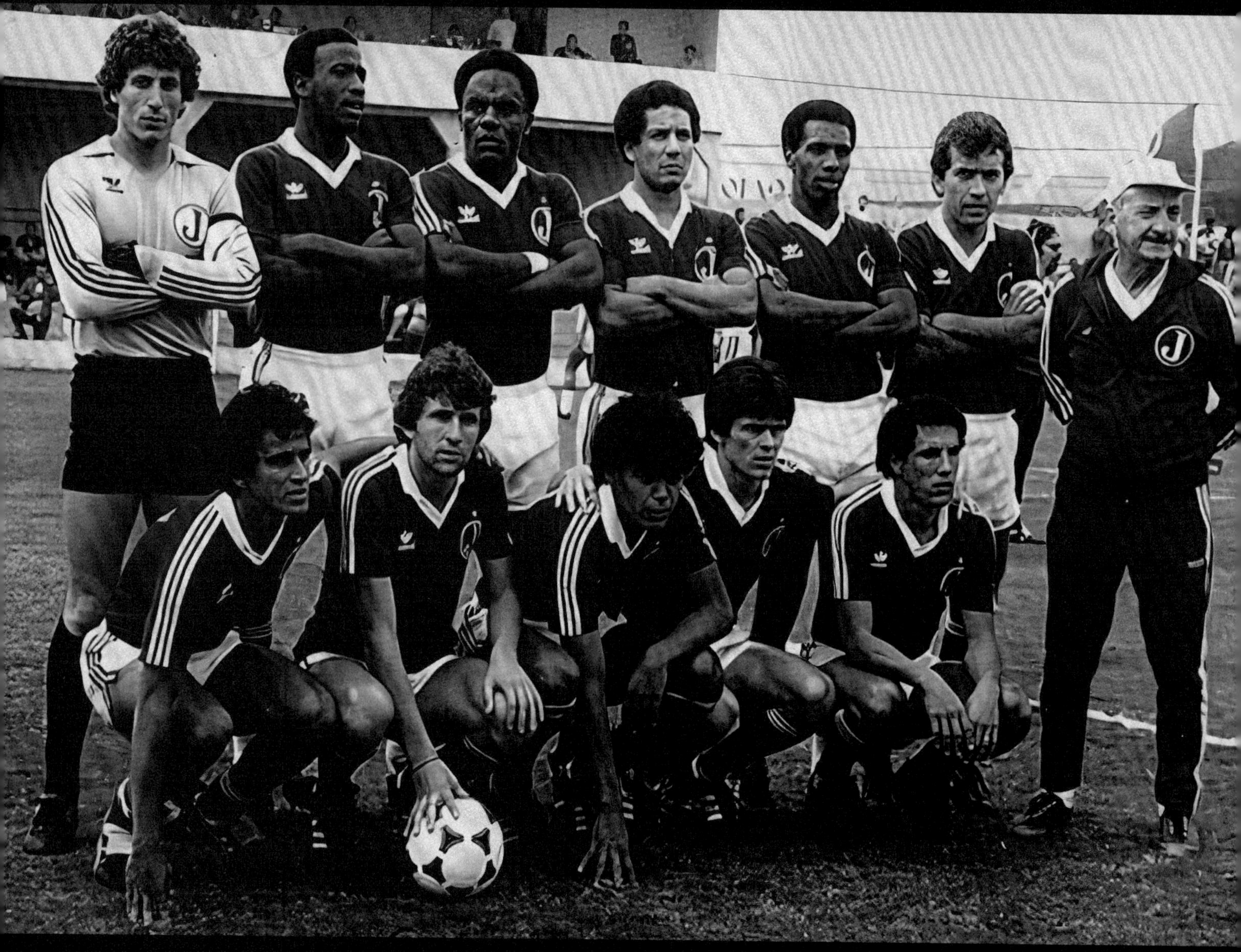

Nada de melancolia ou tristeza: essa era a ordem do técnico Candinho após a eliminação em Goiânia. O comandante grená reconhecia o valor da equipe e confiava plenamente num bom desempenho na Taça de Prata. Além do mais, não havia tempo para chorar o leite derramado – quatro dias depois da derrota para o Goiás no Serra Dourada, o time já encararia outro quadro daquele Estado, o Itumbiara.

O torneio correspondente à segunda divisão nacional funcionava no sistema eliminatório. Em 13 de março, o Juventus estreou derrotando o Itumbiara na partida de ida, no Parque São Jorge, por 3 a 1, com gols de Ilo e Sidnei (duas vezes), construindo uma boa vantagem. No jogo de volta, em 20 de março, o empate em 1 a 1, com gol de Bira, garantiu a classificação.

Nas quartas de final, o adversário seria o Galícia, da Bahia, que tinha um ótimo time. Na primeira batalha, em 27 de março, o Juventus levou a melhor por 3 a 2 em plena Fonte Nova, em Salvador, gols de César, Ilo e Sidnei. Na volta, em 2 de abril, de novo no Parque São Jorge, um novo triunfo (2 a 1, gols de César e Gatãozinho) garantiu a vaga grená na semifinal.

Era a vez de pegar o Joinville, um grande desafio, com o primeiro jogo marcado para 10 de abril, em solo catarinense. Um suado empate sem gols trouxe a decisão da vaga à capital paulista. Uma semana depois, no estádio do Corinthians, Trajano e César marcaram na vitória grená por 2 a 1. O Moleque Travesso estava na finalíssima.

A briga pela taça seria contra os alagoanos do CSA, que prometiam complicar a vida da equipe grená. Criou-se um clima de hostilidade em torno do primeiro jogo da decisão, marcado para 24 de abril, na casa do CSA. A imprensa local botava lenha na fogueira e, graças a isso, a torcida esperava a delegação juventina com ânimos inflamados.

Encarando esse ambiente de guerra, o Moleque Travesso e sua equipe mais técnica e habilidosa sucumbiram em Maceió: CSA 3 a 1, com o único tento grená sendo anotado por Ilo. Precisando da vitória para forçar um jogo de desempate, o Juventus entrou a todo vapor na volta, em 1º de maio, no Parque São Jorge, e simplesmente atropelou: 3 a 0, com Gatãozinho, Bira e Trajano balançando as redes. A equipe alagoana não viu a cor da bola.

Três dias depois, no mesmo Parque São Jorge, perante 3.205 pagantes, o Juventus mostrou toda a sua garra e tradição: 1 a 0, gol de pênalti cobrado por Paulo Martins. O Moleque Travesso conquistava a Taça de Prata e adicionava o título de campeão brasileiro da segunda divisão à sua galeria de conquistas.

Carlos; Nelson, Deodoro, Nelsinho e Bizi; César, Paulo Martins e Gatãozinho; Sidnei, Ilo (Bira) e Cândido (Mário). Esses foram os heróis juventinos que, comandados pelo técnico Candinho, escreveram seus nomes para sempre na história do Juventus. Uma conquista inédita, inesquecível e mais do que merecida.

1984-1985
CAMPEÃO TAMBÉM NA BASE

A torcida juventina não demoraria a celebrar mais títulos. Em 1984, o Moleque Travesso sagrou-se campeão paulista de juniores. E o ano de 1985 também começaria de maneira grandiosa para o futebol grená, com a conquista da Copa São Paulo de Juniores, em 21 de janeiro, na final diante do Guarani, no Estádio do Pacaembu. Foi o primeiro triunfo do Juventus na competição mais importante do futebol de base no país.

A campanha dos garotos juventinos, orientados pelo técnico Borracha, foi extraordinária e emocionante. Depois de liderar seu grupo na fase classificatória, o Juventus encarou o Vasco da Gama nas oitavas, com vitória carioca e posterior desclassificação daquela equipe – que usou um atleta em condição irregular para superar o Moleque Travesso e, por causa disso, acabou sendo excluída do certame.

Após eliminar Nacional e Santos, o Juventus subia ao gramado do Pacaembu para decidir o título com muita raça e determinação. Do outro lado estava uma boa equi-

Equipe campeã paulista de juniores de 1984

pe do Guarani, com nomes como Gil Baiano e Vágner Mancini. O nervosismo era visível no semblante de todos. Era tudo ou nada. Pelo placar mínimo, prevaleceu a categoria dos juventinos, que saíram na frente aos 20 minutos do primeiro tempo, com Paulo Roberto, de cabeça, e souberam suportar a pressão. O arqueiro Omar, autor de excelentes defesas, acabou sendo um dos principais personagens daquela decisão. No momento do apito final, uma alegria transbordante: o Juventus era campeão!

Os jovens heróis juventinos naquela decisão foram Omar; Dorval, Paulo Roberto, Amarildo e Flávio; Corina, Diogo e Rui; Paulinho (Divaldo), Raudinei (Betinho) e Marquinho. Eles representavam o fruto de um trabalho incansável do Clube em prol da formação de atletas. Era uma equipe realmente da casa, nascida nas escolinhas de futebol grenás. Toda a base da equipe campeã fora forjada no Juventus, desde o mirim e o infantil. Era uma geração que cresceu unida até chegar ao topo.

Equipe campeã da Copa São Paulo de Juniores de 1985

1986
ANO NOVO, TÍTULO NOVO

Os torcedores mais antigos certamente se recordam do Torneio Início. A competição, idealizada em 1919 pela extinta Associação Atlética das Palmeiras, servia como abertura da temporada, reunindo as principais equipes de determinado certame numa disputa que transcorria num único dia, em formato eliminatório. Os times disputavam partidas com dois tempos de apenas dez minutos cada. Só a final era mais longa: dois tempos de meia hora. Em caso de empate, levava a melhor quem tinha somado mais escanteios ou, nas fases mais avançadas, através de disputa por pênaltis.

Essa prévia do Campeonato Paulista foi realizada de 1919 a 1958. Houve ainda outras cinco edições esporádicas (1969, 1984, 1986, 1991 e 1996). O Juventus escreveu seu nome entre as equipes campeãs do Torneio Início na edição de 1986, começando aquele ano com o pé direito. O mais curioso é que o Moleque Travesso ficou com o troféu sem marcar um único gol naquele dia inteiro.

O time da Mooca jogou com o regulamento debaixo do braço e, graças à estratégia preparada pelo técnico Candinho, foi avançando até a decisão da competição, realizada em 16 de fevereiro, no Pacaembu, o palco clássico do torneio. Foram quatro partidas até o Juventus faturar a taça: Internacional de Limeira (classificação com 3 escanteios a 2), São Paulo (um escanteio a zero), São Bento (5 a 3 nos pênaltis) e Santo André (4 a 3 nos pênaltis).

A equipe que venceu o Torneio Início e faturou o troféu Roberto Gomes Pedrosa tinha Barbiroto; Chiquinho, Juninho, Nenê e Carlão; Rocha, Heriberto e Gatãozinho; Claudinho, Reinaldo Xavier e Betinho. A temporada 1986 também ficaria marcada pela maior goleada juventina sobre o São Paulo: 4 a 1, com gols de Claudinho, Raudinei e Gatãozinho (duas vezes), em 17 de abril, também no Pacaembu.

1988
BETINHO, TALENTO GRENÁ NA SELEÇÃO

Como tantos outros grandes jogadores, Gilberto Carlos Nascimento, o Betinho, iniciou sua carreira na Rua Javari. Integrou o plantel campeão da Copa São Paulo de Juniores de 1985 e foi bicampeão paulista da categoria em 1984 e 1985. Alçado à equipe principal pelo técnico Cláudio Duarte, virou titular absoluto com a chegada de Candinho, atuando como meia-atacante na equipe campeã do Torneio Início do Paulistão em 1986, e passou a ser visto como um dos grandes destaques do futebol paulista.

Sua consagração aconteceu em outubro de 1988, quando Betinho foi convocado para defender a Seleção Brasileira em amistoso com a Bélgica, na Antuérpia. A equipe do técnico Carlos Alberto Silva venceu por 2 a 1 e Betinho entrou no segundo tempo, no lugar do ponta João Paulo.

As ótimas atuações pelo Juventus atraíram o interesse dos clubes grandes de São Paulo, mas a direção juventina preferiu emprestá-lo ao Cruzeiro, que Betinho defendeu nos Brasileiros de 1988 e 1989. No primeiro semestre dessas duas temporadas, ele atuou pelo Juventus no Estadual. Em 1990, o empresário Gilberto Fagundes, palestrino fanático, adquiriu o passe do atleta e o levou ao Palmeiras, agremiação que defendeu por dois anos.

Depois de outra passagem pelo Cruzeiro, Betinho foi negociado com o futebol japonês; lá, Bellmare Hiratsuka e Kawasaki Frontale. De volta ao Brasil, jogou por Internacional, Guarani, São José, Gama, Santo André, Ipatinga e Francana antes de voltar para o Juventus, em 2004. Depois de pendurar as chuteiras pela equipe que o revelou, Betinho foi auxiliar e treinador de diversas equipes, incluindo o próprio Moleque Travesso.

1989
OBRA DE ARTE NO PACAEMBU

Um gol de bicicleta, acertando o ângulo esquerdo da meta de fundo do Estádio Municipal do Pacaembu, para calar a torcida de um grande rival. Foi desse jeito que o ponta-esquerda Silva, um baixinho rápido e habilidoso, ficou eternizado no coração dos torcedores do Juventus. Para muita gente, aquele tento foi o mais belo da história do Clube.

A obra-prima foi presenciada por cerca de 25.000 pessoas no embate Juventus x Corinthians de 14 de maio de 1989, pela primeira fase do Paulistão. A esmagadora maioria do público, obviamente, era composta por alvinegros. Os prognósticos apontavam para uma goleada histórica do onze de Parque São Jorge. Mas jogo não se ganha de véspera – ainda mais quando um rival poderoso e badalado se depara com o Moleque Travesso.

O pequeno Silva aprontou sua belíssima travessura aos 40 minutos do primeiro tempo, finalizando um contragolpe puxado pelo bom lateral Robinson. Ele arrancou pela beirada de campo e cruzou bem sobre a área corintiana. Colocado entre os defensores Marcelo e Dama, Silva teve um lampejo de genialidade, virando no alto e acertando a bola em cheio, sem chances para o goleiro Ronaldo, que defendia o gol do tobogã. O jogo terminou empatado, 1 a 1, e Silva ficou marcado para sempre como autor de um gol simplesmente memorável.

Criador e criatura: Silva e seu gol de bicicleta

1993
TRIUNFO PARA AMENIZAR A QUEDA

O início dos anos 1990 foi difícil para o Juventus, que oscilou demais e acumulou campanhas ruins, culminando na participação agonizante da equipe grená no Paulistão de 1993. Depois de 38 anos consecutivos na elite do Estadual, o Juventus terminava a competição no 26º lugar – a pior em toda a sua história na Série A1 – e era rebaixado. Foi uma temporada para se esquecer, mas pelo menos uma partida encheu o torcedor juventino de orgulho.

Foi em 21 de março de 1993, no Pacaembu, com o Moleque Travesso aprontando a maior surpresa da temporada ao derrotar o Palmeiras. A equipe da Mooca completava dez rodadas sem vencer e era lanterna. O adversário, por sua vez, era uma verdadeira seleção. Graças ao aporte financeiro da Parmalat, iniciado um ano antes, aquele Palmeiras contava com Edmundo, Evair, César Sampaio, Edilson, Zinho... No primeiro turno, a equipe alviverde goleou o Juventus com facilidade, 4 a 1. A previsão para o returno era de mais um placar dilatado.

Estreando o técnico Basílio, que assumiu às vésperas da partida, no lugar de Oscar Amaro, o Juventus ainda sonhava em se livrar da degola. A primeira mexida de Basílio para o confronto no Pacaembu foi na meta, promovendo a entrada do experiente Cossa no lugar de Vitor. O volante Luisão e o zagueiro Sangaletti retornaram à titularidade, de forma a melhorar a consistência defensiva da equipe. Iniciado o jogo, porém, as coisas já se complicavam: 26 minutos do primeiro tempo, Palmeiras 1 a 0, gol de Evair.

Basílio resolveu arriscar. Sacou o experiente atacante Cuca e colocou o jovem meio-campista Fernando Diniz, além de trocar o ponteiro Silva, pouco acionado na primeira etapa, pelo zagueiro Índio. A tática de atrair o Palmeiras e disparar em contragolpes rápidos deu certo. Aos 10 do segundo tempo, Márcio Griggio, de cabeça, deixou tudo igual. O gol da virada veio aos 40 minutos da segunda etapa. O volante Luisão partiu em velocidade pela direita, bateu o lateral Jefferson na corrida e, com muita categoria, deu uma cavadinha para encobrir o goleiro Sérgio. A bola caprichosamente bateu na trave e, na volta, Élcio empurrou para as redes com o gol vazio. Uma vitória para lavar a alma juventina num ano tão difícil.

1994
FOMOS MAS JÁ VOLTAMOS

O retorno à elite do futebol paulista era a missão juventina no primeiro semestre de 1994. A direção do clube manteve a base da equipe que fora rebaixada em 1993 e fez algumas contratações pontuais. Para o comando técnico foi escolhido o experiente José Carlos Serrão. Para o gol, chegou Capanema, enquanto a zaga contaria com Dias e o ataque, com Ricardo Eugênio.

Eles se juntaram a uma espinha dorsal competitiva, com Anderson Lima, Nildo e Sangaletti na defesa, Luisão, Sérgio Soares, Sérgio Guedes, Márcio Griggio e Neto como opções de meio e Cuca e Claudinho na frente. Com essa equipe mais encorpada, o Juventus caminhou firme para voltar à Série A1. Serrão foi substituído por Roberto Brida na nona rodada e, a partir daí, o Juventus não olhou mais para trás. Graças ao vice-campeonato da A2, o acesso à primeira divisão paulista estava assegurado. De quebra, Cuca anotou 17 gols e terminou como artilheiro da competição.

O jogo que ratificou o acesso à Série A1 aconteceu em 15 de maio, na Rua Javari: empate em 1 a 1 com o Catanduva. O gol juventino foi de Neto. Aproveitando o clima festivo da temporada, a direção do Clube prestou uma justa homenagem a um dos maiores nomes da história juventina. Em 20 de agosto de 1994, o zagueiro Clóvis Nori ganhou um busto de bronze no Estádio Conde Rodolfo Crespi. Ele foi o primeiro e até agora único atleta da história grená a receber tamanha honraria.

Flores em vida: ao lado da esposa Lina e da filha Klébi, Clóvis Nori acompanha a inauguração do busto em sua homenagem

CRAQUE SE FAZ EM CASA: A FORÇA DA BASE

Não por coincidência, o período de maior sucesso do Clube no futebol profissional foi também a época em que o Juventus mais brilhou nas categorias de base. Além de revelar diversos talentos, vira e mexe o Moleque Travesso abocanhava pelo menos um caneco nas categorias inferiores. A série vitoriosa começou com a conquista do Campeonato Paulista Sub-15, em 1981. Em 1984 e 1985, foi a vez da turma do Sub-20, que foi bicampeã estadual, consagrando uma geração que também faturou a Copinha São Paulo.

A agremiação da Mooca faturou outro bicampeonato estadual, agora na categoria aspirantes, em 1986 e 1987. Ainda em 1987, o Sub-15 ficou com o título paulista e, no ano seguinte, foi a vez do Sub-17 ganhar um estadual. O Juventus ainda chegou a mais duas finais de Copa São Paulo, terminando com o vice em 1989 e 1990.

O bom trabalho na base foi o grande segredo para que o Juventus continuasse competitivo mesmo sem ter os mesmos recursos que os grandes clubes para buscar reforços no mercado. Essa estratégia vitoriosa acabou perdendo força ao longo dos anos e, já com a base fragilizada, os resultados foram minguando. Só o Sub-17, em 1998, e o Sub-15, em 2002, comemoraram títulos estaduais em suas categorias. Na Copinha, o Juventus foi à final pela última vez em 2000, quando perdeu para o São Paulo na decisão.

1997
MAIS UM ACESSO

Sob o comando do técnico Écio Pasca, o Juventus entrou com tudo na briga pelo título do Campeonato Brasileiro da Série C, no segundo semestre de 1997. A equipe grená sabia da importância de fazer um bom papel no certame e retomar sua projeção no cenário nacional. Graças a uma mescla de jogadores jovens e experientes, Pasca encontrou o equilíbrio necessário para conseguir bons resultados e dar trabalho aos favoritos.

Com um futebol vistoso e ofensivo, o Moleque Travesso construiu uma invencibilidade de doze jogos nas rodadas iniciais. As duas únicas derrotas aconteceram já na fase final do certame, para o Tupi, por 2 a 1, e para a Francana, 1 a 0. Na última rodada, em dia 30 de novembro, o Juventus se vingou dos mineiros do Tupi, vencendo por 3 a 1, com gols de Carmo, Robson Pontes e Esquerdinha, em jogo realizado no Canindé, e contou com a derrota da Francana para o Sampaio Corrêa para conseguir o acesso. Graças a essa combinação de resultados, o Sampaio foi o campeão da terceira divisão e o Juventus foi vice, sendo promovido à Série B nacional.

1998
GOLPE DUPLO

A temporada 1998 foi uma das piores da história do futebol juventino. No Campeonato Paulista, no primeiro semestre, a equipe grená foi novamente rebaixada à Série A2, terminando o Torneio do Descenso em último lugar, atrás de Araçatuba, Inter de Limeira e Portuguesa Santista. No retorno à Série B do Brasileirão, na segunda metade do ano, mais uma campanha pífia: último lugar do grupo e o segundo rebaixamento no mesmo ano.

Foram poucos os momentos de alegria. Um deles foi a vitória sobre o tradicional Fluminense, 1 a 0, gol de Ramos, no Estádio José Liberatti, em Osasco, em 9 de agosto, pela Segundona. A partida de volta com o Tricolor das Laranjeiras também foi um episódio histórico para o clube, já que marcou a primeira vez que o Juventus atuou no mítico gramado do Maracanã. O desfecho, porém, não foi o esperado: Fluminense 2 a 0. Na contagem regressiva para o fim do século, o Moleque Travesso tentava juntar os cacos. Os tempos de glória da década anterior tinham definitivamente ficado para trás.

Subindo degraus: elenco do Juventus de 1997, que conquistou o acesso à Série B do Brasileirão

11
NOVO SÉCULO
GANGORRA GRENÁ

Para torcer para o Juventus na primeira década do século XXI, o sujeito precisava estar em dia com as consultas no cardiologista. Não foi nada fácil acompanhar de perto o vertiginoso sobe e desce do Clube pelas diferentes divisões do futebol paulista. Foi sofrido – mas esse período também ficou marcado por episódios inesquecíveis, incluindo façanhas surpreendentes, viradas de tirar o fôlego e uma conquista inédita.

2001-2003
DE VOLTA, MAS POR LINHAS TORTAS

Depois de amargar dois anos na Série A2 do Campeonato Paulista, o Juventus iniciou a temporada 2001 lutando para se reerguer no cenário estadual. Contando com uma equipe competitiva, cuja espinha dorsal tinha o meia Zé Roberto e os atacantes Marcos Denner e Alex Alves, o Moleque Travesso era treinado pelo experiente Ernesto Paulo, que tinha no currículo passagens importantes no comando das equipes de base da Seleção Brasileira.

Encarando um campeonato longo e desgastante, com dezesseis times jogando em turno e returno, a equipe grená foi bastante regular e chegou à última rodada com chances de obter o acesso à elite (os dois primeiros colocados na classificação geral subiam). Fez sua parte ao derrotar o Sãocarlense por 2 a 0, mas Etti Jundiaí e Santo André, que entraram na rodada final nas primeiras colocações, também venceram seus jogos, mantendo o Juventus em terceiro. Só que a frustração seria remediada graças a um desdobramento inesperado.

Com a criação da Liga Rio-São Paulo, dezesseis equipes paulistas e cariocas decidiram disputar um torneio regional reforçado no início da temporada 2002, esvaziando seus Estaduais. Nove clubes paulistas – Corinthians, Guarani, Palmeiras, Ponte Preta, Portuguesa, Santos, São Caetano, São Paulo e Etti Jundiaí – migraram para o novo formato do Torneio Rio-São Paulo, deixando de lado o Paulistão. Esse movimento rendeu ao Juventus, como terceiro colocado do campeonato anterior, o retorno à Série A1 do Estadual.

Sem os concorrentes mais poderosos, o Moleque Travesso passou a ser um dos protagonistas da competição. A equipe da Mooca fez um campeonato marcante, terminando na quarta colocação – sua segunda melhor campanha na história do Estadual. O atacante Alex Alves foi o destaque da agremiação grená, terminando na artilharia da competição, com dezessete gols marcados. Alex foi o primeiro atleta juventino a terminar um Paulista como artilheiro. O time avinhado ganhou também o troféu Fair Play como a equipe mais disciplinada do campeonato.

Além do resgate do orgulho e da autoestima do torcedor grená, a campanha significou algo ainda mais importante: a conquista da permanência na elite no ano seguinte. O Paulistão de 2003, entretanto, seria uma pedreira. A experiência daquele Torneio Rio-São Paulo "vitaminado" foi breve: depois de apenas uma edição, os clubes mais ricos decidiram retornar ao Estadual. O Juventus voltaria a medir forças com os grandes de São Paulo.

A primeira fase do Paulistão 2003 foi um choque de realidade para o elenco grená: seis jogos, seis derrotas. Esse desempenho pífio levou o Juventus ao torneio do descenso, que reunia as piores equipes da competição e valia a permanência na primeira divisão. O time da Mooca lutou demais para fugir da degola.

Na rodada final, o Juventus derrotou o Ituano na Rua Javari e escapou por um fio. Na classificação final do campeonato, o Moleque Travesso ficou empatado em pontos com o Botafogo, na penúltima colocação. Nos critérios de desempate – tinha uma vitória a mais que a equipe de Ribeirão Preto –, levou a melhor e ficou na elite. Foi por pouco.

2004
GRAFITE DERRUBA O MOLEQUE

O inusitado formato do Paulistão 2004 tinha 21 equipes divididas em dois grupos – um com onze times, outro com dez. O Juventus ficou no Grupo A, com América, Atlético Sorocaba, Corinthians, Ponte Preta, Portuguesa, Portuguesa Santista, Rio Branco, São Paulo e União Barbarense. O plantel grená era modesto, mas contava com o atacante Wellington Paulista, revelado no Clube e sempre uma esperança de gols. E sua melhor partida naquele campeonato foi também a que praticamente selou o futuro do time na competição.

Em 26 de fevereiro, o Juventus enfrentou o Corinthians no Pacaembu, em duelo válido pela sexta rodada. Em crise, a equipe alvinegra estreava o técnico Oswaldo de Oliveira, encarregado de tirá-la da penúltima colocação do grupo. Wellington Paulista tratou de colocar o Juventus em boa vantagem, marcando o primeiro gol aos 19 minutos do primeiro tempo e o segundo tento aos 9 da etapa final. O Moleque Travesso era soberano em campo.

Aos 22 minutos do segundo tempo, entra em cena o árbitro Robério Pereira Pires. Ele anota um pênalti duvidoso do zagueiro juventino Itabuna em Gil, expulsando o atleta do Juventus. Coelho cobrou para o Corinthians diminuir. Pouco depois, nova expulsão de um defensor grená: agora era Fábio Luís quem deixava o gramado. Com apenas nove jogadores em campo, o Juventus era submetido a uma pressão insustentável. No fim, a equipe de Oswaldo conseguiu uma improvável virada, ganhando pontos valiosos para cima do Moleque Travesso.

Controvérsias sobre arbitragem à parte, Juventus e Corinthians ficaram nas últimas colocações e chegaram à rodada derradeira numa luta particular para evitar a queda à

Série A2. Os alvinegros enfrentariam a Portuguesa Santista no Pacaembu, enquanto o Juventus encararia o São Paulo. Apesar de ser o mandante, o time da Mooca teria de jogar no Estádio Anacleto Campanella, em São Caetano do Sul. As partidas estavam marcadas para o mesmo horário.

Ao ouvir que o Corinthians perdia seu jogo, parte da torcida são-paulina passou a pedir a derrota da própria equipe, já garantida em primeiro lugar do grupo. O jogo não valia nada para os tricolores, que gritavam: "Entrega, entrega..." Mas Grafite, reforço para a temporada – e que, portanto, buscava se firmar na equipe titular do técnico Cuca –, não deu ouvidos aos apelos que uniam as torcidas grená e tricolor no Anacleto. O atacante são-paulino marcou duas vezes, deu a vitória ao clube do Morumbi, rebaixou o Juventus e ainda salvou o rival Corinthians da queda. Para desespero da torcida grená, era hora de se despedir mais uma vez da elite estadual.

2005
BATE E VOLTA NA SEGUNDONA

Com Edu Marangon no comando técnico, o Juventus se renovou para disputar o Paulista da Série A2. O goleiro Marcelo Moreira foi efetivado na meta grená, os beques Luís Carlos e Hugo formaram uma dupla de zaga sólida e no meio o volante Tobi era um verdadeiro carrapato, sem dar trégua na marcação. Na frente, o angolano Johnson fazia uma boa combinação com os velocistas Cesinha e Leandrinho. A equipe deu liga e o Moleque Travesso nadou de braçada na fase de classificação, assegurando a vaga para o octogonal semifinal com uma rodada de antecedência.

Os oito classificados foram divididos em dois grupos, sendo que quem vencesse cada grupo conquistaria o acesso, além de disputar a final da Segundona. Nessa fase, o Juventus teve como adversários Araçatuba,

Elenco campeão da série A2 de 2005

Bragantino e Comercial. Em seis partidas, o Moleque Travesso venceu três, empatou duas e perdeu apenas uma, terminando em primeiro do grupo e selando o retorno à elite. Seu adversário na finalíssima seria o Noroeste, ganhador da outra chave.

Como havia feito melhor campanha, o Juventus conquistou o direito de mandar a decisão, realizada em jogo único, em seu estádio. Em 26 de junho de 2005, a Rua Javari estava lotada para enfim voltar a celebrar um título do Moleque Travesso em casa – fato que não ocorria havia 71 anos (desde que a equipe grená, ainda como Fiorentino, levantou seu último caneco no Conde Rodolfo Crespi).

Com gols do zagueiro Luís Carlos e do atacante Johnson, o Juventus superou a equipe de Bauru por 2 a 1, garantindo o título paulista da Série A2 e concluindo uma reformulação muito bem-sucedida. O futebol vistoso exibido pelo Moleque Travesso ao longo de toda a competição demonstrava que a equipe estava pronta para voltar a encarar a elite do futebol paulista.

2006
VOOS MAIS ALTOS

Empolgado com a volta à Série A1, o Juventus entrou no Paulistão 2006 reforçado e ansioso para reviver suas famosas travessuras nos embates com os clubes mais ricos do Estado. O elenco estava mais qualificado – graças a um acordo com o Pão de Açúcar, que emprestou vários atletas ao Clube – e o primeiro grande desafio no caminho da equipe grená era simplesmente uma visita ao campeão do mundo. A partida marcada para 25 de janeiro, aniversário da cidade, no Morumbi, colocava o Juventus diante de um São Paulo estrelado, que derrotara o Liverpool na decisão do Mundial de Clubes, em Yokohama, no Japão, no fim de 2005.

Era também o primeiro encontro entre os times desde que Grafite rebaixou o Juventus. O atacante, por sinal, era titular da equipe da casa. Os prognósticos apontavam para um massacre tricolor. Mas o técnico Sérgio Soares aprontou uma surpresa para os favoritos: montou uma retranca ferrenha, controlou a pressão dos donos da casa e atacou na hora certa.

Aos 29 minutos do segundo tempo, um contragolpe fatal decidiu o jogo. O atacante Rafael Silva recebeu entre os zagueiros são-paulinos, dominou a bola e deu um passe preciso na direita para o rápido Sérgio Lobo, que havia acabado de entrar no lugar do lateral-direito Paulinho. Lobo invadiu a grande área e bateu cruzado no canto direito do goleiro Bosco, sem chances de defesa: Juventus 1 a 0! Festa da torcida grená no Morumbi e faixa do campeão mundial devidamente carimbada. Essa vitória marcante serviu também para derrubar uma incômoda escrita: o Juventus não derrotava o São Paulo desde 4 de maio de 1988, ou seja, quase dezoito anos de jejum.

Outro grande capítulo da trajetória grená naquele Paulista foi a vitória sobre a Portuguesa por 2 a 0, na Rua Javari, em 18 de março. Jogando sob um temporal, o Moleque Travesso não tomou conhecimento do seu histórico rival. O triunfo obtido graças aos dois gols de Rafael Silva foi determinante para decretar o primeiro rebaixamento da Lusa à Série A2 do Paulistão. O Juventus, por sua vez, acabaria na oitava colocação geral, sua segunda melhor campanha na década, e com a conquista de uma vaga para disputar o Campeonato Brasileiro da Série C depois de seis anos de ausência.

Os resultados indicavam que a parceria firmada com o Pão de Açúcar era um sucesso. A cessão dos atletas do projeto esportivo do grupo do empresário Abilio Diniz (e gerenciado por José Carlos Brunoro, figura central da parceria Palmeiras-Parmalat) rendia frutos e mostrava muito potencial. O casamento, no entanto, estava com os dias contados: no ano seguinte, o acordo foi desfeito.

2007
UMA CONQUISTA INESQUECÍVEL

A manutenção das principais peças da boa campanha do ano anterior era prioridade no departamento de futebol juventino no início de 2007. Não perder a base era fundamental, mas o Clube conseguiu ir além: ao trazer reforços importantes, o elenco ficou ainda mais encorpado.

O goleiro Deola, do Palmeiras, veio por empréstimo. Os zagueiros Valdir e Gian chegaram para melhorar o setor defensivo. O meio ganhou os volantes Márcio Senna e Almir e os armadores Adriano e Elder. Eram todos jogadores experientes e talhados para formar uma equipe competitiva. Graças a essa boa espinha dorsal, o Juventus manteve-se no meio da tabela no Campeonato Paulista e novamente garantiu vaga para a disputa da Série C do Campeonato Brasileiro.

Depois desse bom início de temporada, o segundo semestre reservava à torcida mais uma grande emoção. Com a equipe novamente mexida para a disputa da Copa Paulista, competição que garantia ao campeão uma vaga na Copa do Brasil, Márcio Bittencourt assumiu como técnico. Chegaram o meio-campista Elias, revelado nas categorias de base do Palmeiras, os atacantes Edson Pelé e Johnny, ambos ex-Corinthians, e Márcio, ex-São Paulo. Com essas novas aquisições, o elenco ganhou características ofensivas – e essa foi sua marca no certame.

A Copa Paulista tinha quatro chaves com sete times cada. O Juventus estava no Grupo 4, ao lado de Araçatuba, Bragantino, Corinthians B, Guaratinguetá, São Bernardo, São José e União Mogi. O Moleque Travesso avançou à fase seguinte com re-

Equipe campeã da Copa Paulista de 2007

lativa facilidade. Nessa segunda etapa, o Juventus formou um novo grupo com quatro equipes: Marília, Paulista de Jundiaí e XV de Piracicaba.

Com cinco vitórias em seis jogos, a agremiação mooquense superou todos os adversários e avançou às quartas de final, em que também atropelou: duas vitórias sobre o Olímpia, 3 a 2 fora de casa e 2 a 1 na Rua Javari. Na semifinal, duas partidas de tirar o fôlego contra o Mogi Mirim: vitória juventina por 2 a 0 em casa e derrota por 1 a 0 fora, com a vaga na finalíssima garantida no placar agregado do mata-mata.

Na decisão frente ao Linense, o Juventus jogava por dois resultados iguais, já que tinha a melhor campanha da competição. Na primeira partida da final, em 17 de novembro de 2007, no Estádio Gilberto Siqueira Lopes, em Lins, o Moleque Travesso venceu por 2 a 1, gols de Valdir e Márcio. O título inédito estava próximo.

A partida de volta foi marcada para a manhã de 25 de novembro, no Estádio Conde Rodolfo Crespi. O clima de decisão tomou conta da Mooca e a Rua Javari recebeu sua lotação máxima. O Juventus podia até perder por um gol de diferença e ainda assim ficaria com a taça. Em campo, uma partida renhida e truncada, disputada sob clima tenso. Para aliviar a ansiedade grená, Elias abriu o placar com um lindo chute de fora da área. O mesmo Elias poderia ter resolvido a parada, mas desperdiçou um pênalti que deixaria o Juventus em ótima vantagem.

O que parecia improvável aconteceu na segunda etapa: o Linense virou aos 38 minutos do segundo tempo. O drama aumentou nos acréscimos – Fausto fez 3 a 1 para o visitante e esse resultado daria o título ao time do interior. Quando tudo parecia perdido, João Paulo aproveitou um rebote da defesa e emendou para o fundo das redes, já aos 49 minutos do segundo tempo. Gol do Juventus! Explosão de alegria! Título garantido e vaga na Copa do Brasil confirmada. Para muitos juventinos, essa partida ficaria eternizada como a mais emocionante já realizada na Javari.

Essa memorável conquista virou até filme. O diretor Rogério Zagallo, que vinha trabalhando num documentário sobre o Clube, decidiu contar a história do título no curta-metragem "Juventus, rumo a Tóquio". Crônica de um jogo que marcou a

Final de cinema: a conquista da Copa Paulista de 2007 virou filme

vida de tantos juventinos, a produção ganhou vários prêmios e foi selecionada para o Festival Internacional de Curtas de São Paulo e para o programa especial de curtas "Unidos na Paixão", do Museu do Futebol, entre outras mostras.

2008
ACORDANDO DO SONHO

A temporada de 2008 tinha tudo para ser grandiosa. Classificado à Copa do Brasil pela primeira vez em sua história, o Juventus teve um início de ano empolgante, com vitórias nos clássicos diante de Santos (3 a 1) e Portuguesa (3 a 2) pelo Paulista. A empolgação do começo da campanha foi efêmera. A equipe declinou de produção de forma abrupta, amargando oito rodadas consecutivas sem vencer no Estadual.

A sequência negativa levou o Juventus ao pé da tabela – e aí faltou poder de reação nos confrontos diretos na luta contra o rebaixamento. Foram os casos dos jogos em casa contra Rio Preto (derrota por 1 a 0) e Guarani (empate por 2 a 2). A estocada final veio diante do São Paulo, que mais uma vez surgia como algoz do Moleque Travesso: vitória tricolor por 3 a 1 no Morumbi e novo rebaixamento à Série A2.

A torcida juventina ainda viveria fortes emoções em sua primeira Copa do Brasil. Na estreia diante do Coruripe, em Alagoas, um desastre: 4 a 1 para um adversário empurrado pela torcida local. No jogo de volta, o time da Mooca fez o dever de casa e conquistou uma virada histórica, goleando por 5 a 1 e avançando à segunda fase.

O sorteio colocou um clube tradicional, o Náutico, no caminho do Moleque Travesso. Sem poder atuar na Javari, o Juventus mandou o jogo de ida em Santa Bárbara D'Oeste e derrotou os pernambucanos por 2 a 0, com gols de Lima. Mas na volta, nos Aflitos, a equipe grená não segurou o ímpeto dos recifenses e foi eliminada no saldo de gols com uma derrota por 3 a 0.

2009
NO FUNDO DO POÇO

Se o ano anterior acabou sendo frustrante, 2009 foi um verdadeiro pesadelo. A queda à Série A2 do Paulista foi só o início das agruras do Clube no final daquela década. Com uma campanha irregular mesmo encarando oponentes mais frágeis, o Juventus foi presa fácil até nos jogos realizados na Rua Javari. Derrotas por goleada para Flamengo de Guarulhos e Rio Branco de Americana abalaram a moral do grupo – que, por sinal, deixava muito a desejar tecnicamente. O técnico Edu Marangon deu lugar ao comandante do Sub-20, o ex-lateral Nelsinho Kerchner, mas a substituição não surtiu efeito.

Pouco a pouco, as esperanças de evitar uma nova queda iam se esvaindo. A decepção final aconteceu em 12 de abril de 2009, quando o Moleque Travesso foi superado pelo Monte Azul, 4 a 2, fora de casa. O inédito rebaixamento à Série A3 estava decretado com uma rodada de antecedência. A torcida reagiu com pichações no Clube e outros atos de protesto. No fundo, porém, todos sabiam que aquelas manifestações de dor e frustração eram inócuas: seria preciso abaixar a cabeça e trabalhar duro para reconduzir o Juventus à elite paulista.

2010-2011
PEDIDO DE SOCORRO

Apesar do baque sofrido no ano anterior, a torcida juventina voltou a ter esperanças no início da temporada 2010, em que o Clube lutaria para sair de uma situação incômoda e inédita. Deixar a Terceirona para trás o mais rápido possível, reconquistando uma vaga na Série A2, era uma obsessão pelos lados da Mooca. Dentro de campo, porém, o que se viu foi uma equipe em construção, formada quase que exclusivamente por atletas recém-chegados, que jamais tinham atuado juntos.

Para se ter uma ideia, de um total de 51 jogadores utilizados em 2010, 47 fizeram suas estreias com a camisa grená naquela temporada. Não há dúvida de que essa falta de entrosamento foi determinante para a queda de produção do time na reta final da Série A3.

Comandados pelo ídolo Alex Alves, um dos poucos que tinham alguma identificação com o Clube, o Juventus se classificou à segunda fase aos trancos e barrancos, como oitavo colocado. Na etapa seguinte, um quadrangular, foi incapaz de superar Palmeiras B, Penapolense e Red Bull Brasil. Seria preciso amargar mais um ano na terceira divisão estadual.

A crise esportiva motivou a busca por novas saídas fora de campo. Foi assim que o Juventus acertou um acordo que entregava a gestão do futebol profissional do Clube a um grupo de empresários. Assim, na temporada 2011, a equipe grená disputaria a Série A3 sob o controle da Planinvesti Administração e Serviços. A parceria visava custear a manutenção equipe principal e também formar atletas nas categorias Sub-20 e Sub-18, incluindo o time que disputaria a Copa São Paulo de Futebol Júnior em 2012.

Para comandar o futebol juventino dentro desse novo modelo de gestão, o escolhido foi Paulo Sérgio, ex-jogador de Corinthians, Bayer Leverkusen, Roma, Bayern de Munique e Seleção Brasileira. As contratações foram numerosas, mas a qualidade dos reforços deixou um pouco a desejar. A meta de conseguir o acesso à Série A2 já no primeiro ano de parceria não foi obtida – o Moleque Travesso deu adeus à Terceirona do Paulista daquele ano ainda na primeira fase. O drama continuava.

2012
SUFOCO, ALÍVIO E CELEBRAÇÃO

No calvário da terceira divisão do futebol paulista pelo terceiro ano consecutivo, o Juventus começava mais um ano centrando todas as baterias no fortalecimento da equipe com vistas ao acesso. O primeiro movimento nesse sentido foi a contratação de um técnico experiente e talhado para essa árdua missão.

Luís Carlos Ferreira se encaixava perfeitamente no perfil. Especialista em conduzir equipes do interior paulista a divisões superiores, ele era conhecido como "Rei do Acesso". Com o novo técnico, chegou um time inteiro de reforços. Nenhum atleta da temporada anterior continuou na Rua Javari para 2012. Entre os rostos mais conhecidos estavam os veteranos meias Elvis, ex-Santo André, e Romerito, ex-Goiás e Sport.

A campanha na primeira fase foi irregular, com a classificação à fase final sendo conquistada de maneira dramática e apenas nas últimas rodadas. Uma sequência de vitórias frente ao São Bento, 2 a 0 fora de casa, e Taboão da Serra, num espetacular e improvável 4 a 3 (em que perdia por 3 a 1 até os 35 do segundo tempo), aproximou o Juventus da classificação. Uma goleada por 4 a 0 no Capivariano garantiu ao Moleque Travesso a sétima colocação (os oito primeiros avançavam).

A torcida grená sofreu até a última rodada da segunda fase. Em 6 de maio de 2012, apesar de uma derrota como visitante para o Grêmio Osasco, 3 a 1, o Moleque Travesso enfim garantia o retorno à Série A2 graças a um empate entre Guaçuano e Marília. O acesso foi obtido só nos critérios de desempate, em que o Juventus levou a melhor frente à agremiação de Mogi Guaçu. Mostrando que camisa e tradição são fundamentais numa reta decisiva de campeonato, o Juventus superava obstáculos imensos para enfim virar a página da Terceirona.

Naquele dia, uma grande caravana formada pelos juventinos que sofreram nas arquibancadas em Osasco retornou triunfante à Mooca. O grupo se juntou a outras centenas de aficionados que vibraram e festejaram em frente ao Estádio Conde Rodolfo Crespi. Jogadores, comissão técnica e diretores participaram da comemoração. O Moleque Travesso voltava a ter a esperança de tempos melhores.

Celebração e alívio: Juventus consegue o acesso à Série A2 e vira a página da Terceirona

12
CENTENÁRIO
ESSE MOLEQUE TEM NOME E TRADIÇÃO

Como sobreviver num meio cada vez mais competitivo? Abrir as portas a novas oportunidades ou manter o controle sobre o próprio destino? Nos anos que antecederam seu centésimo aniversário, o Juventus teve de lidar com alguns dilemas. Não é fácil encontrar o caminho ideal num esporte totalmente transformado por grandes investimentos e fortes cobranças – mas o futebol do Juventus segue adiante, ainda em busca de melhores dias, mas sem nunca deixar de olhar para trás.

2013-2014
ANOS AMARGOS

A alegria pelo acesso à Série A2 de São Paulo, em 2012, não durou muito. O que viria a seguir serviria como um alerta, demonstrando a necessidade de encontrar novos caminhos na gestão do futebol. No tão aguardado retorno à segunda divisão estadual, o desempenho foi lamentável: o Moleque Travesso terminou em último lugar entre vinte equipes participantes, com quatro vitórias, dois empates e seis derrotas, além de saldo de gols negativo – anotou 17 e sofreu 18. O Juventus estava novamente rebaixado à Série A3 do Paulista.

O segundo semestre foi marcado por falsas esperanças. Na Copa Paulista, a equipe avançou em segundo lugar de seu grupo na fase classificatória inicial. Também foi vice-líder na etapa seguinte da competição. No mata-mata, contudo, o Juventus enfrentou o Audax e deu adeus à disputa já nas quartas de final, perdendo o primeiro jogo e empatando o segundo.

O roteiro foi igualmente decepcionante na temporada seguinte. Em seu retorno à Série A3 em 2014, a agremiação grená não passou de um 13º lugar, com cinco vitórias, oito empates e seis derrotas, com saldo de gols zero (24 marcados, 24 sofridos). A Copa Paulista seria mais uma decepção, com a penúltima colocação na primeira fase, dentro de um grupo com oito equipes. A torcida mooquense estava carente de bons momentos nas arquibancadas da Javari.

2015
UMA NOVA ESPERANÇA

A maré virou na Terceirona de 2015. A campanha do Juventus foi, enfim, digna das tradições do clube, com direito a liderança do grupo na primeira fase (doze vitórias, três empates e só quatro derrotas) e um ataque revigorado, que balançou as redes 36 vezes (foram dezesseis gols sofridos). Na segunda fase, um quadrangular com Grêmio Osasco, Inter de Limeira e Votuporanguense, a equipe da Mooca venceu três, empatou duas e perdeu só uma. Com a segunda melhor campanha dessa chave, o Juventus assegurava o almejado acesso à Série A2 para 2016.

A última partida na Terceirona não poderia ter sido melhor: na manhã de um domingo ensolarado, com a Rua Javari lotada por 4.000 torcedores, o Moleque Travesso atropelou o Grêmio Osasco, 4 a 1 (três gols de Daniel Costa e um de Léo). O time base que devolveu o Juventus à Série A2 foi o seguinte: André; Rafael Ferro, Léo, Victor Sallinas e Lucas Pavone (Orinho); Fellipe Nunes, Derli, Daniel Costa e Adiel (Rafael Branco); Renato Sorriso (Diogo) e Gil.

Na soma de todas as fases, o Juventus teve o melhor ataque da competição, com expressivos 52 gols marcados, e sofreu apenas doze tentos em 25 partidas. De quebra, teve o vice-artilheiro, o atacante Daniel Costa, com dez gols. O desempenho não foi mantido na Copa Paulista – eliminação na 1ª fase, com a quarta colocação do grupo –, mas a temporada terminava com saldo positivo, dando início aos preparativos para a volta à Série A2.

Outro motivo de festa na Mooca no apagar das luzes de 2015 foi a inclusão do nome da agremiação na estação mais próxima ao Estádio Conde Rodolfo Crespi. A lei nº 16.018, de 26 de novembro de 2015, determinou que a estação, uma das paradas da linha 10-Turquesa da Companhia Paulista de Trens Metropolitanos (CPTM), passaria a se chamar Juventus-Mooca. Cerimônia realizada em 12 de dezembro, no próprio estádio da Rua Javari, celebrou a mudança, contando com a presença do então governador Geraldo Alckmin e servindo também para o lançamento do novo uniforme grená.

2016-2019
NO MEIO DA TABELA

A vida dos clubes médios e pequenos não estava nada fácil em meados dos anos 2010: o futebol estava cada vez mais caro, o abismo em relação às agremiações mais ricas só crescia e era duríssimo montar um elenco competitivo sem aportes financeiros externos. Em meio a esse contexto, restou ao Juventus garimpar atletas promissores, montar elencos modestos e brigar apenas pela permanência na Série A2. Essa foi a rotina do Clube no período entre 2016 e 2019.

Na Segunda Divisão Estadual, o Moleque Travesso não passou da primeira fase nas temporadas 2016 (11º lugar), 2017 (7º) e 2018 (14º). A melhor campanha foi a de 2019, quando a torcida juventina teve alguns momentos de alegria graças ao quarto lugar na primeira fase da A2. No mata-mata, entretanto, a caminhada foi curta, com a eliminação já nas quartas de final diante do XV de Piracicaba, com uma derrota (0 a 1) e um empate (1 a 1).

Já na Copa Paulista, depois de amargar o último lugar do grupo em 2016 e a sexta colocação em 2017, o Juventus beliscou uma vaga na segunda fase em 2018 (acabaria no pé da tabela nessa etapa) e ficaria em primeiro lugar na fase classificatória de 2019, quando só não avançou à etapa decisiva por um critério de desempate (saldo de gols). Ficou um gostinho de quero mais.

2020
SOLIDARIEDADE GRENÁ

Como se não bastassem todas as outras dificuldades enfrentadas por clubes como o Juventus a caminho de uma nova década, 2020 ficou marcado pela pandemia de Covid-19, evento cataclísmico que parou o planeta e mudou a história. O futebol ficou paralisado no primeiro pico da doença e as receitas secaram. Para ajudar o clube a sobreviver à crise, os atletas do elenco profissional se oferecem para voltar aos gramados na Série A2 recebendo apenas um salário mínimo cada.

Em tempos marcados pela perda de identidade dos atletas com seus times, a torcida juventina enxergou no gesto do plantel grená um gesto de carinho pelo Clube e amor à camisa que defendiam. Para completar, em meio às dores e percalços daquela temporada tão difícil, o Juventus fez boa campanha na fase classificatória do Estadual, alcançando o mata-mata graças a uma campanha com seis vitórias, quatro empates e cinco derrotas. Nas quartas, contra o São Bernardo, cada time venceu um jogo pelo placar mínimo, e a equipe do ABC – que viria a se firmar na Série A1 nas temporadas seguintes – levou a melhor nas cobranças de pênaltis.

2021-2023
GRATIDÃO PELO PASSADO, OLHO NO FUTURO

A nova década trouxe poucas novidades ao gramado da Javari. Em 2021, 2022 e 2023, aliás, parecia que a torcida estava revivendo sempre a mesma história, com a equipe correndo sem sair do lugar. Basta comparar as campanhas do Juventus nessas três edições da Série A2: pela ordem, décimo lugar, décimo lugar e 11º lugar, com quatro vitórias, cinco vitórias e quatro vitórias, respectivamente. Até os gols marcados ficaram mais ou menos na mesma: 15 em 2021, 15 em 2022 e 18 em 2023.

Na Copa Paulista, o Moleque Travesso ficou em quarto lugar de seu grupo em 2021 e em quinto em 2022. Só melhorou em 2023, quando avançou em segundo da chave mas caiu já no primeiro mata-mata, com duas derrotas para o XV de Piracicaba, uma pedra no sapato do Clube no período. Em meio a essa sequência maçante, houve pelo menos uma conquista simbólica para aumentar a autoestima do torcedor grená.

Em setembro de 2021, a comunidade juventina foi brindada com a notícia do reconhecimento do título de campeão paulista de 1934 pela Federação Paulista de Futebol. Era um pleito que já tramitava na FPF desde agosto de 2018 – quando Angelo Eduardo Agarelli, representando o Conselho Deliberativo, Ivan Antipov, presidente do Conselho, e Domingos Sanchez, presidente da Diretoria, entregaram à entidade uma extensa pesquisa sobre o tema da conquista estadual sob o nome de Clube Atlético Fiorentino.

O presidente da FPF, Reinaldo Carneiro Bastos, já tinha sinalizado que era favorável ao pleito, mas o caos da pandemia – que atrasou campeonatos, minou as finanças das agremiações e exigiu a adoção de complicados protocolos sanitários – acabou estendendo o tempo de análise da documentação entregue pelo Clube. Com a decisão da FPF, o Juventus estava devidamente reconhecido como legítimo campeão paulista de 1934 ao lado do Palmeiras, que já detinha o título daquele ano graças à conquista do torneio organizado pela Apea, já dentro do profissionalismo.

Em meio ao orgulho pelas glórias passadas e à ambição por novas conquistas, o Juventus iniciou a contagem regressiva para a comemoração do centenário buscando novos rumos. O desafio de ser competitivo no futebol ultra-profissional do século XXI despertou debates internos – como o tema do clube-empresa e o advento das SAFs, que sacudiram o cenário nacional nos últimos anos.

Com a sequência de campanhas modestas da equipe principal e a falta de perspectivas concretas de um salto de qualidade em campo, um grupo de diretores e conselheiros propôs o estabelecimento de uma SAF juventina, que passaria a gerir o futebol profissional e de base de forma autônoma e independente da parte social. Foi uma proposta controversa, que jamais conquistou adesão majoritária entre sócios e torcedores. A pauta foi levada à reunião do Conselho Deliberativo em 6 de junho de 2022. Por margem apertada – 53 votos contra e 49 a favor –, o plano foi rejeitado. O Juventus completaria 100 anos mantendo sua estrutura associativa tradicional.

2024
CENTENÁRIO DE EMOÇÕES

A comemoração do centenário de fundação fez com que 2024 começasse com expectativas elevadas entre os juventinos. Apesar de conhecer muito bem o grau de dificuldade dessa tarefa, o acesso à divisão de elite do futebol paulista era mesmo o grande sonho da nação grená. Mas os problemas financeiros que o Clube enfrentava há muitos anos foram o maior obstáculo para a montagem de uma equipe mais experiente e pronta para encarar a concorrência.

Sem recursos para manter uma folha salarial elevada, o Juventus foi garimpar reforços mais modestos e entregou um time jovem e aguerrido ao técnico Jorginho, que já havia comandado a equipe na Copa Paulista em 2023. Naquela ocasião, a campanha foi até razoável, com eliminação nas quartas de final, pelo bom XV de Piracicaba. A ambição para o ano do centenário, porém, era inevitavelmente maior.

O começo foi complicado: mesmo com uma tabela favorável, com a maioria dos jogos marcados para a Rua Javari, o Juventus patinou na largada da Série A2 do Paulistão, perdendo três, empatando uma e vencendo apenas uma vez nas cinco primeiras rodadas. A assombração do rebaixamento – ainda mais no ano do centenário – resultou na queda de Jorginho. Depois de uma partida sob o comando do interino Marcel Barbosa, o Moleque Travesso trouxe de volta um velho conhecido:

Sérgio Soares, cria da base e profundo conhecedor do clube, assumia o cargo para tentar salvar o ano.

A reação não foi imediata – foram duas derrotas nos primeiros jogos com a nova comissão técnica –, mas Sérgio Soares foi ajeitando a equipe, trocando algumas peças e chegando à formação que levaria o Juventus a uma série de sete partidas de invencibilidade. A classificação à fase seguinte estava garantida.

Caio; Arthur, Guilherme Mattis, Rayne e Caxambu; Betinho, Liberato e Guthierres; Thiago Rubim, Léo Castro e Justino. Essa foi a equipe que levou o Moleque Travesso ao mata-mata e reacendeu a esperança do acesso. Nas quartas, o adversário foi a Ferroviária, e o confronto testou a saúde do torcedor grená: foram dois empates, com a vaga conquistada só na cobrança de pênaltis. A equipe pegava confiança, ganhava entrosamento e se via a apenas dois jogos do retorno à elite, já que ambos os finalistas subiriam para a A1.

Numa temporada marcada pela nostalgia, o oponente nas semifinais foi um velho conhecido: o Velo Clube de Rio Claro, adversário que o Juventus enfrentou muitas vezes em suas primeiras décadas. O jogo de ida aconteceu na Rua Javari e acabou servindo como um banho d'água fria na torcida: Velo 1 a 0. Para reverter a situação e conquistar o acesso, seria preciso vencer longe de casa. Mas o Velo Clube soube administrar a vantagem obtida na Mooca, parando o ataque juventino, segurando um empate sem gols e avançando às finais.

O sonho do acesso foi adiado, mas a boa campanha, com um plantel renovado e faminto por conquistas, renovou a esperança dos juventinos para o futuro. Assim foi nos primeiros 100 anos. E assim será nos próximos.

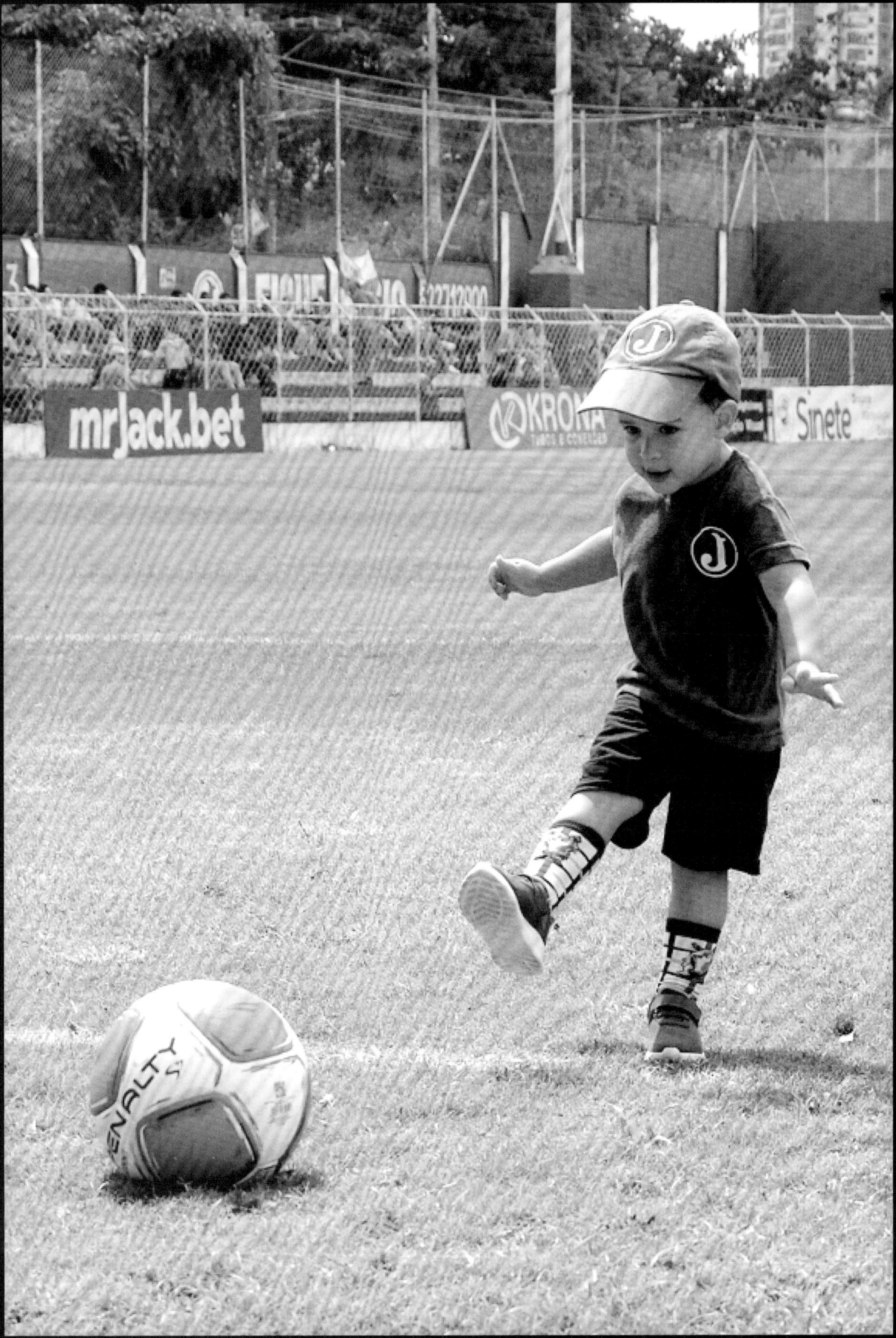
mrJack.bet
KRONA
Sinete

13
NOSSA CULTURA
EU SOU JUVENTINO ROXO!

Além de ter acumulado conquistas e façanhas ao longo de seu primeiro centenário, o Juventus também originou uma comunidade dedicada e fiel, com tradições e valores cultivados dentro e fora dos campos e transmitidos de geração para geração. A dignidade é um deles: a agremiação grená jamais se viu envolvida em qualquer conchavo ou manobra que favorecesse esse ou aquele, mantendo-se alheia às jogadas de bastidores, zelando pela lealdade e pelo espírito esportivo.

Sempre em frente: este é o lema do juventino. A cada novo desafio, o clube, seus associados e sua torcida enchem-se de ânimo para seguir adiante e superar os obstáculos. É uma linha de conduta e pensamento que foi herdada dos fundadores do Cotonifício Rodolfo Crespi Futebol Clube e que persiste até hoje. Foi assim que a instituição evoluiu e é assim que ela deve permanecer – com orgulho da nossa trajetória, dos nossos hábitos, do nosso lugar e dos nossos personagens. A seguir, relembramos de alguns deles, costurando memórias e personalidades que habitam o imaginário juventino até hoje. A cultura grená segue viva nas grandes e nas pequenas coisas. Sempre Juventus!

A TORCIDA MAIS APAIXONADA

O juventino é tão passional e fervoroso que a expressão consagrada no futebol brasileiro para designar um torcedor fanático nasceu justamente nos corredores do Clube, nos anos 1930. A história é a seguinte: o conde Adriano Crespi voltava da Itália, de onde trazia novos uniformes para a equipe mooquense, e funcionários, familiares e amigos esperavam ansiosos para ver os fardamentos novinhos em folha.

Na chegada de Adriano Crespi ao Porto de Santos, a expectativa geral era pelas camisas alvinegras da Juventus de Turim, conforme havia pedido o conde Rodolfo Crespi. Em meio a abraços e saudações, o viajante recém-chegado contou ao pai e aos demais presentes que, na verdade, trazia outra carga na bagagem: a pedido do avô Pietro Regoli, seguidor devoto da Fiorentina, decidira comprar réplicas das camisas roxas da agremiação da Toscana. A notícia caiu como um balde d'água fria naquela animada recepção.

Inconformados, os amigos e funcionários do cotonifício começaram a pegar no pé de Adriano: "Afinal, você é juventino ou fiorentinense?" Para não desapontar nem o pai, nem o avô, ele se saiu com essa: "Eu sou é juventino roxo!" A expressão pegou, e quando alguém de fora perguntava aos trabalhadores da fábrica para que time eles torciam, os mooquenses respondiam dessa forma. Com o passar do tempo, o uso dessa sacada do conde Adriano se popularizou pela cidade: "Sou palestrino roxo", "sou corintiano roxo", "sou são-paulino roxo"... Nascia ali um termo que ficaria eternizado na cultura futebolística nacional.

O PRIMEIRO JUVENTUS PAULISTANO

Muito antes do caso das camisas roxas desembarcadas em Santos nas malas de Adriano Crespi, a capital paulista teve um outro Juventus – e, esse sim, representado pela combinação alvinegra tão ligada ao clube de Turim. Em 1922, alunos do Instituto Médio Ítalo-Brasileiro (o atual Colégio Dante Alighieri) fundaram o Sport Club Juventus, com o nome e as cores da agremiação original do Piemonte. Acredita-se que a opção pelo nome tenha sido fortemente influenciada pelo próprio Rodolfo Crespi – que, além de fundador do Juventus, foi também um dos responsáveis pelo estabelecimento do Instituto Ítalo-Brasileiro.

JUVENTUS PELO MUNDO

Não é incomum conhecer torcedores juventinos que nutrem simpatia também pelo homônimo mais famoso do Clube da Mooca, a Juventus de Turim. Mas esse "primo rico" italiano é apenas um entre quase quatro dezenas de times de futebol que usam o nome Juventus ao redor do planeta.

No exterior, há os homônimos: Fortis Juventus 1909 (Itália), Gungahlin Juventus (Austrália), Juventus Bonaire (Países Baixos), Juventus Bucaresti (Romênia), Juventus Orange Walk (Belize), Juventus Tshwane (África do Sul), Juventus Worcester (Estados Unidos), Edmonton Juventus (Canadá), Maples Juventus (Canadá) e YF Juventus (Suíça).

No Brasil, temos Juventus do Acre, Juventus do Amazonas, Juventus do Amapá, Juventus do Maranhão, Juventus do Mato Grosso do Sul, Juventus de Pernambuco e Juventus do Rio de Janeiro, além de Juventus de Florianópolis (SC), Juventus de Rio do Sul (SC), Juventus de Jaraguá do Sul (SC), Juventus de Betim (MG), Juventus de Minas Nova (MG), Juventus de Fortaleza (CE),

Juventus de Campos dos Goytacazes (RJ), Juventus de Capivari (SP), Juventus de Guariba (SP), Juventus de Óbidos (PA), Juventus de José de Freitas (PI) e União Juventus (PR).

O Estado com mais homônimos é o Rio Grande do Sul, que abriga sete no total: o Juventus de Porto Alegre, Juventus de Santa Rosa, Juventus de São Leopoldo, Juventus de Teutônia, Juventus de Pinhal, Juventus de Barra do Ribeiro e Juventus de Feliz.

SÓCIO NÚMERO 1 E ROUBO À SEDE

Registra-se nos arquivos grenás que a primeira carteirinha de sócio do Clube Atlético Juventus foi emitida em 1930 e pertenceu ao senhor José Rodrigues, que viria a ocupar um lugar no Conselho Deliberativo em 1934, na gestão do conde Adriano Crespi. Esse registro estava na sede social do Cotonifício Rodolfo Crespi F.C. – e, para alívio dos historiadores esportivos, esse e outros documentos foram devidamente preservados ao longo do tempo.

O mesmo não pode ser dito de algumas preciosidades que estavam guardadas na sede da Rua da Mooca, número 504, alguns anos antes. Na noite de 6 de julho de 1927, o local foi alvo de ladrões que levaram vários troféus e mais cinco medalhas de prata do campeonato interno de pingue-pongue. A diretoria publicou um anúncio nos jornais pedindo a devolução dos objetos – o que, obviamente, jamais aconteceu.

MUITO MAIS QUE FUTEBOL

Por falar em pingue-pongue, essa era apenas uma das diversas modalidades praticadas pelos frequentadores do Clube desde seus primeiros anos. É claro que o futebol sempre foi a grande paixão juventina, mas a sede abrigava torneios disputadíssimos de basquete, boxe, atletismo, hóquei e patinação, sem falar no ciclismo. Também houve um departamento de hipismo, que reunia os amantes e criadores de cavalos, cujas corridas aconteciam no velho Hipódromo da Mooca.

JUVENTUS POR TODA A VIDA

Se os demais esportes já despertavam o espírito de competição dos juventinos, quando o assunto era futebol, a coisa já chegava a outro patamar. Havia, inclusive, uma regra estabelecida pela diretoria para manter a coesão do plantel principal nos primeiros tempos da equipe: atletas que eram do Juventus e eventualmente aceitassem atuar por outros times em jogos contra o Clube eram sumariamente excluídos das fileiras juventinas, inclusive tendo suas carteiras de sócio-jogador canceladas.

Para alguns, essa regra nem seria necessária. O centroavante Raul, por exemplo, foi uma verdadeira bandeira grená, exercendo quase todas as funções possíveis no futebol do Clube. Além de ter jogado por quinze anos na equipe principal, também foi técnico e ocupou cargos diretivos. Raul foi até goleiro: em 7 de julho de 1929, num amistoso com o São João de Jundiaí, no interior, o prolífico artilheiro grená experimentou na pele o outro lado da moeda, trocando o comando de ataque pela camisa de goleiro.

Raul atuou na meta o jogo todo e o duelo terminou empatado, 2 a 2. Os registros da época não mencionam detalhes da atuação do goleiro improvisado – mas, pelo placar final, dá para dizer que Raul foi bem. Juventino ferrenho para o que desse e viesse, o atacante, goleiro, treinador e dirigente foi um verdadeiro abnegado, carregando o orgulho de ser grená durante toda a vida.

AS MURALHAS GRENÁS

Raul não foi o único a fazer história sob as traves com a camisa do Juventus. Nas décadas de 1930 e 1940, era comum ver fotos dos arqueiros juventinos estampando as primeiras páginas dos cadernos esportivos dos jornais. Graças às ótimas atuações dos guardiões da meta grená, o Clube ficou conhecido como celeiro de grandes goleiros.

Entre os paredões forjados na Rua Javari estão nomes como José, que atuou no extinto São Paulo da Floresta e no Corinthians, onde foi campeão; Setalli, que fez história no SPR, atual Nacional; Roberto, que defendeu o Vasco da Gama; e Robertinho, diversas vezes campeão no futebol carioca vestindo a camisa tricolor do Fluminense.

Já entre os formados em outras academias, destaque para Oberdan, lendário goleiro do Palmeiras e da Seleção Brasileira que encerrou sua carreira na Mooca, Carlos Pracidelli, campeão da Taça de Prata em 1983, e André Dias, que passou por Corinthians, Nacional e Flamengo de Guarulhos antes de se tornar a grande referência do Moleque do século XXI.

E não poderíamos deixar de homenagear aqui o lendário Durval de Moraes, o Mão de Onça, cuja imponente figura protegeu a cidadela juventina por quase uma década. Egresso do Clube Atlético Ituano,

Robertinho

Mão de Onça

Oberdan

André Dias

onde conquistara o bicampeonato da Terceira Divisão em 1954 e 1955, o carismático arqueiro foi exemplo de conduta dentro e fora de campo.

Para fechar o tema, uma curiosidade: o Juventus teve até mesmo um goleiro-artilheiro. Em 27 de março de 1955, Oceania marcou um gol histórico e pitoresco contra o São Bento de São Caetano, no Estádio Anacleto Campanella. O guarda-metas juventino cobrou um tiro de meta potentíssimo, que atravessou o campo inteiro, e a bola morreu no fundo das redes do adversário. Apesar das reclamações do São Bento, o árbitro validou o tento. Alguns registros da época dão conta de que esse foi o primeiro gol marcado por um goleiro no Brasil.

BATERAM NO JUIZ

Em outro episódio controverso envolvendo a arbitragem, foi o Juventus que reclamou – e o caso terminou em briga. Foi em 1930, quando o Moleque Travesso disputava as primeiras colocações do Campeonato Paulista e precisava derrotar o Santos de qualquer maneira para seguir brigando pela taça. A partida estava marcada para a Rua Javari. Um grupo de torcedores juventinos decidiu esperar pelo árbitro Octaviano Constante de Oliveira no ponto da esquina. Quando o juiz desceu do bonde, foi gentilmente convidado a tomar uns goles na pizzaria do Romanato, onde recebeu as honrarias da casa.

Mas o feitiço virou contra o feiticeiro: o homem de preto assinalou dois penais contra o Juventus, que perdeu por 3 a 2. Resultado: Oliveira apanhou na saída. Os jornais do dia seguinte registraram as palavras do árbitro agredido na Javari: "Tenho a consciência tranquila que atuei com honestidade. Não procurei prejudicar este ou aquele grêmio. Marquei dois penais justíssimos".

TUDO ACABA EM PIZZA (E EM CANNOLI)

Localizada na própria Rua Javari, a pizzaria do Romanato era um dos pólos da vida juventina. Era tradição as vitórias e os grandes feitos do Clube serem comemorados ali, com a Banda do Ernestin animando as noites no salão. Além do clã Romanato, dono do estabelecimento, as famílias Crespi, Agarelli, Castilho, Cipullo, Grandino, Vieira de Souza, Romano, Masi, Soares, Patrima, Agnani e Annunziato, entre tantas outras, costumavam se reunir ali. Entre um e outro pedaço de pizza, sempre com um bom vinho italiano à mesa, eram discutidas as glórias esportivas – e, claro, também os tropeços e frustrações – do clube que todos tanto amavam.

Nos dias de jogos, para acalmar os estômagos enquanto não chegava a hora da pizza, os juventinos recorriam a uma iguaria que acabou ficando muito identificada com a comunidade grená em São Paulo. Originado em Palermo, no sul da Itália, o cannoli é um doce típico das festividades do Carnaval na Sicília. Ele foi ganhando adeptos nos intervalos das partidas na Rua Javari e até hoje tem gente que vai ao estádio à procura da especialidade siciliana. Nos dias atuais, Antônio Garcia, apelidado de "Senhor Cannoli", é o encarregado de manter viva essa saborosa tradição.

RECEITA – CANNOLI DO JUVENTUS
POR ANTÔNIO CANNOLI, O SEU ANTÔNIO

INGREDIENTES (RENDE 40 UNIDADES)
MASSA: 1 kg de farinha de trigo de boa qualidade; 1 colher (chá) de sal; 300 ml de água; Óleo em abundância para fritar (finalização); Açúcar para polvilhar (finalização); 40 tubinhos para fazer os cannoli (adquira em panificadoras ou em boas lojas de produtos para confeitaria).

RECHEIO: 1,250 kg de açúcar; 500 g de farinha de trigo; 3 litros de água; 1 colher (café) de corante alimentício amarelo-ouro; 8 colheres (sopa) de essência de baunilha; 100 g de chocolate em pó.

PREPARO
MASSA: 1. Peneire a farinha com o sal e, aos poucos, adicione a água, misturando com as mãos, até obter uma massa homogênea e macia; 2. Sove a massa, sempre com as mãos; faça uma bola e deixe-a em repouso por 20 minutos.

RECHEIO: 3. Peneire o açúcar com a farinha de trigo e misture bem, para eliminar grumos. Reserve; 4. Em uma panela grande, ferva a água e adicione o corante e a essência de baunilha. Acrescente a mistura de farinha e açúcar que estava reservada e comece a mexer sem parar, em fogo baixo, por cerca de 7 minutos, até espessar, virando um creme; 5. Divida esse creme em duas partes e incorpore o chocolate em pó a uma delas, mexendo bem. Serão dois recheios, um de chocolate e o outro de creme. Antes de usar, deixe esfriar completamente, fora da geladeira.

FINALIZAÇÃO
6. Abra a massa com o rolo ou cilindro até atingir 2 mm de espessura. Corte tiras na massa e enrole-as em tubinhos apropriados para fazer cannoli, de maneira a preencherem toda a parte externa dos tubinhos; 7. Frite os cannoli em óleo quente e abundante, sem retirar os tubinhos, até a massa ficar dourada. Depois deixe-os escorrer sobre uma peneira para esfriarem; 8. Retire os tubinhos delicadamente, cuidando para não quebrar a massa. Coloque os recheios com a ajuda de uma faca. Polvilhe açúcar e sirva.

LUZES SOBRE A JAVARI

A alta demanda pelos cannoli para enganar a fome no intervalo é justificável – como os jogos do Juventus em casa são sempre diurnos, criou-se esse hábito entre os frequentadores do estádio. Mas a torcida juventina também gostaria de curtir a Rua Javari à noite. A instalação de refletores no Estádio Conde Rodolfo Crespi é uma reivindicação antiga do público, pois permitiria que as partidas de meio de semana não fossem somente vespertinas, inclusive permitindo maior presença de público caso fossem marcadas para mais tarde.

O que pouco gente sabe é que já houve iluminação artificial no campo, ainda que por pouco tempo. Em 1956, o Juventus vendeu o atacante Paulo Larri para o Paulista de Jundiaí. Sem dinheiro para quitar o valor do passe do atleta, o clube do interior cedeu as torres de iluminação de seu estádio como forma de pagamento. Consta ainda que um sócio do Juventus teria doado os geradores de energia. Outros associados contribuíram financeiramente para que a instalação fosse realizada.

A inauguração dos refletores, em 13 de junho de 1957, foi noticiada pelo jornal *O Estado de S. Paulo*. Conforme o relato, a partida foi entre o time da casa e o Ipiranga, pelo Campeonato Paulista, com vitória dos visitantes por 2 a 1 (gols de Tico para o Ipiranga e Roque para o Juventus). A equipe grená contava na ocasião com o craque Baltazar, o popular "Cabecinha de Ouro", recém-chegado do Corinthians.

Conforme os testemunhos de quem frequentava a Javari nesse tempo, a qualidade da iluminação era bastante deficiente. Como os refletores estavam numa altura pouco superior ao nível do gramado, as luzes ofuscavam os atletas e chegavam a atrapalhar o andamento da partida. Os holofotes tinham sido instalados nas vigas da arquibancada e também em postes situados nos quatro cantos do campo – postes, aliás, que permanecem no estádio até hoje.

Além de ter recebido partidas noturnas do Juventus nesse período, o estádio foi cedido muitas vezes para a realização de jogos entre times de várzea e também para duelos organizados pela Federação Paulista de Futebol. Como nem sempre havia cobrança de aluguel do campo, o Juventus acabava arcando com os gastos. O prejuízo aos cofres do Clube e a necessidade de constante manutenção fizeram com que a diretoria decidisse pela desativação dos refletores em 1960.

FUTEBOL E MÚSICA

Quem esteve na Rua Javari na época dos refletores foi um jovem carioca que passaria o resto da vida sob os holofotes – ainda que bem longe do esporte profissional. Chico Buarque de Hollanda era adolescente quando decidiu participar de um teste no Juventus, clube escolhido pelo rapaz para tentar iniciar uma carreira de jogador de futebol.

Na Mooca, porém, seu sonho foi frustrado. Considerado franzino demais pelos treinadores, não chegou a ser chamado para entrar em campo. Após esse choque de realidade na arquibancada da Javari, o jovem desistiu das peneiras e enveredou-

-se definitivamente pelo universo musical. O futebol, porém, seguiu como uma grande paixão, aparecendo em versos de várias de suas canções. Além disso, o "ex-futuro craque do Juventus" montou seu próprio time, o Politheama, que entrou para a história ao promover peladas memoráveis reunindo músicos, escritores e ex-jogadores.

Décadas depois, em 1980, o estádio do Juventus teve a honra de receber outra lenda da música: Adoniran Barbosa. Por ocasião das celebrações dos 70 anos do sambista, foi marcada para a Javari uma partida entre um time de estrelas da gravadora EMI-Odeon e os Namorados da Noite, equipe de artistas e ex-atletas capitaneada por Carlinhos Vergueiro e José Nogueira Neto – e que contou nesse dia com o reforço do indomável craque Afonsinho. Em disputa estava o Troféu Adoniran Barbosa, entregue pelo próprio autor de "Trem das Onze" aos Namorados da Noite, que venceram o duelo pelo (sonoro!) placar de 5 a 1.

Adoniran Barbosa na Javari, com os Namorados da Noite

MASCOTE FOLCLÓRICO

Sabe aquele personagem que aparece do nada e passa a ser visto todos os dias circulando pelo bairro, sem que ninguém conheça sua origem, sua história ou mesmo seu nome completo? Pois bem: nos anos 1960, uma dessas figuras perambulava pela Mooca, passando seus dias numa velha Kombi estacionada perto da Javari. Era chamado por todos de "Cósi" – e era presença constante nos jogos do Juventus em casa.

Apesar de aparentemente não ter residência fixa, ia à Javari de paletó e chapéu, sempre "calibrado" com algumas doses de cachaça. Pela assiduidade nas arquibancadas, Cósi virou uma espécie de mascote adulto da torcida juventina, pela qual era muito querido. Postava-se atrás do gol do adversário e divertia a todos com provocações ao goleiro do time visitante. Sua voz forte e rouca era ouvida à distância, arrancando gargalhadas do público.

Na época, comentava-se que Cósi era um dos doze irmãos do famoso locutor esportivo Oduvaldo Cozzi. Embora paulista e descendente de italianos, o narrador era radicado no Rio de Janeiro, onde fez muito sucesso e marcou época. Nunca houve confirmação sobre o suposto vínculo entre Cósi e Cozzi. Os últimos testemunhos sobre a presença do folclórico torcedor andarilho na Mooca e no Juventus datam dos anos 1980. Desde então, nunca se soube que fim levou.

PÁGINAS DA VIDA GRENÁ

Cósi e tantos outros personagens conhecidos na Rua Javari ilustraram por muito tempo as páginas de *Vida Juventina*, primeira revista oficial do Clube. A publicação, lançada em janeiro de 1955, retratava as principais atividades esportivas e sociais da agremiação – e sempre com riqueza de detalhes. O foco principal, logicamente, estava no futebol grená, mas Vida Juventina também registrou por muito tempo tudo o que estava relacionado ao cotidiano da instituição. Com isso, o arquivo da publicação representa uma fonte preciosa de informações, tanto para pesquisadores à procura de dados históricos como para os juventinos mais nostálgicos.

MASSAGISTA E CATIMBEIRO

Outra figurinha carimbada do folclore juventino foi Elias Pássaro. Nascido na Rua João Antônio de Oliveira, ao lado do estádio do Juventus, Elias tinha oito irmãos, mas era o único integrante da família que costumava pular os muros do Clube para assistir aos jogos da equipe Grená. Elias passava tanto tempo ali que o massagista do time à época, Américo Paschoal Bianchi, o chamou para trabalhar como auxiliar da função nas equipes infantil e juvenil.

Elias Pássaro aceitou. Atuando como massagista a partir de 1953, ele exerceu essa função por quatro décadas. Depois, passou a trabalhar nos bastidores da agremiação. Figura popularíssima entre a torcida, Elias às vezes também era protagonista – quando o Juventus estava ganhando, o massagista entrava em campo só para fazer cera. "Eu deixava minha malinha cair no chão de propósito", contava. "Todos os remédios se espalhavam pelo gramado e o juiz vinha pra cima de mim. Mas não adiantava nada: eu já tinha ganho alguns minutos para nós."

ZEBRA E FORTUNA

A história juventina registra muitas vitórias do Moleque Travesso sobre os grandes de São Paulo. Uma delas, porém, transformou a vida de um torcedor grená. Em 29 de abril de 1972, um sábado à tarde, o Juventus era o azarão numa partida contra o favorito Corinthians, pelo primeiro turno do Campeonato Paulista. A equipe grená era muito boa, mas seu oponente, além de poderoso, foi a campo empurrado pela torcida no Pacaembu – ou seja, o Juventus era mesmo a zebra.

Aos 16 minutos do segundo tempo, Brecha fez o único gol da partida, garantindo a vitória grená pelo placar mínimo. O jogo era um dos confrontos da loteria esportiva daquela rodada e o triunfo do azarão derrubou muitos apostadores. Com exceção de um: Eduardo Varela, o Dudu da Loteca, botou fé no Juventus, foi o único a cravar todos os resultados, ganhou o prêmio sozinho e ficou milionário do dia para a noite graças ao Moleque Travesso.

Elias Pássaro e Clóvis Nori

O JOGO QUE JAMAIS ACABOU

Outra partida entre Juventus e Corinthians no Pacaembu ficou marcada por uma grande confusão. Em 26 de julho de 1981, mais uma vez pelo Campeonato Paulista, o Moleque Travesso e o alvinegro de Parque São Jorge faziam um jogo parelho, com muitas chances de gol para ambos os lados. O placar marcava 2 a 2 quando o homem do apito entrou em cena. Aos 46 minutos do segundo tempo, o árbitro Emídio Marques Mesquita apontou para a marca da cal, provocando revolta na equipe grená.

O pênalti extremamente duvidoso que poderia dar uma injusta vitória ao Corinthians jamais foi batido – a indignação juventina foi tamanha que os jogadores não permitiram que os rivais alvinegros realizassem a cobrança. O jogo foi interrompido naquele momento e nunca mais foi retomado. O caso foi parar na Justiça Desportiva – que, como de costume, deu uma mãozinha ao time mais poderoso. A decisão do tribunal foi inusitada: manteve-se o resultado da partida, mas para efeito de classificação, os pontos referentes a uma vitória que jamais existiu foram presenteados ao Corinthians.

FIDELIDADE A TODA PROVA

Episódios como o da partida que nunca acabou simbolizam muito bem como é torcer por um time que não tem o mesmo poderio econômico e político dos chamados grandes paulistas. Não importa: para a torcida juventina, nada abala a paixão pela camisa grená. Embora em número limitado, compatível com o tamanho de seu estádio, o Juventus sempre contou com o apoio incondicional e inabalável de torcedores fanáticos.

Desde os primórdios do Clube e do campo da Javari, a torcida juventina foi uma grande família. Houve, inclusive, uma torcida feminina nos anos 1940. A partir década de 1960, começam a surgir os primeiros grupos de torcedores organizados. O primeiro deles, reunindo juventinos que costumavam ficar ao lado da cabine de som do estádio, ficou conhecido como Tropa de Choque. Faziam parte dessa torcida o Carnera, Burrão, Fantasma, Tigre, Guilherme, Peru e seus dois irmãos, além de Oscar Pires, Valdir Gentile, Izidoro de Caria, Portuga, Valtinho, Chão, Labarca e Armando "Tirone" Donini, entre outros.

DA CAJU À JU-JOVEM

Na década seguinte, surgiu a primeira torcida realmente organizada do Clube, a Caju, que data de 1971. Seus primeiros integrantes: Giorgio "Gigio" Chiaradia, o professor Pasquale Cipro, Chico Prisco, os Agarelli (Angelo, Sergio, Ricardo, Cesar, Conrado e João Matagato), Doutor Carlão, Giacomo Cacicci, Valentim, Marcos Pássaro, Russinho da Drogasil, Oscar Júnior, Mauro Pires, Alfredo Berseck, Sergio Miniaci e Argemiro.

Extinta por volta de 1979, a Caju foi substituída pela Torcida Ju-Jovem – organizada, curiosamente, nas arquibancadas do antigo Estádio Palestra Italia, em 6 de setembro de 1981, num Juventus x Corinthians pelo Campeonato Paulista. A estreia da Ju-Jovem não poderia ter ser sido melhor: um vareio no time de Parque São Jorge. Ganhamos por 3 a 0, com direito a show do atacante Ataliba, autor de um dos gols (Bizi e Geraldão completaram o marcador).

A tradição da Ju-Jovem era se reunir atrás da meta defendida pelo adversário, de forma a atazanar o goleiro e os defensores. Participaram da criação da Ju-Jovem nomes como Sérgio Mangiulo, seu eterno presidente, mais Jurandir, Glauco, Siqueirinha, Julio Mansur, Luiz Fernando, Natale e outros. A Ju-Jovem segue muito atuante, levando suas faixas para todos os jogos da equipe grená.

ATÉ PERDER A VOZ

Em tempos mais recentes, o Juventus passou a contar com o apoio de um novo grupo de torcedores organizados, conhecido como Setor 2 (por se agrupar sempre nessa parte da Javari). Fernando Toro (Cabelo), Marlon, Rafael Piva, Surfista, Boça, Trafani, Miojo, Corona, Paolo e muitos outros.

O surgimento da torcida do Setor 2 motivou um notável crescimento e renovação da massa juventina, atraindo a adesão de centenas de jovens que torcem e cantam sem parar durante os 90 minutos de cada duelo. Esse apoio incansável, inspirado nas barras bravas argentinas, ajudam a empurrar a equipe e criar uma atmosfera especial na Javari. Independente de como se torce, contudo, o importante é a presença em nosso estádio, alentando o Juventus nos bons e maus momentos.

TORCEDORES E PROTAGONISTAS

Se no passado as páginas da revista *Vida Juventina* tratavam de registrar e noticiar os acontecimentos do Clube, no século XXI também os torcedores se tornaram protagonistas nessa difusão. Na era das redes sociais, são diversos os canais não-oficiais que declaram seu amor ao Moleque Travesso e que trazem muita história, opinião e informação. Dois deles, em especial, têm alcançado um grande número de fãs por seu trabalho profissional e ao mesmo tempo apaixonado – e não é exagero dizer que já fazem parte da história centenária do Clube Atlético Juventus.

O Manto Juventino, capitaneado pelos amigos Hamilton Kenji Kuniochi e Silvio Sumio Okoda Oshiro, surgiu inicialmente como um blog para preservar a memória do Juventus por meio da divulgação de imagens e histórias das camisas do Clube. Ao longo do tempo, porém, a página cresceu e se tornou um canal no YouTube, em que os dois torcedores trazem ví-

SETOR 2
LA FAMIGLIA
JUVENTUS ORIGINE OPERARE
ARENA DEL CAZZO
IL RUBA
FORZA JUVE
UNICO
MIO
Topper

deos não apenas sobre os mantos, mas também sobre a história do Juventus, de seus atletas e personagens. Acessem: *www.youtube.com/mantojuventino*.

Já a Web Rádio Mooca transmite, desde 2012, todos os jogos do Juventus na Rua Javari e muitos outros diretamente de estádios de todo o estado de São Paulo. Um projeto independente e incansável, que leva aos juventinos da Mooca e de todo o mundo uma cobertura emocionante das partidas do Moleque Travesso. Em 2024, a escalação da equipe de peso da Web Rádio Mooca tinha Renato Corona, JV Fortunato, Raony Pacheco e Herbert Costa (narradores); Silvio Oshiro e Wagner Hiroi (comentaristas); Edson Luiz e Marcelo Santos (repórteres); Marden Soares e Rubens Natale (apresentadores e colaboradores). O endereço: *www.webradiomooca.com.br*.

O SAMURAI MOOQUENSE

As histórias sobre o Juventus e sua gente correm o mundo não só pela internet, mas também pela voz de pessoas que tiveram suas vidas marcadas pelo Clube. Esse é o caso de uma das figuras mais raras e lendárias do futebol internacional: o japonês Kazuyoshi Miura, o Kazu, gravado na História como o atleta mais velho a praticar futebol profissionalmente. Em 2024, ele já tinha 57 anos de idade e defendia o 15º clube de uma carreira iniciada quase quatro décadas antes. E onde tudo começou? Na Rua Javari.

Nascido em Shizuoka, Kazu sonhava em jogar futebol quando garoto, mas a modalidade era incipiente em seu país. Foi quando ele decidiu atravessar o mundo para tentar a sorte no Brasil. Chegou em 1982, com 15 anos, sozinho e sem saber falar nada de português. E sua primeira experiência por aqui foi no futsal do Juventus, onde foi campeão paulista infanto-juvenil, na equipe comandada por Oswaldo de Lemos.

Kazu até chegou a treinar com o time principal no campo, mas jamais defendeu a camisa grená numa partida oficial. A estreia aconteceria em 1986, no Campeonato Paulista, pelo Santos – e o adversário, por obra do destino, seria justamente o Juventus. Era o começo de uma inacreditável trajetória que levaria Kazu a rodar por quatro continentes, batendo o recorde de jogador mais velho (que pertencia ao inglês Stanley Matthews) em 2017.

PAIXÃO EM DOSE DUPLA

De acordo com o estatuto do Clube, o Juventus tem dois hinos oficiais: o chamado "Hino I", que surgiu primeiro, e também o "Hino do Cinquentenário". Ambos os hinos foram compostos pelo mesmo autor, Waldemar Leopoldo. Não existe registro oficial de quando o primeiro hino surgiu, mas muito provavelmente ele foi criado em 1953, com base numa canção de Carnaval intitulada "Que bela rosa", gravada pela cantora Carmélia Alves no início daquele ano. Já o do Cinquentenário é, obviamente, da época do 50º aniversário do Clube, em 1974.

O autor dos hinos foi um personagem significativo na história do Juventus. Waldemar Leopoldo foi atleta nas categorias de base do Clube, membro do Conselho Deliberativo, diretor da parte social e até concessionário do restaurante.

Sob o nome artístico de Walter Augusto, comandou a orquestra que abrilhantava as festas realizadas no salão da Rua Javari, sempre abrindo-as com o clássico "Moonlight serenade". Para fechar, a orquestra tocava o hino original do Clube. Além disso, Leopoldo também comandava a banda que alegrava os bailes carnavalescos do Juventus. Era tio de Miguel Leopoldo, o Miguelzinho, vice-presidente de 2006 a 2009 e coordenador do futebol dos associados por muitos anos.

HINO I

Esse moleque travesso
Que tem nome e tradição
Merece nosso respeito
É a força jovem da nação

Esse moleque travesso
Que tem nome e tradição
Merece nosso respeito
É a força jovem da nação

Que belo time,
Que belo esquadrão
Juventus amigo
Do meu coração

Que belo time,
Que belo esquadrão
Juventus amigo
Do meu coração

Juventus, Juventus
Eu estou aqui
Vamos torcer juntos Juventus
E daqui nunca mais sair

Juventus, Juventus
Eu estou aqui
Vamos torcer juntos Juventus
E daqui nunca mais sair

Que belo time,
Que belo esquadrão
Juventus amigo
Do meu coração

Que belo time,
Que belo esquadrão
Juventus amigo
Do meu coração

Juventus, Juventus
Eu estou aqui
Vamos torcer juntos Juventus
E daqui nunca mais sair

Juventus, Juventus
Eu estou aqui
Vamos torcer juntos Juventus
E daqui nunca mais sair

HINO DO CINQUENTENÁRIO

Juventus querido
Juventus de glória
Moleque travesso
Entrou para a história

Juventus querido
Juventus de glória
Moleque travesso
Entrou para a história

Este moleque travesso
É o maior clube paulistão
Merece o nosso respeito
Está fazendo cinquentão

Este moleque travesso
É o maior clube paulistão
Merece o nosso respeito
Está fazendo cinquentão

Juventus querido
Juventus de glória
Moleque travesso
Entrou para a história

Juventus querido
Juventus de glória
Moleque travesso
Entrou para a história

Juventus, Juventus
Pra confirmar a tradição
Cinquenta anos de vitórias
Força jovem da nação

Juventus, Juventus
Pra confirmar a tradição
Cinquenta anos de vitórias
Força jovem da nação

Juventus querido
Juventus de glória
Moleque travesso
Entrou para a história

Juventus querido
Juventus de glória
Moleque travesso
Entrou para a história

Este moleque travesso
É o maior clube paulistão
Merece o nosso respeito
Está fazendo cinquentão

Este moleque travesso
É o maior clube paulistão
Cinquenta anos de vitórias
É a força jovem da nação

ORGULHO ESTAMPADO NO PEITO

O belo distintivo do Clube Atlético Juventus é uma criação de autoria desconhecida. É bem possível que o escudo tenha sido desenhado por algum funcionário do Cotonifício Rodolfo Crespi. Seu formato e estilo seguem a tendência da época da fundação, quando a maioria dos clubes usavam formas geométricas simples e as iniciais do clube em seus brasões. Nada mais natural, portanto, que a camisa grená fosse adornada pelo "J" estilizado dentro de um círculo e colocado ao lado esquerdo do peito.

Ao longo das décadas, houve apenas uma mudança significativa no distintivo do Juventus. No início da década de 1960, o escudo ganhou mais um círculo em torno do tradicional "J", com a inclusão da seguinte inscrição: "Clube Atlético Juventus - São Paulo". Esse formato, porém, teve curta duração: o escudo tradicional foi retomado pouco tempo depois, e jamais teve outra grande alteração.

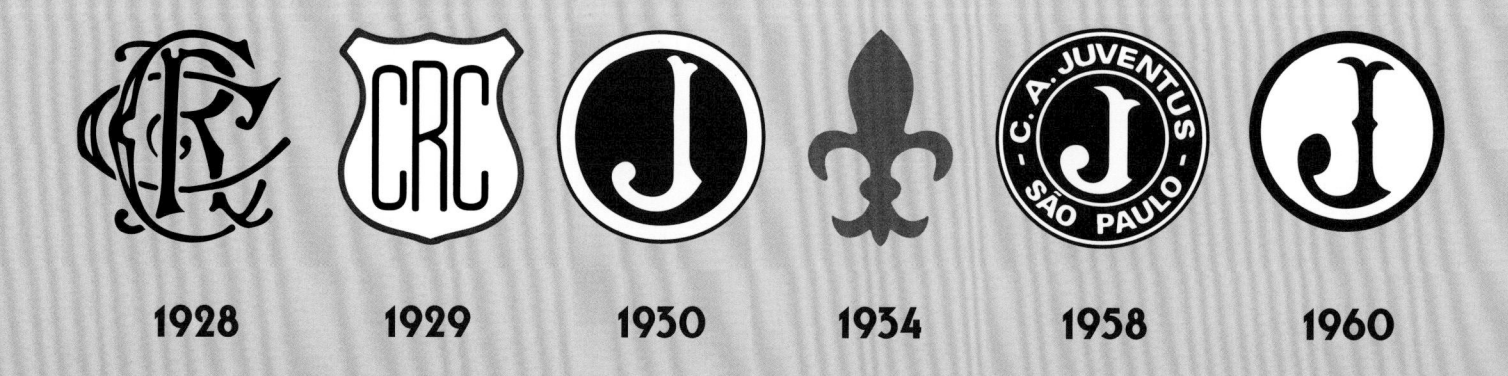

| 1928 | 1929 | 1930 | 1934 | 1958 | 1960 |

2022

1970   1977   1983   1992   2004   2015

A HISTÓRIA DO CLUBE ATLÉTICO JUVENTUS   169

Para você e tôda a sua família:
AS MAIS COMPLETAS INSTALAÇÕES SOCIAIS E ESPORTIVAS

C. A. JUVENTUS
no coração de S. Paulo - Moóca

DA MOOCA
EU NÃO SAIO JAMAIS

O Clube Atlético Juventus sempre permaneceu na Mooca – mas, ao longo de um século de existência, a agremiação pulou de casa em casa, ocupando diversas sedes sociais diferentes pelas ruas do bairro, principalmente durante suas primeiras décadas. Entre 1924 e 1941, há registros de nove trocas de local.

Quando o estádio da Rua Javari foi construído, o plano inicial era instalar a sede sob as arquibancadas. Se isso não fosse possível, a alternativa seria construir um salão amplo, capaz de receber reuniões, festas e conferências. Seria um local de confraternização entre sócios e funcionários do Cotonifício Rodolfo Crespi, nos moldes do dopolavoro italiano, que propunha a socialização entre as pessoas de determinado ambiente depois da jornada de trabalho.

E assim foi feito: em julho de 1941, a sede foi estabelecida na Rua Javari, número 117, em salão anexo ao campo de futebol. O endereço permaneceria o mesmo até abril de 1968, quando o endereço da sede social do Juventus passou à Rua Comendador Roberto Ugolini, número 20, onde permanece até hoje.

A VEZ DELAS:
O FUTEBOL FEMININO GRENÁ

Além da disseminação das SAFs, outra marca do primeiro quarto do século XXI no futebol brasileiro foi o fortalecimento do futebol feminino nos clubes tradicionais do país. Reivindicação antiga das torcedoras, a criação e divulgação dos torneios e campeonatos femininos, inclusive de base, ganharam fôlego nos últimos anos. Elas vieram para ficar. Foi uma transformação drástica em relação ao fim do século passado – até os anos 1970, futebol no Brasil era coisa só para homem, com a prática entre as mulheres sendo inclusive proibida por lei.

Com a revogação desse veto, em 1979, e a regulamentação do futebol feminino pela antiga Confederação Brasileira de Desportos (CBD), em 1983, as equipes formadas pelas mulheres enfim começaram a se desenvolver pelo país – e pouca gente sabe que o Juventus foi um dos pioneiros nesse movimento. Em 1982, por iniciativa de Mario Duarte Alves e Valdemar Fernandes, o Clube foi um dos primeiros a formar uma equipe feminina, firmando uma parceria com o então sargento Vanderlei Coelho para transferir à Rua Javari quase todo o elenco de jogadoras da Associação Desportiva da Polícia Militar.

Ao final daquela década, o Juventus já era uma potência: foi bicampeão do campeonato organizado pela Secretaria Municipal de Esportes de São Paulo, venceu diversos torneios menores e ainda faturou o troféu do primeiro campeonato organizado pela Federação Paulista, em 1987 – um título estadual que só viria a ser reconhecido oficialmente em 2022, justamente em decorrência da popularização do futebol feminino.

O Paulista Feminino de 1987 começou com três grupos, afunilou para dois triangulares semifinais e culminou nas finais entre Juventus e Ferroviária. No primeiro jogo da decisão, na Javari, vitória grená por 2 a 1; na volta, em Araraquara, o empate por 1 a 1 garantiu o título à equipe mooquense. A campanha das juventinas foi simplesmente avassaladora, com duas goleadas por 8 a 0, uma por 7 a 0 e outra por 6 a 0. O técnico Reno Tenca comandava o seguinte elenco:

- Goleiras: Simone e Herica
- Laterais: Rosana, Claudia e Magali
- Zagueiras: Neide, Suzana e Vania
- Meias: Fia, Roseli, Marcia Batista, Lucineide, Betânia, Biro, Ida, Charlotte e Rose
- Atacantes: Mary, Ana Lucia, Elaine, Serginha, Maxixe e Marcinha

A atacante Marcinha foi a primeira artilheira de competições oficiais da FPF, terminando a competição de 1987 com 16 gols.

Juventus, a maior potência do feminino em São Paulo

Equipe do CA Juventus.

Clube Atlético Juventus, o primeiro campeão paulista

O Clube Atlético Juventus, dirigido em seu Departamento Feminino por Mário Duarte e Lúcia Alves Lima, tem como técnico o conhecido Vanderlei, que foi o campeão paulista de 1984 no torneio promovido pela Secretaria Municipal de Esportes.

E sem dúvida alguma uma das principais equipes brasileiras, graças ao grande elenco que possui e ainda ao irrestrito apoio que lhe dá o presidente do clube, Dr. José Ferreira Pinto, procurando desta forma difundir a prática do esporte.

A equipe fez uma excelente campanha na "II Taça São Paulo de Futebol Feminino", mas, apesar de seu favoritismo (disputaria a final com o EC Radar), acabou sendo derrotada pelo Cruzeiro EC de Minas Gerais.

Todavia, isso não abalou a estrutura do time, que continua como um dos melhores do Brasil.

Equipe feminina do CA Juventus de São Paulo.

QUEBRANDO BARREIRAS

Antes daquele título inédito, as juventinas participaram de uma das partidas femininas com maior público na história. Foi a final da Copa FPF, um quadrangular cujos duelos serviam como preliminares dos jogos do Paulistão. Em 26 de agosto de 1987, no Morumbi, diante de mais de 95.000 torcedores reunidos para acompanhar o clássico entre São Paulo de Müller e o Corinthians de Biro-Biro, o Juventus ficou com o vice, superado pelo Club Athletico Paulistano na decisão. Depois de empate sem gols no tempo regulamentar, o oponente levou a melhor nos pênaltis, 5 a 3.

Outro capítulo histórico do futebol feminino grená foi a transferência da atleta Lucia, destaque do elenco juventino, ao Napoli, da Itália, em 1984. Ela foi a primeira jogadora brasileira negociada com um clube do exterior. Já em 1987, o clube da Mooca concretizou uma das primeiras contratações de atletas estrangeiras da modalidade, trazendo ao país a meio-campista Charlotte Suetta, de 19 anos, que defendia o Skovlunde. No ano seguinte, a Fifa organizou na China uma versão embrionária da Copa do Mundo Feminina e cinco atletas do Juventus representaram o Brasil: Simone, Suzana Cavalheiro, Fia Paulista, Roseli e Marcinha.

Desde então, várias outras atletas do futebol feminino do Juventus – em sua maioria revelações da base grená – vestiram a camisa da Seleção Brasileira. São elas: Aline Pelegrini, Almireni, Andreia Alves, Angela Barbosa, Andreia Suntaque, Andressa Alves, Cenira, Cristiane, Doranil, Edna, Érica, Ester, Fernanda, Francielli, Indiamara, Lucia, Marina Toscano, Marli, Mary, Pardal, Paula, Priscila Maira, Simone, Suelen Rocha, Tamires e Thais Duarte. Isso sem contar a técnica Emily Lima, a primeira mulher a treinar a equipe nacional. Entre todas as juventinas que defenderam a seleção, Roseli di Bello, uma das atletas chamadas ao torneio pioneiro de 1988, foi quem teve maior destaque.

Outras campanhas memoráveis do futebol feminino grená ocorreram em 1999 (quadrifinalista do Paulistão), 2000 (semifinalista do Estadual) e 2004 (novamente indo às semis). E uma personagem destacada em quase todas as campanhas importantes do clube foi Magali Fernandes. Atleta das primeiras equipes juventinas, de 1982 a 1987, e técnica da equipe grená até 2010, ela chegou a ser cotada para dirigir a seleção nacional. Magali teve papel essencial no processo de fortalecimento do futebol feminino no Brasil ao longo dos anos. Em novembro de 2023, ela foi uma das convidadas especiais do lançamento da primeira edição da Copinha São Paulo de Juniores Feminina – que, aliás, teve a Javari como uma das sedes.

Juventinas com a taça do vice-campeonato da Copa Ouro Sub-20 de futebol feminino, em 2017

Magali Fernandes e Roseli, ícones do futebol feminino e do Juventus

A GALERIA DOS PRESIDENTES

Apesar de ter ocupado papel central na história do Juventus, o conde Rodolfo Crespi jamais foi seu presidente de fato. Aliás, não se sabe ao certo quem foi o primeiro mandatário – de acordo com um documento protocolado pela secretaria em abril de 1964, não há registro oficial do nome do primeiro dirigente a comandar a agremiação.

"Segundo o associado Raul Soares, foi ele o senhor Luiz Gragnanini, já falecido", diz o documento. "Todavia, o senhor Vicente Romano informa ter sido ele próprio, até a eleição do senhor (José) Masi." A lista de mandatários devidamente reconhecidos e documentados é a seguinte:

- Presidente Honorário Perpétuo - Conde Rodolfo Crespi
- Presidentes de Honra - Conde Adriano Crespi e Conde Raul Crespi
- 1925-1927 - José da Rocha Soares, José Masi e Eduardo Rodrigues Patrima
- 1928-1928 - Eduardo Rodrigues Patrima e Anniello Annunziato
- 1929-1949 - Conde Adriano Crespi
- 1950-1953 - Antônio de Cillo Neto
- 1953-1954 - Derville Alegretti
- 1954-1958 - Modesto Mastrorosa
- 1958-1974 - Roberto Ugolini
- 1974-1976 - José Ferreira Pinto Filho
- 1976-1979 - Américo Egídio Pereira
- 1979-1996 - José Ferreira Pinto Filho
- 1996-2002 - Milton Urcioli
- 2002-2003 - João Heitor de Moura
- 2003-2009 - Armando Raucci
- 2010-2011 - Antônio Ruiz Gonsalez
- 2012-2016 - Rodolfo Cetertick
- 2016-2018 - Domingos Sanches
- 2019-2022 - Antônio Ruiz Gonsalez
- 2022-2024 - Dilson Tadeu dos Santos Deradeli

Além dos dirigentes listados acima, grandes juventinos chegaram a assumir a presidência do Clube de forma interina ao longo dos anos. Eles incluem Manoel Vieira de Souza, Américo Egídio Pereira, Mário Previato e Mário Coronato.

CONDE RODOLFO CRESPI	CONDE ADRIANO CRESPI	ANTONIO DE CILLO NETO	DERVILLE ALEGRETTI
MODESTO MASTROROSA	ROBERTO UGOLINI	JOSÉ FERREIRA PINTO FILHO	MILTON URCIOLI
JOÃO HEITOR DE MOURA	ARMANDO RAUCCI	ANTONIO RUIZ GONSALEZ	RODOLFO CETERTICK
	DOMINGOS SANCHES	DILSON TADEU S. DERADELI	

14
NOSSOS ÍDOLOS
CRIAS, CRAQUES E HERÓIS

Dos tempos modestos nos acanhados campos da várzea, ainda como Cotonifício Rodolfo Crespi F.C., até suas exibições mais marcantes, diante de times da elite do futebol nacional, o Juventus foi representado por diversas gerações de atletas apaixonados pela camisa grená.

Jogadores inesquecíveis defenderam o Clube nos primeiros cem anos de sua história – e o suor e brilho desses ídolos devem sempre ser reconhecidos.

Amadores ou profissionais, todos os atletas que vestiram nosso manto e honraram nosso escudo merecem o profundo respeito da família juventina. É inevitável, porém, que alguns deles despertem um carinho especial. A galeria dos nossos maiores jogadores, heróis que tanto orgulharam e emocionaram a torcida grená, inclui talentos revelados pelo próprio clube, craques que passaram pela Mooca e conquistaram o mundo e figuras que se eternizaram pelo empenho e identificação com o Clube. Aqui estão os principais, listados por ordem cronológica:

RAUL

(Raul da Rocha Soares)

Atacante, 1924-1939

49 jogos e 16 gols

Raul era a alma juventina em campo. Dono de um instinto goleador, é maior artilheiro dos primeiros tempos do Cotonifício Rodolfo Crespi – e, por consequência, do Juventus. É, sem dúvida alguma, o primeiro grande nome da história da agremiação, ainda mais pelo longo tempo no Clube, onde jogou por quinze anos. Ao encerrar a carreira, tornou-se técnico do time principal e também foi secretário-geral e integrante de diversas diretorias durante muitos anos. Nos anos 1950, Raul chefiou as categorias de base e teve nova passagem como treinador da equipe principal. Ao longo de toda a carreira, ele só vestiu a nossa camisa.

SEGALLA
(Oliviero Segalla)
Zagueiro, 1926-1935
58 jogos, 1 gol

Defensor nos tempos do Cotonifício Rodolfo Crespi F.C., Segalla permaneceu no Clube até a mudança de nome para Juventus. Honrou a camisa grená durante quase dez anos e se destacava pela técnica apurada, incomum para os zagueiros da época. Graças a essa qualidade, foi muito respeitado no meio futebolístico daquele tempo.

JOSÉ
(José Lengyel)
Goleiro, 1927-1932
58 jogos

Conhecido também como José Hungarês, esse inesquecível arqueiro foi a primeira grande revelação juventina, o primeiro atleta a despertar o interesse dos chamados grandes do futebol paulista. Transferiu-se para o extinto São Paulo da Floresta e depois para o Corinthians, chegando a atuar também pela seleção paulista. No time da Mooca, imortalizou-se como o grande goleiro dos primeiros tempos do Juventus, inclusive como integrante da célebre equipe de 1932, que ficou conhecida como Máquina Juventina.

NICO
(Antônio Martins de Souza)
Meio-campista, 1930-1933 e 1935-1938
97 jogos, 36 gols

Grande meia-direita, fez parte da fantástica Máquina Juventina de 1932, equipe que marcou toda uma geração. Era o cérebro da equipe, com incrível visão de jogo, capacidade de organização e habilidade para finalizar. Esses atributos garantiram a Nico uma convocação para a Seleção em 1931 – foi o primeiro atleta juventino a envergar a camisa do Brasil. Dois anos depois, durante a interrupção das atividades do Juventus, transferiu-se para a Portuguesa de Desportos. Em dois anos vestindo a camisa da Lusa, anotou 20 gols. Nico voltou ao Juventus em 1935, onde encerrou a carreira em 1938. No ano seguinte, assumiu a função de treinador, e em 1940, conduziu a equipe ao título do torneio de inauguração do Pacaembu.

HÉRCULES
(Hércules de Miranda)
Atacante, 1931-1932
14 jogos, 8 gols

Teve uma passagem breve, mas obteve grande êxito com a camisa juventina. Um verdadeiro fenômeno, Hércules explodiu em pouco tempo, logo chamando a atenção dos grandes clubes. Transferiu-se para o extinto São Paulo da Floresta e depois para o Fluminense, chegando à Seleção Brasileira e conquistando muitos títulos. Atuaria também pelo Corinthians. Jogador de porte físico exemplar e elegante com a bola nos pés, integrou a delegação brasileira na Copa do Mundo de 1938, na França.

BRANDÃO
(José Augusto Brandão)
Meio-campista, 1931-1933
36 jogos, 2 gols

Era o líder da equipe de 1932, que permanece eternizada entre todos os juventinos como "Os Inesquecíveis". Vindo do A.A. República, que disputava a 2ª Divisão Amadora do Paulista, foi o grande reforço do Juventus para o campeonato da divisão principal de 1930. Era um jogador viril, mas sem perder a técnica – um atleta no sentido literal da palavra. Quando o Juventus se licenciou em 1933, foi para a Portuguesa e depois para o Corinthians, com passagem marcante como capitão da equipe e quatro títulos paulistas. Também foi um dos maiores campeões nacionais pela Seleção Paulista e disputou o Mundial de 1938 pela Seleção Brasileira.

DITÃO
(Benedito Freitas Nascimento)
Zagueiro, 1936-1945
155 jogos, nenhum gol

Era uma verdadeira muralha. Defensor incansável, Ditão criou raízes profundas da Rua Javari, onde atuou por quase uma década. Era o símbolo da garra e da raça no Clube. Com um físico privilegiado, era temido pelos atacantes adversários, que viam no zagueiro juventino um marcador muito duro, porém leal. Durante toda a carreira, só vestiu a camisa grená, que amava intensamente. A liderança e personalidade forte fizeram de Ditão o capitão do Juventus. Seu filho Geraldo de Freitas Nascimento também marcou época com a camisa grená nos anos 1960, também apelidado de Ditão.

ZALLI
(Rioldo Pedro Zalli)
Atacante, 1936-1938 e 1942-1946
92 jogos, 27 gols

Atleta brilhante, Zalli tinha como principal característica a rapidez, articulando grandes jogadas pela extrema esquerda. Sabia como ninguém fechar em diagonal, ocasionando inúmeras situações de gol. Era solidário com os companheiros, mas não deixava de balançar as redes quando ficava frente a frente com os goleiros adversários. Tinha um chute potente, considerado pela crônica esportiva um dos mais explosivos e perigosos da época. Em 1940, transferiu-se em 1940 para o Palestra Italia, retornando ao Juventus em 1942. Ficou até encerrar a carreira, quatro anos depois. Chegou a atuar na Seleção Paulista e foi chamado a participar de diversos treinamentos da Seleção Brasileira.

FERRARI
(Afonso Ferrari)
Atacante, 1938-1946
137 jogos, 56 gols

Ponteiro direito rápido e habilidoso, era conhecido pelos cruzamentos precisos e pelo raro poder de finalização. Dedicou-se à camisa grená por quase dez anos, sempre com devoção e muita competência. Na linha de frente juventina da década de 1940, Ferrari era o articulador. Também defendeu o São Paulo durante dois anos, mas sem conquistar o mesmo espaço na equipe tricolor.

ROBERTINHO
(Roberto Grieco)
Goleiro, 1941-1944
60 jogos

Arqueiro de posicionamento e reflexo notáveis, veio de Marília com a árdua missão de assumir a meta no lugar de seu homônimo Roberto, transferido ao Vasco da Gama. Dono de muito prestígio junto à torcida grená, foi um dos grandes goleiros da década de 1940, comparado ao lendário Oberdan Cattani. Foi chamado a integrar a Seleção Paulista – e essa chance rendeu a Robertinho fama nacional e o interesse do Fluminense. Foi várias vezes campeão carioca pelo tricolor do Rio.

RENATO VIOLANI
(Renato Violani)
Meia-atacante, 1941-1942
35 jogos, 26 gols

Fez furor atuando pelo Palmeiras, Portuguesa e Juventus na década de 1940. Jogava tanto no meio-campo como no ataque e ganhou títulos por onde passou. Começou no Estrela da Saúde, mas logo chegou ao Juventus, onde desfilou seu estilo clássico, com técnica extremamente apurada. Com 18 gols marcados, Renato foi o terceiro maior goleador do Campeonato Paulista de 1942, atrás de Valdemar de Brito e Milani. Em 8 de setembro de 1942, bateu o recorde de gols marcados por um atleta do Juventus numa só partida: foram nada menos de seis tentos na vitória grená sobre o Hespanha de Santos (atual Jabaquara), por 7 a 2, pelo Campeonato Paulista.

PINGA II
(Arnaldo Robles)
Meio-campista, 1944-1953
7 jogos, nenhum gol

Começou a carreira atuando no juvenil do Juventus e subiu à equipe principal em 1944. Seis jogos bastaram para que fosse aclamado como uma grande promessa do futebol paulista. Contratado pela Portuguesa, virou ídolo daquela agremiação ao lado de seu irmão Pinga I. Com técnica e visão de jogo incríveis, era um jogador letal. Em 1953, voltou ao Juventus para pendurar as chuteiras e se despedir do futebol.

OSWALDINHO
(Oswaldo Buzzoni)
Atacante, 1944, 1949-1952 e 1957
113 jogos, 41 gols

Formado nas nossas categorias de base, Oswaldinho defendeu a camisa grená com fibra e alma de um verdadeiro campeão. Amava o Juventus como poucos e dava a vida pelo clube. Referência dentro e fora de campo, confrontava jogadores, treinadores e até dirigentes quando achava que eles não mostravam o comprometimento que o Clube merecia. Atuou também pelo Palmeiras (sendo campeão paulista em 1947), Portuguesa, Nacional e Ypiranga, entre outros. Encerrada sua gloriosa carreira como atleta, virou técnico das categorias de base do Juventus, onde revelou grandes jogadores e conquistou títulos importantes.

CARBONE
(Rodolpho Carbone)
Atacante, 1947-1950, 1958
82 jogos, 32 gols

Artilheiro nato lapidado nas categorias de base do Juventus, Carbone foi uma das maiores revelações do futebol paulista nos anos 1950. Finalizador implacável, despertou o interesse dos grandes clubes da capital paulista e acabou sendo transferido ao Corinthians em 1951. No fim da carreira, retornou ao clube da Mooca, sua grande paixão.

MILANI
(Mário Milani)
Atacante, 1948-1950
38 jogos, 13 gols

Consagrado artilheiro do futebol paulista pelo Corinthians, chegou ao Juventus no final dos anos 1940. Mesmo já veterano, Milani foi um esteio juventino nas duas temporadas em que defendeu o Clube. Depois da despedida como jogador, tornou-se técnico da equipe grená.

JULINHO BOTELHO
(Júlio Botelho)
Atacante, 1950-1951
21 jogos, 2 gols

Embora fosse figura conhecida na várzea da Penha, foi contratado pelo Juventus quando jogava pelo Paulista da Mooca, após uma primorosa exibição num jogo-treino entre as equipes. O dirigente juventino Mario Previato viu naquele jovem ponta-direita um atleta de muita qualidade e potencial. Não deu outra: exemplo de correção e caráter dentro e fora de campo, Julinho Botelho foi ídolo por onde passou. No Moleque Travesso, ficou apenas um ano, deixando muita saudade. Foi para a Portuguesa em 1951 e para a Fiorentina em 1955, retornando ao Brasil em 1959 para atuar pelo Palmeiras. Encerrou a carreira em 1967, na própria agremiação alviverde. Um verdadeiro craque, vestiu a camisa da Seleção Brasileira na Copa do Mundo de 1954, na Suíça.

VITOR
(Vitor Ratautas)
Zagueiro, 1951-1953
67 jogos, 4 gols

Defensor viril, era apelidado de "Lituano", em referência às origens familiares. Formado nas equipes de base do Juventus, mostrou muita qualidade com a camisa grená e logo chamou a atenção do São Paulo, para onde se transferiu. Em sua longa carreira pela agremiação tricolor, foi considerado um dos melhores marcadores de Pelé.

BONFIGLIO
(Bonfiglio Marangon)
Meio-campista, 1953-1957
85 jogos, 13 gols

Exímio cobrador de faltas, escanteios e pênaltis, Bonfiglio era um dos líderes do Juventus nos anos 1950. Atuando no meio-campo, era um esteio para o sistema defensivo e ainda arriscava avançadas ao ataque, sempre com muita qualidade na saída de jogo e nas bolas paradas. Começou nas categorias de base do Palmeiras, mas fincou raízes no clube da Mooca – onde seu filho, Edu Marangon, foi revelado. O habilidoso herdeiro de Bonfiglio defendeu grandes clubes do futebol brasileiro e internacional nos anos 1980 e 1990.

FÉLIX
(Félix Mieli Venerando)
Goleiro, 1953-1955

Apesar de não ter feito uma partida sequer pelo time principal, Félix merece uma menção especial na história do Juventus por ter sido uma das principais revelações da base do Clube. Ainda juvenil, mas já com fama de craque, foi contratado pela Portuguesa em julho de 1955. As grandes atuações na meta da Lusa o levaram à Seleção Brasileira e Félix ficaria eternizado como o arqueiro titular da conquista do tri na Copa de 1970, integrando um dos maiores times de todos os tempos.

OBERDAN CATTANI
(Oberdan Cattani)
Goleiro, 1954
23 jogos

Um dos maiores goleiros do futebol brasileiro, Oberdan foi um mito atuando pelo Palmeiras nos anos 1940 e 1950. Chegou ao Juventus já na reta final de sua trajetória, para fechar a carreira com chave de ouro. Por ocasião dessa transferência, o lendário arqueiro estampou a capa da revista *Gazeta Esportiva Ilustrada* vestindo a camisa grená. Já em seu segundo jogo pelo Juventus, Oberdan defendeu um pênalti batido por Cláudio, do Corinthians, aos 44 minutos do segundo tempo, no Pacaembu lotado, garantindo um empate (1 a 1) no duelo válido pelo Campeonato Paulista.

RODRIGUES
(Francisco Rodrigues)
Atacante, 1956-1957, 1959
44 jogos, 15 gols

Com clubes como Palmeiras, Botafogo e Fluminense no currículo, Rodrigues Tatu era morador da Mooca e chegou ao Moleque Travesso apenas no fim da carreira. Ainda assim, teve uma passagem muito boa pelo Clube, graças à experiência de jogador de Copa do Mundo (1950 e 1954) e à capacidade de marcar gols.

ZEOLA
(Agostinho Zeola)
Atacante, 1956-1960
155 jogos, 55 gols

Goleador consagrado vestindo as camisas do Noroeste de Bauru e do São Paulo, aportou no Juventus ainda jovem, permanecendo na Rua Javari por quatro temporadas. O sucesso com a camisa grená rendeu uma transferência ao Palmeiras e uma convocação à Seleção Brasileira em 1961.

CLÓVIS NORI

(Clóvis Nori)
Meio-campista, 1957-1968
276 jogos, nenhum gol

Clóvis, o "Professor", brilhou na meia-cancha do Comercial da Capital. Brilhando por uma equipe tão modesta, entrou no radar dos grandes e acabou sendo contratado pelo Corinthians. Foi campeão paulista em 1954, mas uma fratura no tornozelo comprometeu sua passagem pelo Parque São Jorge. Levado à Rua Javari pelo técnico Álvaro José Nahum, Nori conquistou a admiração de todos. Foi um esteio juventino por mais de uma década, sendo o primeiro atleta da história grená a merecer um busto em bronze no Estádio Conde Rodolfo Crespi. Também treinou as equipes de base do clube e, hoje em dia, é celebrado como o maior ídolo da torcida juventina.

PANDO

(José Pando)
Meio-campista, 1957-1961
125 jogos, 3 gols

Começou na base do Juventus, no início dos anos 1950, e conta que a maior emoção de sua carreira foi participar de uma excursão à Argentina com a equipe grená. Outro episódio marcante, segundo o próprio atleta, foi uma grave lesão sofrida numa dividida com Pelé. Pando passou por outros clubes do futebol paulista, como Jabaquara, Portuguesa Santista, Paulista de Jundiaí, Saad e Ferroviária de Botucatu. Além de ter sido atleta profissional do Juventus, foi frequentador assíduo do clube social, participando de inúmeros campeonatos internos e treinando a seleção de futebol dos associados.

CÁSSIO

José Cássio da Silva
Meio-campista, 1957-1961
125 jogos, 24 gols

Cássio impressionou a todos atuando pelo Clube Atlético Ypiranga, surgindo como um jogador polivalente e dinâmico. Confirmou essa fama no Juventus. Ora atuava auxiliando o sistema defensivo, ora era escalado na linha ofensiva grená. Seu bom futebol fez com que ele se transferisse para o Corinthians. Encerrou a carreira no Anderlecht, da Bélgica.

CLAUDINEI

(Claudinei Freire)
Goleiro, 1957-1965
100 jogos

Arqueiro de boas qualidades técnicas, Claudinei ingressou no clube da Rua Javari em 1955, pelas mãos de Verginio Gasparite, para atuar nas equipes secundárias do Clube. Teve passagens por empréstimo pelos aspirantes do São Paulo e pela equipe principal do Botafogo de Ribeirão Preto, retornando ao Juventus em 1959. Claudinei se firmou no Moleque Travesso e, anos mais tarde, cobiçado por grandes clubes, foi negociado com o Flamengo.

BUZONE

(Wilson Buzone)
Atacante, 1958-1962 e 1966
78 jogos e 41 gols

Surgido no juvenil do São Paulo, Buzone se profissionalizou no Juventus. Em sua passagem pela Rua Javari, obteve um recorde espetacular: dez gols marcados em apenas oito dias. Nem Pelé conseguiu tal feito. Por falar no Rei, Buzone fez sombra a Pelé na artilharia do Campeonato Paulista de 1959, quando tinha apenas 20 anos. Ele se tornaria o jogador juventino que mais gols marcou numa única edição do Estadual, com 28 tentos. Uma grave lesão, sofrida num jogo da Seleção Paulista, abreviou a carreira desse enorme talento.

LIMA
(Antônio Lima dos Santos)
Meio-campista, 1959-1960
69 jogos, 3 gols

Deu os primeiros passos no profissionalismo com a camisa grená, mas já era reconhecido como um grande nome da várzea paulistana. Sob as orientações do técnico José Carlos Bauer, ex-craque da Seleção Brasileira, Lima alcançou uma forma esplendorosa. Com notável domínio de bola, raciocínio rápido e, além de tudo, imensa vontade de melhorar e de aprender, cresceria tanto que chegou ao Santos de Pelé e se consagrou como legítimo craque atuando em várias posições. Peça importante de um dos maiores times do futebol mundial, foi apelidado de "Coringa da Vila".

MÃO DE ONÇA
(Durval de Moraes)
Goleiro, 1959-1967
119 jogos

Ganhou esse apelido pelas mãos enormes. Era insuperável nas saídas do gol, graças à excelente impulsão e, claro, ao domínio da bola com suas "garras". Em meio a diversos episódios marcantes com a camisa grená, é lembrado por ter sido o goleiro que sofreu o gol mais bonito da carreira de Pelé. Símbolo de dedicação e amor à profissão, Mão de Onça foi homenageado pelo cantor e compositor Edvaldo Santana na canção "O Goleiro".

MILTON BUZETTO
(Milton Buzetto)
Zagueiro, 1960-1969
166 jogos, nenhum gol

Revelado pelo Palmeiras, Milton Buzetto foi trazido para o Juventus em 1960 e virou uma lenda com o fardamento grená. Atleta de porte físico avantajado, impressionava a todos pela boa impulsão e pelo fortíssimo poder de marcação. Foi técnico do Juventus depois da aposentadoria como atleta. Sob o comando de Buzetto, o Clube conquistou o título do Torneio Paulistinha de 1971.

ANTONINHO
(Antônio da Silva)
Atacante, 1960-1975
174 jogos e 40 gols

Carinhosamente conhecido pelos juventinos como "Toninho Minhoca", o hábil ponta-direita revelado no Moleque Travesso é um dos jogadores mais celebrados da rica e gloriosa história grená. Foi apontado como um dos maiores jogadores de sua posição no futebol paulista nos anos 1960 e também atuou por Vasco da Gama e Náutico.

LUIZINHO "PEQUENO POLEGAR"
(Luiz Trochillo)
Meio-campista, 1961-1963
61 jogos, 9 gols

O diminuto craque de 1,64 metro ficou famoso em sua passagem pelo Corinthians, onde é ídolo até hoje. Aos 31 anos, Luizinho transferiu-se para o Juventus e deu muito certo com a camisa grená. Jogador extremamente técnico e habilidoso, Luizinho era um meia clássico que regia o time e gostava de dar espetáculo. Seu sucesso na Rua Javari fez com que ele recebesse uma proposta para retornar ao Parque São Jorge. Encerrou a carreira no próprio Corinthians alguns anos depois.

JOAQUINZINHO
(Joaquim Gilberto da Silva)
Atacante, 1961-1962
44 jogos, 23 gols

Lembrado até hoje por ser o carrasco do Corinthians em sua curta passagem pelo Juventus, Joaquinzinho não perdoava nos encontros com o rival alvinegro. Talvez houvesse uma certa mágoa por trás dessas atuações – ele chegou à Rua Javari depois de perder espaço no próprio Corinthians. Na equipe da Mooca, fez uma excelente temporada, chegando a ser convocado para a Seleção Brasileira. Logo depois, foi contratado pelo Fluminense, clube em que fez fama e faturou diversos títulos.

PINGA I

(José Lázaro Robles)
Atacante, 1962-1963
29 jogos, 7 gols

Nascido para marcar gols, Pinga foi uma joia juventina que deixou nossa base antes mesmo de estrear pelo Clube. Sua estreia como profissional foi pela Portuguesa, onde marcou seu nome como um dos maiores artilheiros da história da agremiação. Nos tempos de Lusa, ele formou um dos mais memoráveis ataques da história do futebol paulista ao lado de Renato, Pinga II (seu irmão mais velho), Nininho e Simão. Foi um dos convocados para a Copa do Mundo de 1954. Em 1962, já veterano e consagrado, retornou ao Juventus para enfim estrear pelo time principal do Moleque Travesso. Também foi técnico do Clube.

HIDALGO

(José Hidalgo Neto)
Meio-campista, 1964-1965
51 jogos, 2 gols

Hidalgo precisou de apenas duas temporadas para passar de jovem promessa da base juventina a objeto de desejo de clubes importantes do futebol brasileiro. O jovem volante chegou a ser convocado para a Seleção Paulista de novos e foi aclamado como destaque do Paulista de 1964. Graças à personalidade forte, ganhou o apelido de "Capitão Hidalgo". Foi ídolo também no Coritiba.

TANESE

(José Tanese)
Atacante, 1964-1975
89 jogos, 17 gols

Revelado na base juventina, foi um atacante rápido, habilidoso e aguerrido que dedicou onze anos de sua carreira às cores do Clube. Com muito brio e talento, Tanese segue na memória do torcedor do Moleque Travesso graças a diversas atuações marcantes – como os quatro gols marcados na Rua Javari diante no São Bento de Sorocaba, num triunfo por 5 a 0 no Campeonato Paulista de 1973.

CHIQUINHO CANOTILHO

(Francisco Canotilho)
Lateral, 1964-1976
133 jogos, 8 gols

De família juventina, Chiquinho morava na Mooca, perto da Rua Javari, e entrou para a história tanto pelo seu amor ao Clube como pela garra que demonstrava em campo. Deu os primeiros chutes na categoria infantil do Juventus em 1964, passando para o juvenil em 1966 e assinando o primeiro contrato profissional em 1967. Em sua despedida, em 1976, foi homenageado pela Presidência do Juventus, por Paulo Machado de Carvalho e pelo craque palmeirense Ademir da Guia antes de uma partida realizada no Estádio do Pacaembu.

BRECHA

(Moacir Bernardes Brida)
Meio-campista, 1968-1972, 1978-1979
88 jogos, 18 gols

Técnico e habilidoso, Brecha chegou ao Juventus no fim da década de 1960 para se transformar num dos maiores craques da história do clube. Formou um grande meio-campo com seu irmão, Brida, e deixou o clube em setembro de 1972, com destino ao Anderlecht, da Bélgica. Depois de uma curta passagem pelo futebol europeu, retornou ao Brasil para atuar pelo Santos, onde vestiu a camisa 10 de Pelé.

BRIDA
(Roberto Brida)
Meio-campista, 1969-1974
66 jogos, 2 gols

Muito raçudo e viril, Brida era incansável e tinha um espetacular poder de desarme. Fez uma grande parceria com seu irmão Brecha nos anos 1960 e 1970. Como tinha espírito de liderança, recebeu a tarja de capitão em todos os clubes que defendeu – e no Juventus não foi diferente. Com essa característica, nada mais natural que se tornasse treinador ao pendurar as chuteiras. Ocupou o comando técnico do Moleque Travesso em diversas ocasiões.

DEODORO
(Deodoro José de Almeida Leite)
Lateral, 1973-1984
356 jogos, 15 gols

Lateral vigoroso e disciplinado, tinha como grande trunfo a regularidade em campo. É o recordista de jogos do Campeonato Paulista com a camisa juventina: foram mais de 300 partidas vestindo o manto grená. Também foi técnico da nossa equipe principal.

BIZI
(Carlos Roberto Bento)
Lateral, 1975-1987
258 jogos, 1 gol

Contando o tempo em que atuou nas categorias de base, Bizi é simplesmente o jogador que por mais tempo defendeu o Clube Atlético Juventus. Foram dezesseis anos vestindo grená, começando em 1971. A partir de 1975, já no time de cima, jogou ao lado de grandes craques juventinos, como Brida, Brecha e Ataliba, entre outros. Poucos atletas se dedicaram tanto ao Moleque Travesso quanto Bizi.

ATALIBA
(Édson Ataliba Cândido)
Atacante, 1976-1981
164 jogos, 62 gols

Mais um talento lapidado na base da Rua Javari, ficou conhecido por ser o grande carrasco do Corinthians – em doze partidas contra a equipe alvinegra, o ponta-direita do Moleque Travesso marcou nove gols. Isso chamou a atenção dos diretores corintianos, que em 1982 levaram Ataliba ao Parque São Jorge. Rápido e habilidoso, tinha faro de gol e foi vice-artilheiro do Paulistão em 1978, com 25 tentos. Por sinal, Ataliba é o maior artilheiro da história do Juventus em todas a edições do Campeonato Paulista, com 62 gols marcados.

LEIZ
(Leiz Antônio Mendes da Cunha)
Zagueiro, 1978-1982
133 jogos, 8 gols

Com 1,92 metro de altura e muito vigor físico, Leiz foi um defensor firme e impositivo. A revelação da base juventina foi aclamada como um talento promissor de sua geração, com direito a convocação para disputar um Torneio Pré-Olímpico pela Seleção Brasileira. Depois dos quatro anos defendendo o Juventus, foi para a Portuguesa e depois para o Botafogo.

GERALDÃO
(Geraldo da Silva)
Atacante, 1978-1981
75 jogos, 20 gols

Não era um centroavante técnico, mas sabia fazer gols como poucos. Atuou no Corinthians e também no Botafogo de Ribeirão Preto, onde alcançou grande sucesso. Também teve passagens destacadas pelo futebol do Rio Grande do Sul, jogando tanto pelo Internacional quanto pelo Grêmio.

GATÃOZINHO
(Luiz Fernando Naval)
Meio-campista, 1981-1988
225 jogos, 20 gols

Meia-esquerda versátil e habilidoso, Gatãozinho fez sucesso numa fase muito positiva do Moleque Travesso. Atuou também em seleções de juniores e na Seleção Paulista. Defendeu a camisa grená por um longo período nos anos 1980, marcando seu nome como referência do Clube naquele tempo.

RAUDINEI
(Raudinei Anversa Freire)
Atacante, 1984-1987 e 1996-1997
139 jogos, 36 gols

Goleador que fez parte uma das gerações mais vitoriosas da história do Juventus. Foi campeão da Copa São Paulo de Juniores em 1985, bicampeão paulista da categoria em 1984 e 1985 e ainda faturou o Torneio Início do Campeonato Paulista em 1986. Conquistou uma chance no futebol europeu, vestiu as camisas de agremiações como Porto e La Coruña e retornou ao clube quase uma década depois, sempre marcando muitos gols e dando alegrias ao torcedor juventino.

BETINHO
(Gilberto Carlos Nascimento)
Meio-campista, 1985-1989 e 2004
112 jogos, 28 gols

Prata da casa, Betinho começou a carreira na Javari, fazendo parte inclusive da equipe campeã da Copa São Paulo de Juniores em 1985, além de bicampeã paulista da categoria em 1984 e 1985. Foi campeão do Torneio Início do Campeonato Paulista de 1986 e chegou a ser convocado para a Seleção Brasileira em 1988. Talentoso, fez uma bela trajetória no futebol, com direito a passagens por grandes clubes brasileiros e também pelo futebol japonês.

SÉRGIO SOARES
(Sérgio Soares)
Meio-campista, 1986-1992 e 1996-2002
161 jogos, 9 gols

Mais uma cria da base do Moleque Travesso, Sérgio era um volante aplicado e com bons recursos técnicos. Tinha como principal qualidade o desarme, mas também chegava bem ao ataque. Teve passagens importantes pelo futebol japonês e também pelo Palmeiras. Ao fim da carreira, tornou-se técnico do próprio Juventus.

MÁRCIO GRIGGIO
(Márcio Griggio)
Meio-campista, 1992-1998
100 jogos, 17 gols

Meia clássico, com ótima visão de jogo e muita técnica. Destacou-se com a camisa juventina e dali partiu para construir carreira sólida no futebol nacional, representando clubes como Santos, Coritiba e Bahia. Encerrada a carreira como atleta, decidiu ser treinador.

FERNANDO DINIZ
(Fernando Diniz Silva)
Meio-campista, 1993-1996 e 2008
75 jogos, 6 gols

Atleta que aliava raça e técnica, era um inteligente e promissor, o que logo atraiu os olhares das principais equipes do Brasil. Após três anos no Juventus, vestiu as camisas de Palmeiras, Corinthians, Flamengo, Fluminense, Santos e Cruzeiro. Transformou-se num treinador de muito sucesso, com trabalhos marcantes no São Paulo e principalmente no Fluminense, além de rápida passagem interina pela Seleção Brasileira.

ALEX ALVES
(Alex Alves Ferreira)
Atacante, 1996-2002 e 2009
22 jogos, 17 gols

Foi revelado pelo Juventus e teve atuações destacadas com a equipe principal, entrando para a história como o primeiro artilheiro juventino em campeonatos paulistas (17 gols marcados na edição 2002). Foi negociado com o Bahia e ainda passou por Portuguesa, Cruzeiro, Botafogo e pelo futebol europeu. Na reta final da carreira, retornou ao clube da Mooca, onde se despediu como jogador.

WELLINGTON PAULISTA
(Wellington Pereira do Nascimento)
Atacante, 2003-2004 e 2006
32 jogos, 11 gols

Revelado nas categorias de base do Juventus, teve grande projeção logo em sua primeira temporada com a camisa grená. Atraiu o interesse de vários clubes importantes até ser emprestado ao Santos. A boa passagem pela equipe do litoral paulista rendeu uma transferência em definitivo para o Alavés, da Espanha. Ao retornar ao Brasil, esse goleador de ofício jogou por Botafogo, Palmeiras e Cruzeiro, entre outros.

MARCELO
(Marcelo Moreira)
Goleiro, 2004-2009 e 2011
25 jogos

Revelado nas categorias de base do Palmeiras, o arqueiro viveu seus melhores momentos vestindo a camisa grená. Alcançou marcas expressivas numa época em que a identificação com o clube é cada vez mais rara. Encerrou a carreira no Juventus e ainda atuou no Clube como coordenador do departamento de futebol.

ANDRÉ DIAS
(André Dias Campos)
Goleiro, 2014-2024
219 jogos

Vivendo numa era em que o vínculo entre clube e atleta costuma ser muito frágil, com passagens efêmeras e constantes trocas de equipe, o guardião da meta juventina se destaca pela longevidade de quase uma década defendendo as cores do Moleque Travesso. Exímio pegador de pênaltis, líder e capitão, André fica marcado como presença constante num dos momentos mais difíceis da história esportiva grená. Por isso, merece o carinho e respeito da apaixonada torcida juventina – um raro exemplo de dedicação e identidade com seu clube no século XXI.

> Os anos de atuação, jogos disputados e gols marcados nas fichas dos atletas acima se referem a partidas oficiais válidas pela primeira divisão do Campeonato Paulista. Não estão computados jogos amistosos e outras competições estaduais e nacionais, com exceção dos números do goleiro André Dias, que incluem jogos por toda as competições até o fim do Campeonato Paulista de 2024.

ZEOLA, CLÓVIS, LIMA

JULINHO BOTELHO

BRANDÃO

ZALLI

DEODORO

RAUDINEI

SÉRGIO SOARES

15
ALMANAQUE
100 ANOS EM CAMPO

Os arquivos mantidos pelo Clube, os acervos dos jornais paulistanos e as coleções de historiadores apaixonados pelo Juventus contêm dados preciosos sobre a trajetória centenária da agremiação grená. É quase impossível reunir todas as datas e resultados marcantes de um século de atividade nos campos e nas quadras – mas listamos a seguir os dados e registros mais significativos da vida juventina até 2024, com destaque para títulos, marcas e triunfos que merecem estar eternizados junto da história que contamos nas páginas anteriores deste volume.

GALERIA DE CONQUISTAS

Ao longo do primeiro século de existência do Clube Atlético Juventus, os atletas da agremiação representaram nossas cores em diversas modalidades, em torneios e campeonatos realizados tanto no Brasil como no exterior. Essas são as principais conquistas e as melhores campanhas das nossas equipes:

FUTEBOL PROFISSIONAL

INTERNACIONAIS
- 1974 - Torneio do Japão
(Juventus 2 x 0 Seleção do Japão na final)

NACIONAIS
- 1982 - Campeonato Brasileiro da Série B
(Juventus 1 x 0 CSA)
- 1997 - Vice-Campeonato Brasileiro da Série C

INTERESTADUAIS
- 1950 - Torneio do Paraná
(Juventus 7 x 0 Operário de Apucarana)

- 1953 - Torneio Jânio Quadros
(Juventus 1 x 0 Portuguesa Santista)
- 1955 - Torneio de Joinville
(Juventus 0 x 0 Caxias de Joinville)
- 1955 - Torneio Triangular Mineiro
(Juventus 2 x 1 Uberlândia-MG)

ESTADUAIS
- 1929 - Campeonato Paulista da 2º Divisão
(Cotonifício Crespi 1 x 0 A.A. República)
- 1927 - Campeonato Paulista da 2º Divisão/2º Quadro
(Cotonifício Crespi 3 x 1 Voluntários da Pátria)
- 1928 - Campeonato Paulista da 2º Divisão/2º Quadro
 (Cotonifício Crespi 3 x 0 A.A. Barra Funda)
- 1934 - Campeonato Paulista Amador
(C.A. Fiorentino 5 x 3 Ponte Preta; campeão invicto)
- 1934 - Campeonato Estadual
(C.A. Fiorentino 3 x 1 Ferroviário de Pindamonhangaba; campeão invicto)
- 1940 - Torneio de Inauguração do Pacaembu (Juventus 3 x 0 Portuguesa)
- 1961 - Torneio Eliminatório Paulista da 1º Divisão (Juventus 3 x 0 América; campeão invicto)
- 1971 - Torneio Paulistinha/Troféu Paulo Machado de Carvalho
(Juventus 3 x 1 Noroeste)
- 1986 - Torneio Início do Campeonato Paulista (Juventus 0 x 0 Santo André, 4 x 3 nos escanteios)
- 2005 - Campeonato Paulista da 2º Divisão (Juventus 2 x 1 Noroeste)
- 2007 - Copa Federação Paulista de Futebol (Juventus 2 x 3 Linense)

FUTEBOL DE BASE

- 1967 - Campeonato Paulista Sub-15
- 1972 - Campeonato Paulista Sub-15
- 1984 - Campeonato Paulista Sub-20
- 1985 - Campeonato Paulista Sub-20
- 1985 - Copa São Paulo de Futebol Júnior
- 1987 - Campeonato Paulista Sub-15
- 1988 - Campeonato Paulista Sub-17
- 1998 - Campeonato Paulista Sub-17
- 2001 - Campeonato Paulista Sub-15

BASQUETE

- 1972 - Campeonato Estadual Juvenil
- 1970, 1976 e 1977 - Campeonato Estadual Infanto-Juvenil
- 1975 - Campeonato Estadual Mirim

- 1972 - Campeonato da Grande São Paulo Juvenil
- 1971 e 1977 - Campeonato da Grande São Paulo Infantil
- 1976 e 1977 - Campeonato da Grande São Paulo Mirim
- 1976 - Campeonato da Grande São Paulo Mini
- 1974 e 1976 - Torneio de Preparação da FPB Mini
- 1969 e 1972 - Torneio de Preparação da FPB Mirim
- 1977 - Torneio de Preparação da FPB Infanto-Juvenil

FUTSAL

- 1975 - Vice-Campeonato Metropolitano Adulto
- 1974 - Campeonato Estadual Juvenil
- 1971 e 1990 - Campeonato Estadual Infanto-Juvenil
- 1969 - Campeonato Estadual Infantil
- 1974, 1976, 1981, 1987, 1988, 1989 e 1996 - Campeonato Estadual Mirim
- 1977, 1983, 1985, 1987, 1989, 1998 e 2011 - Campeonato Estadual Pré-Mirim
- 1982, 1991 e 1997 - Campeonato Estadual Fraldinha
- 1996 - Campeonato Estadual Mamadeira
- 1999 - Campeonato Estadual Infanto-Juvenil
- 1985 - Campeonato Estadual Principal Adulto Feminino
- 1998 - Campeonato Estadual Infanto-Juvenil Feminino
- 1971, 1981, 1983 e 2003 - Campeonato Metropolitano Infanto-Juvenil
- 1989 e 1997 - Campeonato Metropolitano Infantil
- 1976, 1981, 1996 e 1998 - Campeonato Metropolitano Mirim
- 1984 e 1987 - Campeonato Metropolitano Pré-Mirim
- 1983, 1985, 1990, 1991, 1999 e 2002 - Campeonato Metropolitano Fraldinha
- 1999 - Campeonato Metropolitano Infanto-Juvenil
- 1997 - Campeonato Metropolitano Mirim
- 1998 - Campeonato Metropolitano Mamadeira
- 1983, 1985 e 1987 - Campeonato Metropolitano Adulto Feminino
- 1997 - Campeonato Metropolitano Infanto-Juvenil Feminino
- 1989 e 1997 - Taça Cidade de São Paulo Infantil
- 1987 - Taça Cidade de São Paulo Adulto Feminino
- 1998 - Taça Cidade de São Paulo Juvenil Feminino
- 1984 - Taça Proclamação da República Pré-Mirim
- 1983 - Troféu Jovem Pan Pré-Mirim
- 1997, 1998 e 1999 - Taça Brasil de Clubes Infantil

JUVENTINOS NA SELEÇÃO E NAS COPAS

Quinze atletas que foram formados pelo Juventus ou que atuaram pelo Clube em algum momento de sus carreiras defenderam a seleção em Copas do Mundo. No total, foram dez edições do Mundial com o Brasil sendo representado por atletas ligados ao Juventus. Na Copa da Suíça-1954, nada menos de quatro atletas com passagens pelo Clube defenderam o Brasil. A lista completa:

- Baltazar (1950 e 1954)
- Brandão (1938)
- Félix (1970)
- Hércules (1938)
- Julinho Botelho (1954)
- Juninho Paulista (2002)
- Juvenal (1950)
- Lima (1966)
- Luisão (2006)
- Machado (1938)
- Paulinho (2014 e 2018)
- Pinga (1954)
- Rodrigues (1950 e 1954)
- Vampeta (2002)
- Viola (1994)

Em três dos cinco títulos mundiais conquistados pelo Brasil, o Juventus esteve representado por pelo menos um atleta ligado ao Clube: Félix (1970), Viola (1994), Vampeta e Juninho Paulista (2002). Outro ex-juventino comemorou um título de Copa do Mundo, mas representando a Argentina: César Luis Menotti foi o treinador da equipe azul e branca no Mundial de 1978. Além dos atletas listados cima, muitos outros que tiveram o Juventus em seus currículos chegaram a ser convocados para defender o Brasil:

- Alex, zagueiro
- Betinho, meio-campista
- César, lateral-esquerdo
- Ditão, zagueiro
- Elias, meio-campista
- Esquerdinha, meio-campista
- Geraldo Scotto, lateral-esquerdo
- Gino Orlando, meio-campista
- Jair Gonçalves, meio-campista
- Jaú, meio-campista
- Jamelli, atacante
- Joaquinzinho, atacante
- Luizinho, atacante
- Ministrinho, meio-campista
- Nico, meio-campista
- Oberdan, goleiro
- Osvaldo, meio-campista
- Rocha, meio-campista
- Vitor, zagueiro
- Vitor, lateral-direito
- Zeola, atacante

Além de Menotti, outro nome ligado ao Juventus que participou de competições importantes defendendo outra seleção foi Thiago Motta, volante revelado nas categorias de base do Clube. Com cidadania italiana, ele estreou pela Azzurra em 9 de fevereiro de 2011, num amistoso contra a Alemanha, empate por 1 a 1. Thiago Motta disputou a Eurocopa de 2012, realizada em conjunto por Polônia e Ucrânia, vestindo a camisa da Itália. Sua seleção foi vice-campeã continental.

JOGADORES E TREINADORES ESTRANGEIROS

Mais de duas dezenas de atletas e técnicos nascidos em outros países atuaram no futebol do Juventus. O maior contingente de estrangeiros com passagens pelo Clube é formado pelos argentinos, mas outros sete países estão representados na lista. Curiosamente, apesar das raízes italianas, nenhum jogador nascido naquele país chegou a atuar pelo Moleque Travesso. Em duas ocasiões, porém, houve um técnico italiano no comando da equipe.

Jogadores:
- José Lengyel (Hungria) - goleiro, 1927
- Porfiroff (Rússia) - goleiro, 1939
- Juan Carlos (Argentina) - atacante, 1944
- Ortega (Paraguai) - meio-campista, 1945
- Laxixa (Uruguai) - meio-campista, 1945
- Curtis (Argentina) - meio-campista, 1945
- Muniz (Argentina) - goleiro, 1947
- Ferro (Argentina) - goleiro, 1952
- Paz (Argentina) - atacante, 1952
- Negri (Argentina) - atacante, 1952
- Ventura (Argentina) - meio-campista, 1952
- Villalobos (Peru) - meio-campista, 1952
- Arias (Argentina) - atacante, 1953
- La Luna (Argentina) - meio-campista, 1953
- Zanarini (Argentina) - meio-campista, 1955
- Villera (Argentina) - goleiro, 1955
- Ortega (Argentina) - meio-campista, 1955
- Lugano (Argentina) - goleiro, 1959
- Menotti (Argentina) - atacante, 1969
- Diogo (Uruguai) - lateral-direito, 1990
- Johnson (Angola) - atacante, 2005
- Ferreira (Uruguai) - atacante, 2009

Técnicos:
- Jim Lopes (Argentina) - 1947
- Floreal Garro (Argentina) - 1950
- Mário Rossini (Itália) - 1953
- Ivo Tezzi (Itália) - 1954

- Alfredo Gonzalez (Argentina) - 1954
- Conrado Ross (Uruguai) - 1955

EX-JOGADORES QUE TREINARAM O JUVENTUS

Diversos ex-jogadores do Juventus atuaram também no comando técnico da equipe principal do Moleque Travesso. O Clube teve seus ex-atletas trabalhando como treinadores em quase todas as décadas de sua história, mas essa prática foi mais frequente nos anos 1990 e 2000. Nada menos de sete ex-jogadores do Clube viraram técnicos do time adulto em cada uma dessas décadas.

- Anos 1930: Nico
- Anos 1940: Raul
- Anos 1950: Milani, Paulo, Manduco e Diogo
- Anos 1960: Pinga, Clóvis Nori
- Anos 1970: Milton Buzzetto, Roberto Brida e Clóvis Nori
- Anos 1980: Milton Buzzetto e Deodoro
- Anos 1990: Oscar Amaro, Vanderlei Luis, Roberto Brida, José Carlos Serrão, José Luis Carbone e Écio Pasca
- Anos 2000: Roberto Brida, Sergio Soares, Márcio Bittencourt, José Carlos Serrão, Betinho, Esquerdinha e Alex Alves

TODOS OS JOGOS OFICIAIS DO JUVENTUS

Em seu primeiro século de história, a equipe principal do Clube Atlético Juventus participou de dezenas de edições dos campeonatos estaduais de São Paulo (na primeira, segunda e terceira divisões, além da Copa Paulista), dos Campeonatos Brasileiros das Séries A, B e C e de uma edição da Copa do Brasil. A seguir estão todas as partidas oficiais já disputadas pelo time principal adulto:

CAMPEONATO PAULISTA DE FUTEBOL - DIVISÃO PRINCIPAL / A1

1930

16/03	Juventus	1 x 6	Santos-SP	Vila Belmiro
23/03	Juventus	1 x 6	São Paulo da Floresta-SP	Rua Javari
06/04	Juventus	5 x 1	A.A. São Bento-SP	Rua Javari
13/04	Juventus	1 x 2	Atlética Santista-SP	Rua Javari
20/04	Juventus	1 x 3	Internacional-SP	Rua Javari
27/04	Juventus	0 x 5	Corinthians-SP	Rua Javari
03/05	Juventus	3 x 2	Syrio-SP	Rua Javari
11/05	Juventus	0 x 1	Ypiranga-SP	Rua Javari
18/05	Juventus	1 x 2	Portuguesa-SP	Rua Cesário Ramalho
24/05	Juventus	3 x 3	Palestra Italia-SP	Chacará da Floresta
01/06	Juventus	1 x 5	Guarani de Campinas-SP	Campinas
08/06	Juventus	0 x 1	América-SP	Rua Thabor, Ipiranga
22/06	Juventus	2 x 1	Germânia-SP	Rua Javari
24/08	Juventus	3 x 1	Germânia-SP	Chacará da Floresta
31/08	Juventus	1 x 0	América-SP	Rua Javari
07/09	Juventus	3 x 0	Guarani de Campinas-SP	Rua Javari
14/09	Juventus	2 x 1	Corinthians-SP	Parque São Jorge
21/09	Juventus	2 x 3	Santos-SP	Rua Javari
28/09	Juventus	0 x 2	Portuguesa-SP	Rua Javari
12/10	Juventus	0 x 4	São Paulo da Floresta-SP	Chacará da Floresta
19/10	Juventus	2 x 1	A.A. São Bento-SP	Ponte Grande
16/11	Juventus	2 x 1	Internacional-SP	Ponte Grande
30/11	Juventus	0 x 1	Palestra Italia-SP	Rua Javari
07/12	Juventus	0 x 4	Atlética Santista-SP	Santos
14/12	Juventus	1 x 4	Syrio-SP	Ponte Grande
21/12	Juventus	4 x 1	Ypiranga-SP	Rua Javari

1931

29/03	Juventus	3 x 4	Ypiranga-SP	Rua Javari
05/04	Juventus	4 x 3	Atlética Santista-SP	Campo da Atlét. Santista
12/04	Juventus	4 x 2	América-SP	Rua Javari
30/04	Juventus	3 x 2	Syrio-SP	Chacara da Floresta
10/05	Juventus	1 x 4	Corinthians-SP	Rua Javari
17/05	Juventus	1 x 4	Portuguesa-SP	Rua Cesario Ramalho
31/05	Juventus	1 x 3	São Paulo da Floresta-SP	Chacara da Floresta
07/06	Juventus	0 x 4	Santos-SP	Vila Belmiro, Santos-SP
14/06	Juventus	3 x 1	Germânia-SP	Rua Javari
21/06	Juventus	2 x 1	A.A. São Bento-SP	Ponte Grande
28/06	Juventus	3 x 4	Guarani de Campinas-SP	Rua Javari
20/09	Juventus	1 x 3	Palestra Italia-SP	Palestra Italia
04/10	Juventus	0 x 0	Internacional-SP	Rua Javari
18/10	Juventus	1 x 1	Internacional-SP	Campo do Antártica
25/10	Juventus	1 x 0	América-SP	Campo do América
01/11	Juventus	1 x 3	Portuguesa-SP	Rua Javari
08/11	Juventus	0 x 4	Palestra Italia-SP	Palestra Italia
15/11	Juventus	3 x 2	Atlética Santista-SP	Rua Javari
22/11	Juventus	1 x 8	São Paulo da Floresta-SP	Rua Javari
29/11	Juventus	0 x 1	Guarani de Campinas-SP	Barão Geraldo de Resende
06/12	Juventus	1 x 2	Germânia-SP	Ponte Grande
13/12	Juventus	4 x 0	A.A. São Bento-SP	Rua Javari
20/12	Juventus	3 x 1	Syrio-SP	Rua Javari
27/12	Juventus	2 x 6	Corinthians-SP	Parque São Jorge
03/01	Juventus	3 x 0	Ypiranga-SP	Ponte Grande
10/01	Juventus	1 x 1	Santos-SP	Rua Javari

1932

01/05	Juventus	5 x 4	Corinthians-SP	Chacará da Floresta
15/05	Juventus	4 x 1	Atlética Santista-SP	Ponte Grande
22/05	Juventus	2 x 1	Ypiranga-SP	Nami Jafet
05/06	Juventus	3 x 1	Portuguesa-SP	Rua Javari
12/06	Juventus	1 x 3	Palestra Italia-SP	Palestra Italia
19/06	Juventus	3 x 1	Germânia-SP	Rua Javari
26/06	Juventus	1 x 2	Santos-SP	Ponte Grande
06/11	Juventus	3 x 1	Syrio-SP	Rua Javari
20/11	Juventus	0 x 1	São Paulo da Floresta-SP	Chacará da Floresta
27/11	Juventus	3 x 1	A.A. São Bento-SP	Rua Javari
18/12	Juventus	6 x 2	Internacional-SP	Campo do Internacional

1934

20/5	Fiorentino	6 x 3	Jardim América-SP	Rua Javari
27/5	Fiorentino	8 x 2	A.A. República-SP	Rua Javari
10/6	Fiorentino	4 x 0	Casale Paulista-SP	Rua Javari
24/6	Fiorentino	7 x 2	Italo-Lusitano-SP	Rua Javari
08/7	Fiorentino	1 x 0	Armenia-SP	Rua Javari
15/7	Fiorentino	2 x 1	Albion-SP	Campo do SPR
22/7	Fiorentino	1 x 1	Hespanha (Santos)-SP	Em Santos, SP
5/8	Fiorentino	2 x 0	Olympica Municipal-SP	Rua Javari
12/8	Fiorentino	7 x 1	União Vasco da Gama-SP	Rua Javari
2/9	Fiorentino	5 x 3	Ponte Preta (Campinas)-SP	Rua Javari
9/9	Fiorentino	4 x 0	São Paulo Railway-SP	Rua Javari

1935

19/05	Juventus	1 x 2	Hespanha de Santos-SP	Rua Javari
02/06	Juventus	1 x 2	Paulista-SP	Rua Javari
09/06	Juventus	1 x 2	Corinthians-SP	Rua Javari
23/06	Juventus	2 x 5	Portuguesa Santista-SP	Ulrico Mursa, Santos-SP
30/06	Juventus	1 x 3	Palestra Italia-SP	Palestra Italia
28/07	Juventus	1 x 4	Santos-SP	Rua Javari
08/09	Juventus	1 x 1	Hespanha de Santos-SP	Macuco, Santos-SP
22/09	Juventus	2 x 1	Paulista-SP	Rua Javari
06/10	Juventus	1 x 1	Corinthians-SP	Parque São Jorge
20/10	Juventus	0 x 4	Portuguesa Santista-SP	Rua Javari
10/11	Juventus	1 x 2	Santos-SP	Vila Belmiro, Santos-SP
15/11	Juventus	1 x 4	Palestra Italia-SP	Rua Javari

1936

01/05	Juventus	2 x 3	Luzitano-SP	Rua Javari
10/05	Juventus	4 x 3	Hespanha de Santos-SP	Rua Javari
17/05	Juventus	1 x 0	Albion-SP	Rua Javari
21/06	Juventus	1 x 0	São Paulo-SP	Rua Javari
28/06	Juventus	1 x 4	Santos-SP	Vila Belmiro, Santos-SP
19/07	Juventus	4 x 1	Paulista-SP	Rua da Mooca
09/08	Juventus	4 x 1	Estudantes Paulistas-SP	Rua Javari
20/09	Juventus	1 x 4	Palestra Italia-SP	Palestra Italia
27/09	Juventus	3 x 1	SPR-SP	Rua Javari
01/11	Juventus	0 x 2	Corinthians-SP	Parque São Jorge
09/11	Juventus	3 x 3	Portuguesa Santista-SP	Rua Javari
15/11	Juventus	2 x 5	Estudantes Paulistas-SP	Rua Javari
22/11	Juventus	3 x 0	Santos-SP	Rua Javari
28/11	Juventus	6 x 3	Luzitano-SP	Rua Javari
13/12	Juventus	5 x 2	Paulista-SP	Rua Javari
27/12	Juventus	2 x 1	São Paulo-SP	Rua Javari
09/01	Juventus	3 x 3	SPR-SP	Rua Javari
17/01	Juventus	0 x 0	Hespanha de Santos-SP	Macuco, Santos-SP
14/02	Juventus	1 x 1	Palestra Italia-SP	Rua Javari
07/03	Juventus	4 x 2	Corinthians-SP	Rua Javari
21/03	Juventus	2 x 3	Portuguesa Santista-SP	Ulrico Mursa, Santos-SP

1937

20/06	Juventus	5 x 0	Luzitano-SP	Campo do Luzitano
27/06	Juventus	0 x 4	Corinthians-SP	Parque São Jorge
04/07	Juventus	1 x 1	Hespanha de Santos-SP	Rua Javari
25/07	Juventus	1 x 2	SPR-SP	Rua Javari
08/08	Juventus	1 x 2	Portuguesa Santista-SP	Ulrico Mursa, Santos-SP
22/08	Juventus	1 x 2	Palestra Italia-SP	Rua Javari
29/08	Juventus	6 x 3	Estudantes Paulistas-SP	Rua Javari
05/09	Juventus	2 x 0	São Paulo-SP	Rua Javari
19/09	Juventus	4 x 3	Santos-SP	Rua Javari
17/10	Juventus	0 x 0	Santos-SP	Vila Belmiro, Santos-SP
31/10	Juventus	1 x 4	Estudantes Paulistas-SP	Rua da Mooca
07/11	Juventus	1 x 4	Portuguesa Santista-SP	Rua Javari
21/11	Juventus	0 x 3	Palestra Italia-SP	Palestra Italia
28/11	Juventus	0 x 0	Corinthians-SP	Rua Javari

1938

13/03	Juventus	1 x 2	Estudantes Paulista-SP	Rua Javari
03/04	Juventus	0 x 1	Ypiranga-SP	Rua Javari
25/09	Juventus	2 x 1	Palestra Italia-SP	Rua Javari
16/10	Juventus	1 x 0	Santos-SP	Rua Javari
13/11	Juventus	5 x 1	Hespanha de Santos-SP	Rua Javari
04/12	Juventus	0 x 2	Portuguesa Santista-SP	Ulrico Mursa, Santos-SP
18/12	Juventus	2 x 2	São Paulo-SP	Palestra Italia
08/01	Juventus	0 x 4	Portuguesa-SP	Rua Cesário Ramalho
19/03	Juventus	3 x 1	SPR-SP	Rua Javari
26/03	Juventus	0 x 1	Corinthians-SP	Parque São Jorge
09/04	Juventus	1 x 2	Luzitano-SP	Rua Javari

1939

21/05	Juventus	0 x 6	Corinthians-SP	Parque São Jorge
28/05	Juventus	0 x 3	Palestra Italia-SP	Rua Javari
11/06	Juventus	2 x 2	SPR-SP	Rua Javari
18/06	Juventus	2 x 1	São Paulo-SP	Rua Javari
25/06	Juventus	1 x 4	Santos-SP	Vila Belmiro, Santos-SP
09/07	Juventus	1 x 3	Portuguesa-SP	Rua Cesário Ramalho
16/07	Juventus	3 x 0	Portuguesa Santista-SP	Rua Javari
23/07	Juventus	1 x 1	Hespanha de Santos-SP	Macuco, Santos-SP
30/07	Juventus	7 x 2	Comercial da Capital-SP	Rua Javari
20/08	Juventus	4 x 0	Ypiranga-SP	Rua Javari
03/09	Juventus	0 x 3	Corinthians-SP	Rua Javari
24/09	Juventus	0 x 3	SPR-SP	Comendador Souza
01/10	Juventus	1 x 3	São Paulo-SP	Rua da Mooca
08/10	Juventus	0 x 1	Santos-SP	Rua Javari
22/10	Juventus	1 x 2	Portuguesa-SP	Rua Javari
29/10	Juventus	2 x 0	Portuguesa Santista-SP	Ulrico Mursa, Santos-SP
05/11	Juventus	0 x 2	Hespanha de Santos-SP	Rua Javari
12/11	Juventus	5 x 0	Comercial da Capital-SP	Rua Javari
07/01	Juventus	0 x 2	Ypiranga-SP	Nami Jafet
21/01	Juventus	1 x 1	Palestra Italia-SP	Rua Javari

1940

26/05	Juventus 1 x 3 São Paulo-SP	Rua da Mooca
02/06	Juventus 2 x 1 SPR-SP	Comendador Souza
09/06	Juventus 0 x 2 Portuguesa-SP	Rua Javari
16/06	Juventus 2 x 3 Corinthians-SP	Rua Javari
23/06	Juventus 0 x 4 Palestra Italia-SP	Palestra Italia
30/06	Juventus 1 x 8 Santos-SP	Vila Belmiro, Santos-SP
14/07	Juventus 2 x 7 Ypiranga-SP	Nami Jafet
17/08	Juventus 2 x 0 Hespanha de Santos-SP	Ulrico Mursa, Santos-SP
25/08	Juventus 3 x 3 Comercial da Capital-SP	Rua Javari
01/09	Juventus 2 x 5 Portuguesa Santista-SP	Rua Javari
08/09	Juventus 1 x 3 São Paulo-SP	Pacaembu
15/09	Juventus 2 x 6 Portuguesa-SP	Rua Cesário Ramalho
22/09	Juventus 4 x 2 Corinthians-SP	Parque São Jorge
29/09	Juventus 0 x 4 Palestra Italia-SP	Palestra Italia
20/10	Juventus 1 x 3 SPR-SP	Nami Jafet
03/11	Juventus 2 x 3 Santos-SP	Nami Jafet
17/11	Juventus 1 x 4 Ypiranga-SP	Nami Jafet
31/11	Juventus 0 x 2 Hespanha de Santos-SP	Ulrico Mursa, Santos-SP
15/12	Juventus 2 x 4 Portuguesa Santista-SP	Ulrico Mursa, Santos-SP
29/12	Juventus 1 x 3 Comercial da Capital-SP	Rua Cesário Ramalho

1941

09/03	Juventus 1 x 4 Portuguesa Santista-SP	Ulrico Mursa, Santos-SP
23/03	Juventus 0 x 3 SPR-SP	Comendador Souza
12/04	Juventus 1 x 0 Comercial da Capital-SP	Pacaembu
20/04	Juventus 3 x 2 Palestra Italia-SP	Palestra Italia
11/05	Juventus 0 x 1 São Paulo-SP	Pacaembu
18/05	Juventus 0 x 6 Hespanha de Santos-SP	Ulrico Mursa, Santos-SP
25/05	Juventus 1 x 2 Corinthians-SP	Parque São Jorge
08/06	Juventus 2 x 3 Ypiranga-SP	Nami Jafet
29/06	Juventus 3 x 4 Santos-SP	Vila Belmiro, Santos-SP
06/07	Juventus 2 x 2 Portuguesa-SP	Comendador Souza
20/07	Juventus 2 x 2 Portuguesa Santista-SP	Rua Javari
03/08	Juventus 2 x 2 Portuguesa-SP	Pacaembu
10/08	Juventus 1 x 4 Santos-SP	Rua Javari
17/08	Juventus 1 x 2 Comercial da Capital-SP	Rua Javari
24/08	Juventus 1 x 2 Palestra Italia-SP	Rua Javari
31/08	Juventus 1 x 2 São Paulo-SP	Rua Javari
14/09	Juventus 3 x 2 Hespanha de Santos-SP	Rua Javari
21/09	Juventus 2 x 2 Corinthians-SP	Rua Javari
04/10	Juventus 3 x 2 Ypiranga-SP	Rua Javari
19/10	Juventus 3 x 2 SPR-SP	Rua Javari

1942

22/03	Juventus 3 x 1 Portuguesa Santista-SP	Rua Javari
05/04	Juventus 1 x 4 São Paulo-SP	Pacaembu
12/04	Juventus 2 x 3 Santos-SP	Vila Belmiro, Santos-SP
19/04	Juventus 2 x 2 Portuguesa-SP	Rua Javari
03/05	Juventus 0 x 3 Palestra de São Paulo-SP	Palestra Italia
17/05	Juventus 5 x 1 Comercial da Capital-SP	Rua Javari
07/06	Juventus 1 x 3 Corinthians-SP	Rua Javari
14/06	Juventus 0 x 3 Ypiranga-SP	Nami Jafet
21/06	Juventus 1 x 2 SPR-SP	Comendador Souza
28/06	Juventus 3 x 1 Hespanha de Santos-SP	Rua Javari
12/07	Juventus 2 x 1 Santos-SP	Rua Javari
19/07	Juventus 5 x 1 Portuguesa Santista-SP	Ulrico Mursa, Santos-SP
26/07	Juventus 3 x 2 Comercial da Capital-SP	Rua Javari
02/08	Juventus 0 x 4 Palestra de São Paulo-SP	Rua Javari
09/08	Juventus 1 x 4 São Paulo-SP	Rua Javari
23/08	Juventus 3 x 2 Portuguesa-SP	Pacaembu
30/08	Juventus 1 x 2 Ypiranga-SP	Rua Javari
08/09	Juventus 7 x 2 Hespanha de Santos-SP	Ulrico Mursa, Santos-SP
20/09	Juventus 2 x 1 SPR-SP	Rua Javari
27/09	Juventus 0 x 4 Corinthians-SP	Parque São Jorge

1943

21/03	Juventus 0 x 1 Portuguesa-SP	Rua Javari
28/03	Juventus 1 x 3 Palmeiras-SP	Palestra Italia
03/04	Juventus 2 x 2 Corinthians-SP	Pacaembu
18/04	Juventus 3 x 0 Portuguesa Santista-SP	Ulrico Mursa, Santos-SP
25/04	Juventus 5 x 2 SPR-SP	Comendador Souza
01/05	Juventus 3 x 1 Santos-SP	Vila Belmiro, Santos-SP
08/05	Juventus 1 x 1 São Paulo-SP	Pacaembu
16/05	Juventus 1 x 3 Ypiranga-SP	Rua Javari
07/06	Juventus 6 x 0 Jabaquara-SP	Rua Javari
20/06	Juventus 1 x 1 Comercial da Capital-SP	Rua Javari
11/07	Juventus 4 x 1 Portuguesa-SP	Pacaembu
18/07	Juventus 1 x 3 Corinthians-SP	Parque São Jorge
31/07	Juventus 2 x 1 Santos-SP	Rua Javari
08/08	Juventus 5 x 1 Portuguesa Santista-SP	Rua Javari
15/08	Juventus 2 x 2 Palmeiras-SP	Palestra Italia
22/08	Juventus 2 x 3 São Paulo-SP	Pacaembu
29/08	Juventus 5 x 1 SPR-SP	Rua Javari
07/09	Juventus 2 x 3 Comercial da Capital-SP	Rua Javari
12/09	Juventus 1 x 2 Ypiranga-SP	Nami Jafet
25/09	Juventus 2 x 1 Jabaquara-SP	Rua Javari

1944

19/03	Juventus 2 x 2 Santos-SP	Vila Belmiro, Santos-SP
25/03	Juventus 2 x 1 Portuguesa Santista-SP	Rua Javari
02/04	Juventus 3 x 3 Corinthians-SP	Pacaembu
09/04	Juventus 2 x 1 Portuguesa-SP	Pacaembu
15/04	Juventus 1 x 0 Ipiranga-SP	Pacaembu
23/04	Juventus 1 x 4 SPR-SP	Rua Javari
27/05	Juventus 2 x 0 Comercial da Capital-SP	Pacaembu
11/06	Juventus 0 x 1 São Paulo-SP	Pacaembu
18/06	Juventus 5 x 4 Jabaquara-SP	Rua Javari
25/06	Juventus 0 x 2 Palmeiras-SP	Palestra Italia
09/07	Juventus 1 x 3 Santos-SP	Rua Javari
16/07	Juventus 2 x 2 Portuguesa Santista-SP	Ulrico Mursa, Santos-SP
23/07	Juventus 1 x 5 Corinthians-SP	Pacaembu
29/07	Juventus 2 x 2 SPR-SP	Rua Javari
05/08	Juventus 0 x 0 Ipiranga-SP	Pacaembu
19/08	Juventus 3 x 4 São Paulo-SP	Pacaembu
03/09	Juventus 3 x 1 Portuguesa-SP	Rua Javari
10/09	Juventus 3 x 6 Palmeiras-SP	Pacaembu
08/10	Juventus 4 x 3 Comercial da Capital-SP	Rua Javari
15/10	Juventus 2 x 5 Jabaquara-SP	Ulrico Mursa, Santos-SP

1945

01/04	Juventus 0 x 4 Portuguesa-SP	Rua Javari
08/04	Juventus 1 x 0 Corinthians-SP	Parque São Jorge
15/04	Juventus 6 x 4 Comercial da Capital-SP	Rua Javari
21/04	Juventus 1 x 2 Ipiranga-SP	Nami Jafet
28/04	Juventus 1 x 4 São Paulo-SP	Pacaembu
13/05	Juventus 1 x 2 Palmeiras-SP	Palestra Italia
20/05	Juventus 2 x 5 Santos-SP	Rua Javari
27/05	Juventus 3 x 2 SPR-SP	Comendador Souza
03/06	Juventus 4 x 1 Portuguesa Santista-SP	Ulrico Mursa, Santos-SP
24/06	Juventus 1 x 2 Jabaquara-SP	Ulrico Mursa, Santos-SP
01/07	Juventus 0 x 1 Ipiranga-SP	Rua Javari
14/07	Juventus 3 x 3 Corinthians-SP	Rua Javari
22/07	Juventus 1 x 5 Portuguesa-SP	Pacaembu
29/07	Juventus 0 x 1 São Paulo-SP	Pacaembu
04/08	Juventus 2 x 0 Portuguesa Santista-SP	Rua Javari
19/08	Juventus 0 x 2 Jabaquara-SP	Rua Javari
08/09	Juventus 1 x 2 Palmeiras-SP	Pacaembu
16/09	Juventus 4 x 1 Comercial da Capital-SP	Rua Javari
29/09	Juventus 1 x 1 SPR-SP	Rua Javari
07/10	Juventus 1 x 3 Santos-SP	Vila Belmiro, Santos-SP

1946

06/04	Juventus 1 x 2 Ypiranga-SP	Rua dos Sorocabanos
14/04	Juventus 0 x 1 Palmeiras-SP	Palestra Italia
21/04	Juventus 3 x 0 Comercial da Capital-SP	Rua Javari
04/05	Juventus 2 x 1 Portuguesa-SP	Pacaembu
12/05	Juventus 1 x 4 Jabaquara-SP	Rua Javari
19/05	Juventus 1 x 1 SPR-SP	Comendador Souza
02/06	Juventus 3 x 7 São Paulo-SP	Pacaembu
15/06	Juventus 1 x 3 Santos-SP	Rua Javari
14/07	Juventus 1 x 4 Corinthians-SP	Pacaembu
21/07	Juventus 1 x 2 Portuguesa Santista-SP	Ulrico Mursa, Santos-SP
03/08	Juventus 2 x 5 Comercial da Capital-SP	Pacaembu
11/08	Juventus 6 x 3 Ypiranga-SP	Nami Jafet
17/08	Juventus 1 x 3 Portuguesa-SP	Rua Javari
01/09	Juventus 0 x 0 Jabaquara-SP	Ulrico Mursa, Santos-SP
07/09	Juventus 3 x 3 Palmeiras-SP	Pacaembu
15/09	Juventus 2 x 3 Santos-SP	Vila Belmiro, Santos-SP
22/09	Juventus 2 x 0 SPR-SP	Rua Javari
12/10	Juventus 1 x 6 Portuguesa Santista-SP	Rua Javari
26/10	Juventus 0 x 7 São Paulo-SP	Pacaembu
03/11	Juventus 1 x 5 Corinthians-SP	Pacaembu

1947

18/05	Juventus 2 x 2 Santos-SP	Rua Javari
01/06	Juventus 0 x 3 Palmeiras-SP	Pacaembu
08/06	Juventus 2 x 2 Nacional-SP	Rua Javari
22/06	Juventus 2 x 7 São Paulo-SP	Pacaembu
06/07	Juventus 0 x 2 Portuguesa Santista-SP	Ulrico Mursa, Santos-SP
13/07	Juventus 1 x 2 Ypiranga-SP	Rua Javari
09/08	Juventus 0 x 0 Comercial da Capital-SP	Rua Javari
16/08	Juventus 1 x 4 Portuguesa-SP	Rua Javari
24/08	Juventus 2 x 4 Jabaquara-SP	Ulrico Mursa, Santos-SP
31/08	Juventus 2 x 4 Corinthians-SP	Pacaembu
21/09	Juventus 1 x 0 Jabaquara-SP	Rua Javari
28/09	Juventus 1 x 1 Corinthians-SP	Pacaembu
12/10	Juventus 1 x 0 Nacional-SP	Rua Javari
18/10	Juventus 1 x 4 Palmeiras-SP	Rua Javari
08/11	Juventus 5 x 1 Portuguesa Santista-SP	Rua Javari
16/11	Juventus 2 x 2 Portuguesa-SP	Pacaembu
30/11	Juventus 0 x 0 Santos-SP	Vila Belmiro, Santos-SP
07/12	Juventus 4 x 1 Comercial da Capital-SP	Rua Javari
21/12	Juventus 0 x 4 Ypiranga-SP	Rua dos Sorocabanos
27/12	Juventus 2 x 1 São Paulo-SP	Pacaembu

1948

09/05	Juventus	3 x 3	Portuguesa Santista-SP	Ulrico Mursa, Santos-SP
16/05	Juventus	1 x 6	Ypiranga-SP	Rua Javari
23/05	Juventus	1 x 7	Portuguesa-SP	Pacaembu
06/06	Juventus	0 x 2	Corinthians-SP	Pacaembu
13/06	Juventus	2 x 1	Nacional-SP	Rua Javari
20/06	Juventus	2 x 1	São Paulo-SP	Pacaembu
27/06	Juventus	0 x 2	Comercial da Capital-SP	Rua Javari
31/07	Juventus	1 x 1	Santos-SP	Rua Javari
08/08	Juventus	1 x 2	Jabaquara-SP	Ulrico Mursa, Santos-SP
21/08	Juventus	1 x 0	Palmeiras-SP	Pacaembu
12/09	Juventus	3 x 2	Ypiranga-SP	Rua dos Sorocabanos
18/09	Juventus	1 x 2	Portuguesa-SP	Rua Javari
25/09	Juventus	2 x 2	Palmeiras-SP	Pacaembu
03/10	Juventus	3 x 1	Portuguesa Santista-SP	Rua Javari
17/10	Juventus	2 x 2	Jabaquara-SP	Rua Javari
29/10	Juventus	2 x 0	Comercial da Capital-SP	Rua Javari
13/11	Juventus	0 x 8	São Paulo-SP	Pacaembu
21/11	Juventus	3 x 4	Santos-SP	Vila Belmiro, Santos-SP
28/11	Juventus	2 x 1	Nacional-SP	Rua Javari
19/12	Juventus	2 x 2	Corinthians-SP	Pacaembu

1949

05/06	Juventus	2 x 3	Portuguesa-SP	Rua Javari
11/06	Juventus	2 x 3	Corinthians-SP	Rua Javari
19/06	Juventus	1 x 1	Comercial da Capital-SP	Rua Javari
26/06	Juventus	5 x 4	Jabaquara-SP	Ulrico Mursa, Santos-SP
03/07	Juventus	0 x 1	Nacional-SP	Rua Javari
16/07	Juventus	0 x 3	Palmeiras-SP	Pacaembu
24/07	Juventus	4 x 2	Xv de Piracicaba-SP	Rua Javari
31/07	Juventus	3 x 1	Santos-SP	Rua Javari
07/08	Juventus	2 x 8	São Paulo-SP	Pacaembu
21/08	Juventus	0 x 1	Portuguesa Santista-SP	Ulrico Mursa, Santos-SP
28/08	Juventus	0 x 2	Ypiranga-SP	Rua Javari
18/09	Juventus	0 x 0	Palmeiras-SP	Rua Javari
25/09	Juventus	0 x 2	Ypiranga-SP	Rua dos Sorocabanos
02/10	Juventus	1 x 0	Jabaquara-SP	Rua Javari
09/10	Juventus	1 x 0	Nacional-SP	Comendador Souza
23/10	Juventus	1 x 1	Corinthians-SP	Parque Sao Jorge
30/10	Juventus	4 x 4	Portuguesa-SP	Pacaembu
12/11	Juventus	0 x 1	São Paulo-SP	Rua Javari
20/11	Juventus	1 x 3	Comercial da Capital-SP	Rua Javari
27/11	Juventus	0 x 2	Xv de Piracicaba-SP	Piracicaba-SP
04/12	Juventus	1 x 1	Portuguesa Santista-SP	Rua Javari
11/12	Juventus	0 x 8	Santos-SP	Vila Belmiro, Santos-SP

1950

20/08	Juventus	2 x 2	Corinthians-SP	Parque São Jorge
27/08	Juventus	3 x 4	Ypiranga-SP	Rua dos Sorocabanos
10/09	Juventus	1 x 3	Portuguesa Santista-SP	Rua Javari
16/09	Juventus	3 x 1	Jabaquara-SP	Rua Javari
23/09	Juventus	0 x 3	São Paulo-SP	Rua Javari
30/09	Juventus	0 x 0	Santos-SP	Rua Javari
08/10	Juventus	0 x 1	Guarani (Campinas)-SP	Campinas-SP
15/10	Juventus	3 x 1	Nacional-SP	Rua Javari
22/10	Juventus	1 x 3	Palmeiras-SP	Palestra Italia
29/10	Juventus	0 x 3	Xv de Piracicaba-SP	Piracicaba-SP
04/11	Juventus	4 x 2	Portuguesa-SP	Pacaembu
19/11	Juventus	1 x 3	Palmeiras-SP	Pacaembu
26/11	Juventus	1 x 2	São Paulo-SP	Pacaembu
02/12	Juventus	1 x 3	Guarani (Campinas)-SP	Rua Javari
10/12	Juventus	2 x 1	Ypiranga-SP	Rua Javari
17/12	Juventus	1 x 0	Xv de Piracicaba-SP	Rua Javari
24/12	Juventus	2 x 1	Portuguesa Santista-SP	Ulrico Mursa, Santos-SP
29/12	Juventus	2 x 4	Santos-SP	Vila Belmiro, Santos-SP
06/01	Juventus	2 x 2	Portuguesa-SP	Rua Javari
13/01	Juventus	2 x 2	Corinthians-SP	Pacaembu
21/01	Juventus	2 x 3	Nacional-SP	Comendador Souza
28/01	Juventus	2 x 1	Jabaquara-SP	Santos-SP

1951

03/06	Juventus	2 x 2	Ponte Preta-SP	Rua Javari
09/06	Juventus	2 x 1	Jabaquara-SP	Santos-SP
16/06	Juventus	1 x 3	São Paulo-SP	Pacaembu
23/06	Juventus	1 x 1	Santos-SP	Santos-SP
01/08	Juventus	0 x 3	Palmeiras-SP	Pacaembu
11/08	Juventus	3 x 1	Nacional-SP	Rua Javari
15/08	Juventus	0 x 3	Corinthians-SP	Pacaembu
26/08	Juventus	1 x 3	Guarani (Campinas)-SP	Campinas-SP
02/09	Juventus	2 x 1	Xv de Piracicaba-SP	Piracicaba-SP
09/09	Juventus	0 x 1	Ypiranga-SP	Palestra Italia
15/09	Juventus	2 x 3	Comercial da Capital-SP	Rua Javari
22/09	Juventus	2 x 5	Portuguesa-SP	Rua Javari
29/09	Juventus	4 x 3	Radium-SP	Rua Javari
07/10	Juventus	3 x 3	Portuguesa Santista-SP	Ulrico Mursa, Santos-SP
21/10	Juventus	1 x 1	Ponte Preta-SP	Moisés Lucarelli
28/10	Juventus	4 x 3	Jabaquara-SP	Rua Javari
03/11	Juventus	2 x 1	São Paulo-SP	Pacaembu
11/11	Juventus	0 x 4	Santos-SP	Rua Javari
18/11	Juventus	3 x 4	Palmeiras-SP	Pacaembu
02/12	Juventus	1 x 1	Nacional-SP	Comendador Souza
08/12	Juventus	2 x 7	Corinthians-SP	Pacaembu
16/12	Juventus	1 x 2	Guarani (Campinas)-SP	Rua Javari
23/12	Juventus	3 x 2	Xv de Piracicaba-SP	Rua Javari
30/12	Juventus	2 x 5	Ypiranga-SP	Rua Javari
06/01	Juventus	2 x 2	Comercial da Capital-SP	Rua Javari
12/01	Juventus	0 x 3	Portuguesa-SP	Pacaembu
20/01	Juventus	1 x 2	Radium-SP	Mococa-SP
25/01	Juventus	0 x 2	Portuguesa Santista-SP	Rua Javari

1952

31/08	Juventus	2 x 1	Xv de Piracicaba-SP	Piracicaba-SP
03/09	Juventus	1 x 2	São Paulo-SP	Pacaembu
07/09	Juventus	3 x 4	Comercial da Capital-SP	Rua Javari
14/09	Juventus	0 x 2	Jabaquara-SP	Santos-SP
21/09	Juventus	2 x 6	Corinthians-SP	Pacaembu
24/09	Juventus	2 x 3	Portuguesa Santista-SP	Santos-SP
27/09	Juventus	0 x 2	Radium-SP	Rua Javari
05/10	Juventus	1 x 3	Portuguesa-SP	Pacaembu
12/10	Juventus	2 x 3	Santos-SP	Rua Javari
19/10	Juventus	1 x 2	Nacional-SP	Rua Javari
25/10	Juventus	0 x 2	Palmeiras-SP	Pacaembu
01/11	Juventus	1 x 6	Xv de Jaú-SP	Rua Javari
05/11	Juventus	1 x 3	Ponte Preta-SP	Moisés Lucarelli
09/11	Juventus	0 x 3	Ypiranga-SP	Palestra Italia
15/11	Juventus	4 x 1	Guarani (Campinas)-SP	Rua Javari
22/11	Juventus	0 x 2	Palmeiras-SP	Pacaembu
30/11	Juventus	2 x 1	Ponte Preta-SP	Rua Javari
03/12	Juventus	2 x 2	Portuguesa-SP	Rua Javari
06/12	Juventus	4 x 0	Ypiranga-SP	Rua Javari
14/12	Juventus	2 x 0	São Paulo-SP	Pacaembu
21/12	Juventus	1 x 3	Guarani (Campinas)-SP	Campinas-SP
24/12	Juventus	0 x 3	Corinthians-SP	Pacaembu
28/12	Juventus	1 x 1	Comercial da Capital-SP	Rua Javari
04/01	Juventus	2 x 1	Nacional-SP	Comendador Souza
07/01	Juventus	1 x 3	Xv de Jaú-SP	Jaú-SP
11/01	Juventus	2 x 0	Jabaquara-SP	Rua Javari
18/01	Juventus	1 x 4	Radium-SP	Mococa-SP
22/01	Juventus	2 x 2	Santos-SP	Santos-SP
25/01	Juventus	3 x 1	Portuguesa Santista-SP	Rua Javari
31/01	Juventus	3 x 0	Xv de Piracicaba-SP	Rua Javari

1953

25/07	Juventus	2 x 4	Palmeiras-SP	Pacaembu
08/08	Juventus	1 x 7	Ponte Preta-SP	Rua Javari
12/08	Juventus	1 x 3	Corinthians-SP	Pacaembu
16/08	Juventus	0 x 1	São Paulo-SP	Pacaembu
23/08	Juventus	0 x 2	Comercial da Capital-SP	Rua Javari
30/08	Juventus	1 x 1	Xv de Jaú-SP	Rua Javari
05/09	Juventus	1 x 0	Portuguesa Santista-SP	Rua Javari
13/09	Juventus	2 x 5	Santos-SP	Vila Belmiro, Santos-SP
20/09	Juventus	0 x 1	Xv de Piracicaba-SP	Roberto Gomes Pedroza
26/09	Juventus	4 x 1	Nacional-SP	Rua Javari
30/09	Juventus	1 x 1	Portuguesa-SP	Rua Javari
03/10	Juventus	2 x 1	Linense-SP	Rua Javari
07/10	Juventus	1 x 0	Guarani (Campinas)-SP	Campinas-SP
11/10	Juventus	0 x 0	Ypiranga-SP	Rua Javari
01/11	Juventus	1 x 2	Linense-SP	Lins-SP
08/11	Juventus	1 x 2	Guarani (Campinas)-SP	Rua Javari
18/11	Juventus	1 x 1	Corinthians-SP	Pacaembu
29/11	Juventus	2 x 1	Portuguesa-SP	Pacaembu
02/12	Juventus	0 x 3	Santos-SP	Rua Javari
13/12	Juventus	3 x 5	Xv de Piracicaba-SP	Rua Javari
20/12	Juventus	3 x 3	Xv de Jaú-SP	Rua Javari
27/12	Juventus	1 x 6	Palmeiras-SP	Pacaembu
03/01	Juventus	0 x 4	Comercial da Capital-SP	Rua Javari
09/01	Juventus	0 x 2	São Paulo-SP	Pacaembu
17/01	Juventus	0 x 5	Ponte Preta-SP	Moisé Lucarelli
23/01	Juventus	1 x 1	Ypiranga-SP	Rua Javari
31/01	Juventus	3 x 3	Nacional-SP	Comendador Souza
07/02	Juventus	2 x 1	Portuguesa Santista-SP	Santos-SP
14/02	Juventus	3 x 0	Portuguesa Santista-SP	Pacaembu
21/02	Juventus	1 x 2	Ypiranga-SP	Palestra Italia

1954

15/08	Juventus	2 x 1	São Bento de S.C.S	Rua Javari
21/08	Juventus	2 x 0	São Paulo-SP	Pacaembu
28/08	Juventus	1 x 1	Corinthians-SP	Pacaembu
05/09	Juventus	2 x 2	Ypiranga-SP	Rua Javari
07/09	Juventus	2 x 0	Xv de Piracicaba-SP	Rua Javari
19/09	Juventus	2 x 2	Xv de Jaú-SP	Rua Javari
26/09	Juventus	1 x 2	Linense-SP	Lins-SP
09/10	Juventus	1 x 2	Portuguesa-SP	Pacaembu
17/10	Juventus	0 x 1	Noroeste-SP	Bauru-SP
20/10	Juventus	2 x 3	Palmeiras-SP	Pacaembu
24/10	Juventus	0 x 2	Guarani (Campinas)-SP	Rua Javari
31/10	Juventus	2 x 2	Ponte Preta-SP	Moisés Lucarelli
07/11	Juventus	2 x 5	Santos-SP	Santos-SP
21/11	Juventus	0 x 2	Palmeiras-SP	Palestra Italia

Data	Partida			Local
28/11	Juventus	5 x 1	Noroeste-SP	Rua Javari
08/12	Juventus	2 x 3	Xv de Piracicaba-SP	Piracicaba-SP
12/12	Juventus	2 x 3	Linense-SP	Rua Javari
19/12	Juventus	3 x 1	Portuguesa-SP	Rua Javari
23/12	Juventus	1 x 4	Xv de Jaú-SP	Jaú-SP
31/12	Juventus	0 x 1	Corinthians-SP	Pacaembu
09/01	Juventus	1 x 5	Santos-SP	Santos-SP
16/01	Juventus	2 x 3	Guarani (Campinas)-SP	Campinas-SP
23/01	Juventus	2 x 2	A.A. São Bento de S.C.S	São Caetano do Sul-SP
30/01	Juventus	5 x 2	Ponte Preta-SP	Rua Javari
05/02	Juventus	1 x 2	São Paulo-SP	Pacaembu
13/02	Juventus	2 x 1	Ypiranga-SP	Palestra Italia

1956

17/06	Juventus	3 x 3	Linense-SP	Rua Javari
24/06	Juventus	1 x 1	Portuguesa-SP	Pacaembu
01/07	Juventus	2 x 1	Ponte Preta-SP	Rua Javari
08/07	Juventus	1 x 0	Guarani-SP	Campinas-SP
15/07	Juventus	1 x 3	Corinthians-SP	Pacaembu
22/07	Juventus	3 x 1	Portuguesa Santista-SP	Rua Javari
25/07	Juventus	1 x 4	Santos-SP	Santos-SP
29/07	Juventus	3 x 2	A.A. São Bento de S.C.S	Rua Javari
05/08	Juventus	5 x 0	Nacional-SP	Rua Javari
09/08	Juventus	1 x 3	Taubaté-SP	Taubaté-SP
19/08	Juventus	2 x 3	Noroeste-SP	Bauru-SP
22/08	Juventus	2 x 3	Palmeiras-SP	Pacaembu
26/08	Juventus	2 x 0	Ferroviária de Araraquara	Rua Javari
09/09	Juventus	1 x 3	Xv de Piracicaba-SP	Rua Javari
19/09	Juventus	3 x 1	Jabaquara-SP	Santos-SP
22/09	Juventus	1 x 2	São Paulo-SP	Pacaembu
30/09	Juventus	0 x 1	Xv de Jaú-SP	Jaú-SP
07/10	Juventus	0 x 1	Portuguesa-SP	Rua Javari
14/10	Juventus	1 x 2	Palmeiras-SP	Palestra Italia
21/10	Juventus	4 x 3	Xv de Piracicaba-SP	Rua Javari
25/10	Juventus	0 x 3	São Paulo-SP	Pacaembu
28/10	Juventus	0 x 1	Xv de Jaú-SP	Jaú-SP
04/11	Juventus	1 x 2	Santos-SP	Santos-SP
07/11	Juventus	3 x 3	Corinthians-SP	Pacaembu
10/11	Juventus	3 x 2	Taubaté-SP	Rua Javari
15/11	Juventus	0 x 4	A.A. São Bento de S.C.S	São Caetano do Sul-SP
18/11	Juventus	0 x 0	Taubaté-SP	Taubaté-SP
22/11	Juventus	2 x 3	São Paulo-SP	Pacaembu
25/11	Juventus	3 x 2	Palmeiras-SP	Pacaembu
28/11	Juventus	0 x 1	Santos-SP	Pacaembu
02/12	Juventus	2 x 2	A.A. São Bento de S.C.S	Rua Javari
09/12	Juventus	0 x 2	Portuguesa-SP	Canindé
13/12	Juventus	3 x 0	Xv de Jaú-SP	Rua Javari
20/12	Juventus	0 x 2	Corinthians-SP	Pacaembu
23/12	Juventus	2 x 6	Xv de Piracicaba-SP	Piracicaba-SP

1957

09/06	Juventus	0 x 0	Botafogo de R. Preto-SP	Ribeirão Preto-SP
13/06	Juventus	1 x 2	Ypiranga-SP	Rua Javari
15/06	Juventus	1 x 3	Ponte Preta-SP	Campinas-SP
30/06	Juventus	1 x 4	Ferroviária de Araraq.-SP	Araraquara-SP
11/07	Juventus	2 x 3	Portuguesa-SP	Canindé
14/07	Juventus	0 x 1	Jabaquara-SP	Rua Javari
28/07	Juventus	2 x 0	Xv de Jaú-SP	Rua Javari
31/07	Juventus	4 x 1	A.A. São Bento de S.C.S.	Rua Javari
04/08	Juventus	0 x 4	Xv de Piracicaba-SP	Piracicaba-SP
11/08	Juventus	2 x 0	Linense-SP	Lins-SP
17/08	Juventus	2 x 1	São Paulo-SP	Pacaembu
24/08	Juventus	3 x 1	Palmeiras-SP	Palestra Italia
28/08	Juventus	0 x 2	Portuguesa Santista-SP	Santos-SP
01/09	Juventus	3 x 1	Taubaté-SP	Rua Javari
08/09	Juventus	3 x 1	Guarani-SP	Santos-SP
14/09	Juventus	0 x 3	Corinthians-SP	Parque São Jorge
19/09	Juventus	4 x 3	Nacional-SP	Rua Javari
22/09	Juventus	1 x 2	Noroeste-SP	Rua Javari
29/09	Juventus	1 x 6	Santos-SP	Santos-SP

1958

25/05	Juventus	1 x 2	Xv de Jaú-SP	Jaú-SP
28/05	Juventus	1 x 2	Botafogo de Rib. Preto-SP	Ribeirão Preto-SP
31/05	Juventus	0 x 1	Guarani-SP	Campinas-SP
07/06	Juventus	1 x 6	Noroeste-SP	Bauru-SP
14/06	Juventus	3 x 2	Comercial da Capital-SP	Paque São Jorge
19/06	Juventus	3 x 2	Jabaquara-SP	Rua Javari
22/06	Juventus	0 x 5	Taubaté-SP	Taubaté-SP
25/06	Juventus	0 x 2	América de S. J. do R. P.	Rua Javari
29/06	Juventus	2 x 2	Portuguesa Santista-SP	Santos-SP
02/07	Juventus	1 x 1	Ferroviária de Araraq.-SP	Araraquara-SP
06/07	Juventus	1 x 0	Xv de Piracicaba-SP	Rua Javari
09/07	Juventus	1 x 3	Nacional-SP	Rua Javari
20/07	Juventus	0 x 2	Santos-SP	Rua Javari
23/07	Juventus	3 x 2	Portuguesa-SP	Canindé
27/07	Juventus	1 x 2	Ponte Preta-SP	Rua Javari
17/08	Juventus	2 x 0	Ypiranga-SP	Santo André-SP
20/08	Juventus	0 x 2	São Paulo-SP	Pacaembu
07/09	Juventus	3 x 5	Corinthians-SP	Rua Javari
14/09	Juventus	2 x 5	Palmeiras-SP	Rua Javari
28/09	Juventus	1 x 2	Ponte Preta-SP	Campinas-SP
05/10	Juventus	0 x 5	Xv de Piracicaba-SP	Piracicaba-SP
12/10	Juventus	2 x 2	Taubaté-SP	Rua Javari
19/10	Juventus	3 x 2	Nacional-SP	Comendador Souza
22/10	Juventus	1 x 1	Palmeiras-SP	Pacaembu
26/10	Juventus	1 x 3	Portuguesa-SP	Rua Javari
29/10	Juventus	2 x 4	São Paulo-SP	Pacaembu
01/11	Juventus	3 x 2	Ypiranga-SP	Rua Javari
09/11	Juventus	1 x 2	Xv de Jaú-SP	Rua Javari
12/11	Juventus	1 x 0	Botafogo de Rib. Preto-SP	Rua Javari
16/11	Juventus	1 x 0	Guarani-SP	Rua Javari
19/11	Juventus	1 x 1	Ferroviária de Araraq.-SP	Rua Javari
29/11	Juventus	2 x 1	Jabaquara-SP	Santos-SP
04/12	Juventus	1 x 1	Corinthians-SP	Parque São Jorge
07/12	Juventus	4 x 2	Comercial da Capital-SP	Rua Javari
10/12	Juventus	1 x 7	Santos-SP	Santos-SP
14/12	Juventus	3 x 1	Noroeste-SP	Rua Javari
17/12	Juventus	0 x 1	América de S. J. do R. P.	São José do Rio Preto-SP
20/12	Juventus	1 x 1	Portuguesa Santista-SP	Rua Javari

1959

24/05	Juventus	0 x 3	Ferroviária de Araraq.-SP	Araraquara-SP
30/05	Juventus	4 x 1	Taubaté-SP	Rua Javari
14/06	Juventus	0 x 0	Nacional-SP	Rua Javari
18/06	Juventus	1 x 1	Palmeiras-SP	Pacaembu
21/06	Juventus	1 x 0	Jabaquara-SP	Rua Javari
05/07	Juventus	2 x 2	Xv de Jaú-SP	Jaú-SP
11/07	Juventus	6 x 0	Ponte Preta-SP	Rua Javari
19/07	Juventus	4 x 4	Comercial da Capital-SP	Rua Javari
26/07	Juventus	1 x 0	Comercial de Rib.Preto-SP	Ribeirão Preto-SP
02/08	Juventus	0 x 4	Santos-SP	Rua Javari
06/08	Juventus	0 x 1	São Paulo-SP	Pacaembu
09/08	Juventus	5 x 3	Xv de Piracicaba-SP	Piracicaba-SP
15/08	Juventus	1 x 1	Botafogo de Rib.Preto-SP	Rua Javari
30/08	Juventus	0 x 1	Portuguesa Santista-SP	Santos-SP
06/09	Juventus	3 x 2	Noroeste-SP	Rua Javari
10/09	Juventus	0 x 1	Corinthians-SP	Rua Javari
20/09	Juventus	1 x 2	Guarani-SP	Campinas-SP
30/09	Juventus	3 x 3	Portuguesa-SP	Rua Javari
03/10	Juventus	5 x 0	América de S. J. do R. P.	Rua Javari
07/10	Juventus	5 x 1	Guarani-SP	Rua Javari
10/10	Juventus	1 x 3	América de S. J. do R. P.	São José do Rio Preto-SP
17/10	Juventus	1 x 1	Portuguesa-SP	Canindé
21/10	Juventus	1 x 1	Nacional-SP	Comendador Souza
25/10	Juventus	4 x 0	Comercial de Rib.Preto-SP	Rua Javari
31/10	Juventus	1 x 2	Comercial da Capital-SP	Rua Javari
04/11	Juventus	4 x 5	Taubaté-SP	Taubaté-SP
06/11	Juventus	0 x 0	Jabaquara-SP	Santos-SP
08/11	Juventus	3 x 0	Xv de Piracicaba-SP	Rua Javari
11/11	Juventus	1 x 5	Santos-SP	Santos-SP
18/11	Juventus	2 x 2	São Paulo-SP	Rua Javari
26/11	Juventus	3 x 3	Ferroviária de Araraq.-SP	Rua Javari
29/11	Juventus	4 x 1	Portuguesa Santista-SP	Rua Javari
03/12	Juventus	0 x 2	Corinthians-SP	Parque São Jorge
06/12	Juventus	1 x 2	Noroeste-SP	Bauru-SP
13/12	Juventus	0 x 2	Ponte Preta-SP	Campinas-SP
17/12	Juventus	0 x 2	Palmeiras-SP	Rua Javari
19/12	Juventus	1 x 5	Botafogo de Rib.Preto-SP	Ribeirão Preto-SP
27/12	Juventus	3 x 0	Xv de Jaú-SP	Rua Javari

1960

19/06	Juventus	5 x 4	Ponte Preta-SP	Rua Javari
22/06	Juventus	2 x 2	Botafogo de Rib.Preto-SP	Ribeirão Preto-SP
26/06	Juventus	1 x 1	São Paulo-SP	Pacaembu
10/07	Juventus	0 x 1	Ferroviária de	Rua Javari
17/07	Juventus	1 x 3	Araraquara-SP	Rua Javari
23/07	Juventus	2 x 3	Noroeste-SP	Rua Javari
27/07	Juventus	2 x 3	Portuguesa-SP	Parque São Jorge
31/07	Juventus	2 x 2	Corinthians-SP	São José do Rio Preto-SP
06/08	Juventus	2 x 0	América de S. J. do R. P.	Rua Javari
13/08	Juventus	3 x 2	Taubaté-SP	Rua Javari
20/08	Juventus	2 x 1	Comercial de Rib.Preto-SP	Rua Javari
28/08	Juventus	0 x 0	Xv de Piracicba-SP	Campinas-SP
31/08	Juventus	1 x 2	Guarani-SP	Rua Javari
03/09	Juventus	3 x 1	Corinthians de P.Prud.-SP	Rua Javari
08/09	Juventus	0 x 1	Portuguesa Santista-SP	Palestra Italia
11/09	Juventus	0 x 0	Palmeiras-SP	Santos-SP
15/09	Juventus	2 x 5	Jabaquara-SP	Santos-SP
18/09	Juventus	1 x 2	Santos-SP	Campinas-SP
24/09	Juventus	1 x 3	Ponte Preta-SP	Rua Javari
28/09	Juventus	4 x 0	Santos-SP	Rua Javari
01/10	Juventus	0 x 3	Guarani-SP	Canindé
05/10	Juventus	0 x 3	Portuguesa-SP	Bauru-SP
08/10	Juventus	2 x 4	Noroeste-SP	Rua Javari
13/10	Juventus	4 x 4	Botafogo de Rib.Preto-SP	Taubaté-SP
23/10	Juventus	2 x 2	Taubaté-SP	Rua Javari
06/11	Juventus	1 x 4	Palmeiras-SP	Ribeirão Preto-SP
10/11	Juventus	0 x 3	Comercial de Rib.Preto-SP	Rua Javari
13/11	Juventus	2 x 6	São Paulo-SP	Araraquara-SP
16/11	Juventus	3 x 0	Ferroviária de Araraq.-SP	Rua Javari
20/11	Juventus	0 x 5	América de S. J. do R. P.	Presidente Prudente-SP

27/11	Juventus	1 x 2	Corinthians de P. Prud.-SP	Rua Javari
03/12	Juventus	0 x 1	Corinthians-SP	Santos-SP
08/12	Juventus	2 x 2	Portuguesa Santista-SP	Piracicaba-SP
11/12	Juventus	1 x 0	Xv de Piracicaba-SP	Rua Javari
08/01	Juventus	2 x 0	Jabaquara-SP	São José do Rio Preto-SP
22/01	Juventus	2 x 1	América de S. J. do R. P.-SP	Rua Javari
05/02	Juventus	1 x 1	Corinthians de P. Prud.-SP	Presidente Prudente-SP
10/02	Juventus	3 x 0	América de S. J. do R. P.-SP	Rua Javari

1961

02/07	Juventus	1 x 3	Portuguesa-SP	Canindé
09/07	Juventus	0 x 2	Guarani-SP	Campinas-SP
16/07	Juventus	0 x 2	Esp. de Guaratinguetá-SP	Rua Javari
19/07	Juventus	0 x 1	Taubaté-SP	Taubaté-SP
23/07	Juventus	1 x 4	Xv de Piracicaba-SP	Piracicaba-SP
30/07	Juventus	0 x 2	Botafogo de Rib.Preto-SP	Rua Javari
06/08	Juventus	0 x 5	Palmeiras-SP	Pacaembu
12/08	Juventus	1 x 1	Corinthians-SP	Pacaembu
20/08	Juventus	2 x 1	Noroeste-SP	Bauru-SP
23/08	Juventus	1 x 2	Portuguesa Santista-SP	Santos-SP
06/09	Juventus	1 x 10	Santos-SP	Santos-SP
10/09	Juventus	2 x 7	Ferroviária de Araraq.-SP	Rua Javari
16/09	Juventus	3 x 1	Jabaquara-SP	Rua Javari
20/09	Juventus	0 x 5	São Paulo-SP	Pacaembu
24/09	Juventus	0 x 3	Comercial de Rib.Preto-SP	Ribeirão Preto-SP
30/09	Juventus	2 x 0	Xv de Piracicaba-SP	Rua Javari
04/10	Juventus	0 x 1	Botafogo de Rib. Preto-SP	Ribeirão Preto-SP
08/10	Juventus	2 x 1	Esp. de Guaratinguetá-SP	Guaratinguetá-SP
15/10	Juventus	3 x 4	Portuguesa-SP	Rua Javari
22/10	Juventus	0 x 1	Corinthians-SP	Pacaembu
29/10	Juventus	2 x 0	Jabaquara-SP	Santos-SP
01/11	Juventus	1 x 3	Santos-SP	Pacaembu
04/11	Juventus	2 x 4	Palmeiras-SP	Pacaembu
12/11	Juventus	1 x 0	Taubaté-SP	Rua Javari
15/11	Juventus	1 x 0	Comercial de Rib.Preto-SP	Rua Javari
22/11	Juventus	1 x 4	Ferroviária de Araraq.-SP	Araraquara-SP
26/11	Juventus	2 x 1	Noroeste-SP	Rua Javari
02/12	Juventus	1 x 3	São Paulo-SP	Pacaembu
06/12	Juventus	2 x 1	Guarani-SP	Rua Javari
14/12	Juventus	3 x 2	Portuguesa Santista-SP	Rua Javari

1962

07/07	Juventus	2 x 1	Esp. de Guaratinguetá-SP	Rua Javari
11/07	Juventus	0 x 1	Jabaquara-SP	Santos-SP
15/07	Juventus	2 x 0	Portuguesa-SP	Pacaembu
18/07	Juventus	3 x 1	Xv de Piracicaba-SP	Rua Javari
22/07	Juventus	1 x 0	Taubaté-SP	Taubaté-SP
05/08	Juventus	1 x 1	Corinthians-SP	Parque São Jorge
08/08	Juventus	0 x 2	Santos-SP	Pacaembu
11/08	Juventus	1 x 2	Botafogo de Rib.Preto-SP	Rua Javari
15/08	Juventus	1 x 1	Comercial de Rib.Preto-SP	Ribeirão Preto-SP
18/08	Juventus	0 x 7	Guarani-SP	Rua Javari
25/08	Juventus	0 x 1	Palmeiras-SP	Pacaembu
29/08	Juventus	2 x 2	Ferroviária de Araraq.-SP	Araraquara-SP
05/09	Juventus	3 x 1	Noroeste-SP	Rua Javari
16/09	Juventus	0 x 1	Prudentina-SP	Presidente Prudente-SP
29/09	Juventus	1 x 1	São Paulo-SP	Pacaembu
10/10	Juventus	1 x 4	Botafogo de Rib.Preto-SP	Ribeirão Preto-SP
14/10	Juventus	1 x 3	Guarani-SP	Campinas-SP
18/10	Juventus	1 x 1	Noroeste-SP	Rua Javari
21/10	Juventus	0 x 0	Ferroviária de Araraq.-SP	Rua Javari
24/10	Juventus	3 x 0	Comercial de Rib.Preto-SP	Rua Javari
28/10	Juventus	0 x 0	Noroeste-SP	Bauru-SP
31/10	Juventus	1 x 2	Esp. de Guaratinguetá-SP	Guaratinguetá-SP
03/11	Juventus	0 x 1	Taubaté-SP	Rua Javari
07/11	Juventus	0 x 3	Santos-SP	Santos-SP
11/11	Juventus	1 x 0	Jabaquara-SP	Rua Javari
15/11	Juventus	0 x 0	Xv de Piracicaba-SP	Piracicaba-SP
18/11	Juventus	0 x 3	São Paulo-SP	Pacaembu
21/11	Juventus	0 x 1	Palmeiras-SP	Pacaembu
01/12	Juventus	2 x 2	Portuguesa-SP	Rua Javari
15/12	Juventus	3 x 2	Corinthians-SP	Pacaembu

1963

12/05	Juventus	3 x 1	Esp. de Guaratinguetá-SP	Guaratinguetá-SP
26/05	Juventus	3 x 1	Jabaquara-SP	Rua Javari
02/06	Juventus	0 x 3	Xv de Piracicaba-SP	Piracicaba-SP
09/06	Juventus	4 x 0	Comercial de Rib.Preto-SP	Rua Javari
16/06	Juventus	1 x 1	Prudentina-SP	Presidente Prudente-SP
23/06	Juventus	1 x 1	São Paulo-SP	Morumbi
30/06	Juventus	0 x 1	Ferroviária de Araraq.-SP	Rua Javari
07/07	Juventus	0 x 2	Noroeste-SP	Bauru-SP
21/07	Juventus	1 x 1	Corinthians-SP	Parque São Jorge
28/07	Juventus	1 x 2	São Bento de Sorocaba-SP	Rua Javari
04/08	Juventus	1 x 3	Botafogo de Rib.Preto-SP	Ribeirão Preto-SP
11/08	Juventus	2 x 3	Palmeiras-SP	Pacaembu
18/08	Juventus	1 x 2	Portuguesa-SP	Rua Javari
25/08	Juventus	0 x 3	Guarani-SP	Campinas-SP
25/09	Juventus	1 x 2	Santos-SP	Santos-SP
29/09	Juventus	2 x 1	Esp. de Guaratinguetá-SP	Rua Javari
02/10	Juventus	1 x 1	Palmeiras-SP	Pacaembu
06/10	Juventus	1 x 0	Portuguesa-SP	Pacaembu
12/10	Juventus	3 x 0	Noroeste-SP	Rua Javari
19/10	Juventus	5 x 0	Guarani-SP	Rua Javari
26/10	Juventus	5 x 0	Prudentina-SP	Rua Javari
02/11	Juventus	0 x 0	Santos-SP	Pacaembu
06/11	Juventus	1 x 1	São Bento de Sorocaba-SP	Sorocaba-SP
10/11	Juventus	2 x 1	Botafogo de Rib.Preto-SP	Rua Javari
17/11	Juventus	1 x 1	Jabaquara-SP	Santos-SP
21/11	Juventus	0 x 0	São Paulo-SP	Pacaembu
24/11	Juventus	0 x 1	Ferroviária de Araraq.-SP	Araraquara-SP
30/11	Juventus	2 x 1	Xv de Piracicaba-SP	Rua Javari
08/12	Juventus	2 x 2	Corinthians-SP	Pacaembu
14/12	Juventus	0 x 2	Comercial de Rib.Preto-SP	Ribeirão Preto-SP

1964

05/07	Juventus	2 x 1	São Paulo-SP	Morumbi
12/07	Juventus	0 x 1	Botafogo de Rib. Preto-SP	Ribeirão Preto-SP
19/07	Juventus	1 x 0	Guarani-SP	Campinas-SP
26/07	Juventus	1 x 0	Comercial de Rib.Preto-SP	Rua Javari
02/08	Juventus	1 x 2	Corinthians-SP	Parque São Jorge
09/08	Juventus	1 x 2	Santos-SP	Rua Javari
16/08	Juventus	1 x 0	Ferroviária de Araraq.-SP	Araraquara-SP
22/08	Juventus	1 x 5	Portuguesa-SP	Rua Javari
26/08	Juventus	2 x 2	Prudentina-SP	Rua Javari
30/08	Juventus	1 x 1	América de S. J. do R. P.-SP	São José do Rio Preto-SP
02/09	Juventus	2 x 1	Xv de Piracicaba-SP	Rua Javari
06/09	Juventus	2 x 1	Noroeste-SP	Rua Javari
13/09	Juventus	4 x 2	Esp. de Guaratinguetá-SP	Guaratinguetá-SP
20/09	Juventus	1 x 3	Palmeiras-SP	Pacaembu
27/09	Juventus	2 x 2	São Bento de Sorocaba-SP	Rua Javari
03/10	Juventus	2 x 3	São Paulo-SP	Pacaembu
11/10	Juventus	2 x 3	Guarani-SP	Rua Javari
15/10	Juventus	2 x 0	Botafogo de Rib. Preto-SP	Rua Javari
23/10	Juventus	0 x 3	Corinthians-SP	Pacaembu
01/11	Juventus	5 x 1	Ferroviária de Araraq.-SP	Rua Javari
08/11	Juventus	0 x 3	Portuguesa-SP	Pacaembu
11/11	Juventus	2 x 4	Prudentina-SP	Presidente Prudente-SP
14/11	Juventus	3 x 1	América de S. J. do R. P.-SP	Rua Javari
18/11	Juventus	0 x 2	Xv de Piracicaba-SP	Piracicaba-SP
22/11	Juventus	0 x 1	Noroeste-SP	Bauru-SP
25/11	Juventus	1 x 3	Comercial de Rib.Preto-SP	Ribeirão Preto-SP
28/11	Juventus	1 x 1	Esp. de Guaratinguetá-SP	Rua Javari
02/12	Juventus	2 x 5	Santos-SP	Santos-SP
05/12	Juventus	0 x 6	Palmeiras-SP	Palestra Italia
10/12	Juventus	2 x 0	São Bento de Sorocaba-SP	Sorocaba-SP

1965

13/07	Juventus	2 x 5	Palmeiras-SP	Palestra Italia
18/07	Juventus	2 x 4	Xv de Piracicaba-SP	Piracicaba-SP
25/07	Juventus	2 x 1	São Paulo-SP	Rua Javari
01/08	Juventus	3 x 1	São Bento de Sorocaba-SP	Rua Javari
04/08	Juventus	1 x 4	Corinthians-SP	Parque São Jorge
08/08	Juventus	0 x 1	Guarani-SP	Rua Javari
15/08	Juventus	1 x 3	América de S. J. do R. P.-SP	São José do Rio Preto-SP
22/08	Juventus	3 x 1	Botafogo de Rib.Preto-SP	Rua Javari
25/08	Juventus	4 x 0	Portuguesa-SP	Pacaembu
28/08	Juventus	2 x 2	Ferroviária de Araraq.-SP	Rua Javari
04/09	Juventus	3 x 4	Prudentina-SP	Presidente Prudente-SP
08/09	Juventus	1 x 3	Santos-SP	Pacaembu
11/09	Juventus	2 x 0	Noroeste-SP	Rua Javari
16/09	Juventus	1 x 2	Portuguesa Santista-SP	Santos-SP
19/09	Juventus	2 x 2	Comercial de Rib.Preto-SP	Ribeirão Preto-SP
02/10	Juventus	2 x 1	Xv de Piracicaba-SP	Rua Javari
10/10	Juventus	1 x 3	São Paulo-SP	Morumbi
17/10	Juventus	0 x 3	São Bento de Sorocaba-SP	Sorocaba-SP
21/10	Juventus	2 x 6	Corinthians-SP	Pacaembu
24/10	Juventus	1 x 0	Guarani-SP	Campinas-SP
30/10	Juventus	0 x 2	América de S. J. do R. P.-SP	Rua Javari
07/11	Juventus	2 x 2	Botafogo de Rib.Preto-SP	Ribeirão Preto-SP
11/11	Juventus	1 x 1	Portuguesa-SP	Pacaembu
14/11	Juventus	1 x 1	Ferroviária de Araraq.-SP	Araraquara-SP
17/11	Juventus	2 x 0	Prudentina-SP	Rua Javari
24/11	Juventus	1 x 0	Portuguesa Santista-SP	Rua Javari
27/11	Juventus	0 x 4	Santos-SP	Santos-SP
05/12	Juventus	2 x 2	Noroeste-SP	Bauru-SP
12/12	Juventus	1 x 2	Comercial de Rib.Preto-SP	Rua Javari
16/12	Juventus	0 x 1	Palmeiras-SP	Pacaembu

1966

31/07	Juventus	2 x 0	América de S. J. do R. P.-SP	Rua Javari
07/08	Juventus	1 x 1	São Paulo-SP	Pacaembu
13/08	Juventus	1 x 2	Botafogo de Rib.Preto-SP	Ribeirão Preto-SP
17/08	Juventus	1 x 2	Santos-SP	Santos-SP
21/08	Juventus	0 x 0	Portuguesa Santista-SP	Rua Javari
31/08	Juventus	1 x 3	Palmeiras-SP	Palestra Italia
03/09	Juventus	3 x 2	Bragantino-SP	Rua Javari
11/09	Juventus	1 x 2	Comercial de Rib.Preto-SP	Rua Javari
15/09	Juventus	1 x 1	Corinthians-SP	Pacaembu

Data				Adversário	Local
18/09	Juventus	1 x 3	Prudentina-SP	Presidente Prudente-SP
25/09	Juventus	1 x 2	Noroeste-SP	Bauru-SP
01/10	Juventus	2 x 0	Guarani-SP	Rua Javari
05/10	Juventus	1 x 0	Portuguesa-SP	Pacaembu
09/10	Juventus	2 x 4	São Bento de Sorocaba-SP	Sorocaba-SP
13/10	Juventus	1 x 0	Bragantino-SP	Bragança Paulista-SP
16/10	Juventus	1 x 5	Comercial de Rib.Preto-SP	Ribeirão Preto-SP
20/10	Juventus	0 x 0	São Paulo-SP	Pacaembu
23/10	Juventus	0 x 1	Portuguesa-SP	Pacaembu
03/11	Juventus	2 x 2	Palmeiras-SP	Pacaembu
05/11	Juventus	0 x 3	Santos-SP	Pacaembu
09/11	Juventus	1 x 5	América de S. J. do R. P.-SP	São José do Rio Preto-SP
12/11	Juventus	0 x 0	São Bento de Sorocaba-SP	Rua Javari
20/11	Juventus	1 x 0	Noroeste-SP	Rua Javari
27/11	Juventus	1 x 0	Botafogo de Rib.Preto-SP	Rua Javari
30/11	Juventus	0 x 3	Corinthians-SP	Pacaembu
07/12	Juventus	1 x 1	Prudentina-SP	Rua Javari
10/12	Juventus	0 x 2	Guarani-SP	Campinas-SP
15/12	Juventus	0 x 1	Portuguesa Santista-SP	Santos-SP

1967

Data				Adversário	Local
02/07	Juventus	3 x 2	Comercial de Rib.Preto-SP	Rua Javari
08/07	Juventus	1 x 3	Portuguesa Santista-SP	Santos-SP
12/07	Juventus	0 x 2	Guarani-SP	Campinas-SP
15/07	Juventus	0 x 4	Santos-SP	Rua Javari
23/07	Juventus	1 x 1	Botafogo de Rib.Preto-SP	Rua Javari
30/07	Juventus	1 x 1	São Bento de Sorocaba-SP	Sorocaba-SP
05/08	Juventus	0 x 1	Corinthians-SP	Pacaembu
09/08	Juventus	2 x 4	Portuguesa-SP	Pacaembu
15/08	Juventus	1 x 1	Prudentina-SP	Presidente Prudente-SP
20/08	Juventus	0 x 2	São Paulo-SP	Rua Javari
27/08	Juventus	1 x 1	Ferroviária de Araraq.-SP	Rua Javari
03/09	Juventus	0 x 4	América de S. J. do R. P.-SP	São José do Rio Preto-SP
07/09	Juventus	1 x 1	Palmeiras-SP	Palestra Italia
17/09	Juventus	0 x 0	Portuguesa-SP	Rua Javari
20/09	Juventus	0 x 1	Botafogo de Rib.Preto-SP	Ribeirão Preto-SP
24/09	Juventus	1 x 2	São Bento de Sorocaba-SP	Rua Javari
01/10	Juventus	3 x 0	Prudentina-SP	Rua Javari
08/10	Juventus	0 x 1	Corinthians-SP	Pacaembu
15/10	Juventus	3 x 0	Guarani-SP	Rua Javari
22/10	Juventus	2 x 3	Comercial de Rib.Preto-SP	Ribeirão Preto-SP
01/11	Juventus	1 x 4	Santos-SP	Santos-SP
15/11	Juventus	1 x 2	São Paulo-SP	Morumbi
19/11	Juventus	1 x 1	Portuguesa Santista-SP	Rua Javari
03/12	Juventus	1 x 1	Ferroviária de Araraq.-SP	Araraquara-SP
16/12	Juventus	1 x 2	Palmeiras-SP	Rua Javari

1968

Data				Adversário	Local
31/01	Juventus	2 x 2	Palmeiras-SP	Pacaembu
04/02	Juventus	2 x 1	Botafogo de Rib.Preto-SP	Rua Javari
07/02	Juventus	1 x 1	São Bento de Sorocaba-SP	Sorocaba-SP
14/02	Juventus	0 x 1	São Paulo-SP	Morumbi
17/02	Juventus	3 x 0	Comercial de Rib.Preto-SP	Rua Javari
23/02	Juventus	0 x 3	Corinthians-SP	Parque São Jorge
03/03	Juventus	0 x 1	América de S. J. do R. P.-SP	São José do Rio Preto-SP
09/03	Juventus	0 x 2	Portuguesa-SP	Rua Javari
17/03	Juventus	1 x 3	Xv de Piracicaba-SP	Piracicaba-SP
20/03	Juventus	1 x 0	Guarani-SP	Rua Javari
23/03	Juventus	0 x 4	Santos-SP	Rua Javari
03/04	Juventus	0 x 2	Ferroviária de Araraq.-SP	Araraquara-SP
07/04	Juventus	3 x 2	Portuguesa Santista-SP	Rua Javari
13/04	Juventus	1 x 3	Corinthians-SP	Pacaembu
17/04	Juventus	1 x 2	Comercial de Rib.Preto-SP	Ribeirão Preto-SP
20/04	Juventus	2 x 0	Ferroviária de Araraq.-SP	Rua Javari
24/04	Juventus	2 x 3	Santos-SP	Santos-SP
01/05	Juventus	0 x 1	Guarani-SP	Campinas-SP
04/05	Juventus	0 x 0	São Paulo-SP	Rua Javari
11/05	Juventus	1 x 2	São Bento de Sorocaba-SP	Rua Javari
15/05	Juventus	2 x 1	Portuguesa-SP	Pacaembu
18/05	Juventus	2 x 0	Xv de Piracicaba-SP	Rua Javari
26/05	Juventus	1 x 2	Portuguesa Santista-SP	Santos-SP
29/05	Juventus	0 x 0	Botafogo de Rib.Preto-SP	Ribeirão Preto-SP
01/06	Juventus	1 x 3	Palmeiras-SP	Palestra Italia
08/06	Juventus	3 x 0	América de S. J. do R. P.-SP	Rua Javari

1969

Data				Adversário	Local
02/02	Juventus	1 x 1	Paulista de Jundiaí-SP	Rua Javari
05/02	Juventus	1 x 2	São Bento de Sorocaba-SP	Sorocaba-SP
09/02	Juventus	2 x 3	América de S. J. do R. P.-SP	São José do Rio Preto-SP
23/02	Juventus	0 x 0	Guarani-SP	Rua Javari
02/03	Juventus	1 x 1	Xv de Piracicaba-SP	Rua Javari
09/03	Juventus	0 x 1	Ferroviária de Araraq.-SP	Rua Javari
12/03	Juventus	0 x 1	Corinthians-SP	Parque São Jorge
15/03	Juventus	1 x 2	Santos-SP	Rua Javari
22/03	Juventus	3 x 2	Portuguesa Santista-SP	Santos-SP
26/03	Juventus	1 x 1	Portuguesa-SP	Parque São Jorge
29/03	Juventus	1 x 0	Botafogo de Rib.Preto-SP	Rua Javari
12/04	Juventus	1 x 2	São Paulo-SP	Morumbi
16/04	Juventus	1 x 6	Palmeiras-SP	Palestra Italia
20/04	Juventus	2 x 1	Portuguesa-SP	Rua Javari
01/05	Juventus	1 x 2	São Paulo-SP	Rua Javari
07/05	Juventus	0 x 2	Ferroviária de Araraq.-SP	Araraquara-SP
14/05	Juventus	0 x 3	Santos-SP	Santos-SP
17/05	Juventus	0 x 2	Corinthians-SP	Rua Javari
21/05	Juventus	2 x 0	Guarani-SP	Campinas-SP
31/05	Juventus	1 x 0	Palmeiras-SP	Rua Javari
08/06	Juventus	3 x 0	América de S. J. do R. P.-SP	Rua Javari
15/06	Juventus	0 x 0	Botafogo de Rib.Preto-SP	Ribeirão Preto-SP
29/06	Juventus	1 x 2	Paulista de Jundiaí-SP	Jundiaí-SP
05/07	Juventus	4 x 1	São Bento de Sorocaba-SP	Rua Javari
09/07	Juventus	1 x 1	Xv de Piracicaba-SP	Piracicaba-SP
12/07	Juventus	0 x 1	Portuguesa Santista-SP	Rua Javari

1970

Data				Adversário	Local
18/01	Juventus	0 x 0	Ponte Preta-SP	Rua Javari
28/01	Juventus	2 x 1	América de S. J. do R. P.-SP	São José do Rio Preto-SP
01/02	Juventus	0 x 0	São Bento de Sorocaba-SP	Rua Javari
04/02	Juventus	1 x 2	Comercial de Rib.Preto-SP	Ribeirão Preto-SP
15/02	Juventus	0 x 0	Xv de Piracicaba-SP	Rua Javari
01/03	Juventus	0 x 0	Ferroviária de Araraq.-SP	Rua Javari
04/03	Juventus	0 x 0	Portuguesa Santista-SP	Santos-SP
08/03	Juventus	0 x 1	Paulista de Jundiaí-SP	Rua Javari
11/03	Juventus	0 x 1	Guarani (Campinas)-SP	Campinas-SP
15/03	Juventus	0 x 1	Botafogo de Rib.Preto-SP	Ribeirão Preto-SP
29/03	Juventus	1 x 4	Ponte Preta-SP	Campinas-SP
04/04	Juventus	2 x 0	América de S. J. do R. P.-SP	Rua Javari
08/04	Juventus	0 x 3	São Bento de Sorocaba-SP	Sorocaba-SP
11/04	Juventus	1 x 1	Comercial de Rib.Preto-SP	Rua Javari
18/04	Juventus	2 x 1	Xv de Piracicaba-SP	Piracicaba-SP
25/04	Juventus	1 x 2	Guarani (Campinas)-SP	Rua Javari
03/05	Juventus	0 x 0	Ferroviária de Araraq.-SP	Araraquara-SP
09/05	Juventus	1 x 4	Portuguesa Santista-SP	Rua Javari
17/05	Juventus	1 x 2	Paulista de Jundiaí-SP	Jundiaí-SP
23/05	Juventus	2 x 0	Botafogo de Rib.Preto-SP	Rua Javari
27/09	Juventus	1 x 0	Ferroviária de Araraq.-SP	Rua Javari
03/10	Juventus	0 x 0	Paulista de Jundiaí-SP	Rua Javari
11/10	Juventus	0 x 1	Guarani (Campinas)-SP	Campinas-SP
14/10	Juventus	0 x 0	Xv de Piracicaba-SP	Piracicaba-SP
18/10	Juventus	2 x 1	Noroeste-SP	Rua Javari
24/10	Juventus	1 x 1	América de S. J. do R. P.-SP	Rua Javari
01/11	Juventus	2 x 1	Portuguesa Santista-SP	Santos-SP
04/11	Juventus	1 x 1	Comercial de Rib.Preto-SP	Ribeirão Preto-SP
08/11	Juventus	2 x 1	São Bento de Sorocaba-SP	Rua Javari
14/11	Juventus	0 x 2	Botafogo de Rib.Preto-SP	Ribeirão Preto-SP
18/11	Juventus	0 x 0	Ferroviária de Araraq.-SP	Araraquara-SP
22/11	Juventus	2 x 4	Paulista de Jundiaí-SP	Jundiaí-SP
25/11	Juventus	0 x 0	Guarani (Campinas)-SP	Comendador Souza
28/11	Juventus	2 x 1	Xv de Piracicaba-SP	Rua Javari
02/12	Juventus	1 x 1	Noroeste-SP	Bauru-SP
06/12	Juventus	0 x 1	Comercial de Rib.Preto-SP	Rua Javari
09/12	Juventus	0 x 1	América de S. J. do R. P.-SP	São José do Rio Preto-SP
12/12	Juventus	2 x 0	Portuguesa Santista-SP	Rua Javari
16/12	Juventus	0 x 1	São Bento de Sorocaba-SP	Sorocaba-SP
22/12	Juventus	2 x 0	Botafogo de Rib.Preto-SP	Rua Javari

1971

Data				Adversário	Local
28/02	Juventus	1 x 3	São Paulo-SP	Morumbi
07/03	Juventus	1 x 3	Guarani-SP	Campinas-SP
13/03	Juventus	1 x 0	Corinthians-SP	Pacaembu
21/03	Juventus	2 x 1	Paulista de Jundiaí-SP	Jundiaí-SP
27/03	Juventus	0 x 3	Portuguesa-SP	Palestra Italia
04/04	Juventus	0 x 1	Botafogo de Rib.Preto-SP	Ribeirão Preto-SP
11/04	Juventus	1 x 2	Palmeiras-SP	Pacaembu
18/04	Juventus	0 x 1	Ponte Preta-SP	Campinas-SP
21/04	Juventus	1 x 2	São Bento de Sorocaba-SP	Sorocaba-SP
25/04	Juventus	1 x 2	Ferroviária de Araraq.-SP	Rua Javari
28/04	Juventus	1 x 1	Santos-SP	Santos-SP
30/04	Juventus	0 x 1	São Paulo-SP	Pacaembu
09/05	Juventus	0 x 2	Palmeiras-SP	Palestra Italia
16/05	Juventus	1 x 0	Ponte Preta-SP	Rua Javari
20/05	Juventus	1 x 1	Santos-SP	Pacaembu
23/05	Juventus	1 x 0	Paulista de Jundiaí-SP	Rua Javari
30/05	Juventus	1 x 6	Corinthians-SP	Pacaembu
06/06	Juventus	2 x 0	Botafogo de Rib.Preto-SP	Rua Javari
10/06	Juventus	1 x 1	Guarani-SP	Rua Javari
13/06	Juventus	2 x 3	Ferroviária de Araraq.-SP	Araraquara-SP
16/06	Juventus	1 x 4	Portuguesa-SP	Pacaembu
27/06	Juventus	2 x 0	São Bento de Sorocaba-SP	Morumbi
22/08	Juventus	1 x 1	Ferroviária de Araraq.-SP	Araraquara-SP
28/08	Juventus	2 x 1	Botafogo de Rib.Preto-SP	Rua Javari
04/09	Juventus	2 x 1	Paulista de Jundiaí-SP	Jundiaí-SP
07/09	Juventus	0 x 3	Guarani (Campinas)-SP	Campinas-SP
12/09	Juventus	1 x 1	Marília-SP	Rua Javari
19/09	Juventus	1 x 1	América de S. J. do R. P.-SP	São José do Rio Preto-SP
26/09	Juventus	3 x 1	Comercial de Rib.Preto-SP	Rua Javari
29/09	Juventus	1 x 0	Portuguesa Santista-SP	Santos-SP
03/10	Juventus	4 x 0	Xv de Piracicaba-SP	Rua Javari
06/10	Juventus	2 x 2	São Bento de Sorocaba-SP	Sorocaba-SP
09/10	Juventus	1 x 1	Noroeste-SP	Rua Javari
24/10	Juventus	1 x 0	Botafogo de Rib.Preto-SP	Ribeirão Preto-SP

Data				Adversário	Local
27/10	Juventus	0 x 0	Ferroviária de Araraq.-SP	Rua Javari
30/10	Juventus	3 x 2	Paulista de Jundiaí-SP	Rua Javari
07/11	Juventus	1 x 0	Guarani (Campinas)-SP	Rua Javari
14/11	Juventus	0 x 1	Marília-SP	Marília-SP
21/11	Juventus	3 x 0	América de S. J. do R. P.-SP	Rua Javari
25/11	Juventus	1 x 4	Comercial de Rib.Preto-SP	Ribeirão Preto-SP
27/11	Juventus	1 x 0	Portuguesa Santista-SP	Rua Javari
01/12	Juventus	2 x 0	Xv de Piracicaba-SP	Piracicaba-SP
05/12	Juventus	2 x 0	São Bento de Sorocaba-SP	Rua Javari
12/12	Juventus	3 x 1	Noroeste-SP	Bauru-SP

1972

04/03	Juventus	1 x 1	Portuguesa-SP	Palestra Italia
11/03	Juventus	1 x 0	Guarani-SP	Rua Javari
18/03	Juventus	2 x 3	Santos-SP	Pacaembu
25/03	Juventus	1 x 1	Xv de Piracicaba-SP	Rua Javari
16/04	Juventus	1 x 1	Ferroviária de Araraq.-SP	Araraquara-SP
23/04	Juventus	0 x 2	Ponte Preta-SP	Rua Javari
29/04	Juventus	1 x 0	Corinthians-SP	Pacaembu
07/05	Juventus	2 x 1	São Bento de Sorocaba-SP	Sorocaba-SP
10/05	Juventus	0 x 1	São Paulo-SP	Morumbi
13/05	Juventus	1 x 2	Palmeiras-SP	Palestra Italia
20/05	Juventus	2 x 3	América de S. J. do R. P.-SP	São José do Rio Preto-SP
23/07	Juventus	4 x 3	Ferroviária de Araraq.-SP	Rua Javari
26/07	Juventus	0 x 1	São Paulo-SP	Pacaembu
30/07	Juventus	2 x 1	Xv de Piracicaba-SP	Piracicaba-SP
03/08	Juventus	0 x 1	Palmeiras-SP	Pacaembu
06/08	Juventus	0 x 0	São Bento de Sorocaba-SP	Rua Javari
09/08	Juventus	1 x 2	Santos-SP	Santos-SP
12/08	Juventus	1 x 5	Portuguesa-SP	Rua Javari
16/08	Juventus	2 x 3	América de S. J. do R. P.-SP	Morumbi
20/08	Juventus	0 x 1	Guarani-SP	Campinas-SP
23/08	Juventus	0 x 0	Corinthians-SP	Palestra Italia
07/09	Juventus	2 x 2	Ponte Preta-SP	Campinas-SP
17/09	Juventus	1 x 1	América de S. J. do R. P.-SP	Rua Javari
20/09	Juventus	2 x 0	Paulista de Jundiaí-SP	Jundiai-SP
24/09	Juventus	1 x 0	São Bento de Sorocaba-SP	Rua Javari
27/09	Juventus	1 x 3	Comercial de Rib.Preto-SP	Ribeirao Preto-SP
01/10	Juventus	3 x 2	Portuguesa Santista-SP	Rua Javari
04/10	Juventus	0 x 0	Noroeste-SP	Bauru-SP
08/10	Juventus	1 x 1	Xv de Piracicaba-SP	Rua Javari
11/10	Juventus	1 x 2	Marilia-SP	Marilia-SP
15/10	Juventus	2 x 1	Botafogo de Rib.Preto-SP	Ribeirao Preto-SP
22/10	Juventus	2 x 1	Ferroviária de Araraq.-SP	Rua Javari
29/10	Juventus	0 x 1	Ponte Preta-SP	Rua Javari
05/11	Juventus	0 x 0	Marilia-SP	Rua Javari
08/11	Juventus	2 x 1	Portuguesa Santista-SP	Ulrico Mursa, Santos-SP
12/11	Juventus	1 x 1	Ponte Preta-SP	Campinas-SP
19/11	Juventus	1 x 2	São Bento de Sorocaba-SP	Sorocaba-SP
22/11	Juventus	1 x 0	Xv de Piracicaba-SP	Piracicaba-SP
26/11	Juventus	0 x 1	Botafogo de Rib.Preto-SP	Rua Javari
29/11	Juventus	0 x 0	América de S. J. do R. P.-SP	Sao Jose do Rio Preto-SP
03/12	Juventus	1 x 1	Comercial de Rib.Preto-SP	Rua Javari
06/12	Juventus	1 x 1	Ferroviária de Araraq.-SP	Araraquara-SP
09/12	Juventus	2 x 0	Paulista de Jundiai-SP	Rua Javari
17/12	Juventus	2 x 1	Noroeste-SP	Rua Javari

1973

11/03	Juventus	0 x 1	Guarani-SP	Campinas-SP
18/03	Juventus	1 x 1	Botafogo de Rib.Preto-SP	Rib.Preto-SP
04/04	Juventus	0 x 6	Santos-SP	Santos-SP
07/04	Juventus	0 x 0	São Bento de Sorocaba-SP	Sorocaba-SP
10/04	Juventus	1 x 2	Palmeiras-SP	Palestra Italia
15/04	Juventus	1 x 1	América de S. J. do R. P.-SP	São José do Rio Preto-SP
22/04	Juventus	1 x 2	Ferroviária de Araraq.- SP	Rua Javari
01/05	Juventus	1 x 1	São Paulo-SP	Morumbi
06/05	Juventus	0 x 2	Ponte Preta-SP	Rua Javari
11/05	Juventus	0 x 1	Corinthians-SP	Palestra Italia
18/05	Juventus	1 x 1	Portuguesa-SP	Palestra Italia
08/07	Juventus	0 x 0	Palmeiras-SP	Pacaembu
14/07	Juventus	1 x 0	Ponte Preta-SP	Campinas-SP
19/07	Juventus	0 x 0	Corinthians-SP	Pacaembu
22/07	Juventus	5 x 0	São Bento de Sorocaba-SP	Rua Javari
26/07	Juventus	0 x 0	Santos-SP	Pacaembu
29/07	Juventus	0 x 0	América de S. J. do R. P.-SP	Rua Javari
01/08	Juventus	1 x 0	Botafogo de Rib.Preto-SP	Rua Javari
04/08	Juventus	0 x 0	São Paulo-SP	Morumbi
08/08	Juventus	0 x 1	Ferroviária de Araraq.- SP	Araraquara - SP
12/08	Juventus	0 x 2	Portuguesa-SP	Pacaembu
18/08	Juventus	1 x 1	Guarani-SP	Rua Javari

1974

03/08	Juventus	0 x 2	Portuguesa-SP	Canindé
07/08	Juventus	0 x 0	América de S. J. do R. P.-SP	São José do Rio Preto-SP
10/08	Juventus	0 x 0	Guarani-SP	Rua Javari
14/08	Juventus	2 x 0	Corinthians-SP	Pacaembu
18/08	Juventus	1 x 1	Noroeste-SP	Bauru-SP
21/08	Juventus	0 x 0	Botafogo de Rib.Preto-SP	Rib.Preto-SP
24/08	Juventus	0 x 0	Palmeiras-SP	Palestra Italia
31/08	Juventus	0 x 0	São Paulo-SP	Pacaembu
08/09	Juventus	0 x 0	Saad-SP	São Caetano do Sul-SP
14/09	Juventus	2 x 0	Comercial de Rib.Preto-SP	Rua Javari
21/09	Juventus	0 x 0	São Bento de Sorocaba-SP	Rua Javari
29/09	Juventus	0 x 1	Ponte Preta-SP	Campinas-SP
05/10	Juventus	1 x 2	Santos-SP	Pacaembu
13/10	Juventus	1 x 1	Guarani-SP	Campinas-SP
16/10	Juventus	2 x 1	Corinthians-SP	Pacaembu
19/10	Juventus	0 x 0	América de S. J. do R. P.-SP	Rua Javari
23/10	Juventus	1 x 1	Comercial de Rib.Preto-SP	Rua Javari
26/10	Juventus	1 x 1	Portuguesa-SP	Parque São Jorge
30/10	Juventus	1 x 2	Santos-SP	Santos-SP
03/11	Juventus	0 x 1	São Bento de Sorocaba-SP	Sorocaba-SP
09/11	Juventus	0 x 0	Botafogo de Rib.Preto-SP	Rua Javari
16/11	Juventus	1 x 0	Ponte Preta-SP	Rua Javari
23/11	Juventus	2 x 1	Saad-SP	Rua Javari
30/11	Juventus	2 x 2	Palmeiras-SP	Pacaembu
07/12	Juventus	1 x 1	Noroeste-SP	Rua Javari
15/12	Juventus	1 x 2	São Paulo-SP	Pacaembu

1975

02/03	Juventus	1 x 1	São Bento de Sorocaba-SP	Rua Javari
09/03	Juventus	1 x 1	Palmeiras-SP	Pacaembu
12/03	Juventus	0 x 1	Xv de Piracicaba-SP	Piracicaba-SP
15/03	Juventus	1 x 0	América de S. J. do R. P.-SP	Rua Javari
20/03	Juventus	0 x 1	Botafogo de Rib.Preto-SP	Rib.Preto-SP
23/03	Juventus	2 x 0	Portuguesa Santista-SP	Rua Javari
26/03	Juventus	1 x 2	Santos-SP	Santos-SP
29/03	Juventus	1 x 2	Portuguesa-SP	Canindé
06/04	Juventus	0 x 0	Ponte Preta-SP	Campinas-SP
12/04	Juventus	2 x 0	Comercial de Rib.Preto-SP	Rua Javari
20/04	Juventus	0 x 1	Paulista de Jundiaí-SP	Jundiaí-SP
26/04	Juventus	2 x 3	São Paulo-SP	Morumbi
30/04	Juventus	0 x 3	Corinthians-SP	Pacaembu
04/05	Juventus	1 x 0	Saad-SP	São Caetano do Sul-SP
07/05	Juventus	0 x 2	Ferroviária de Araraq.- SP	Araraquara - SP
10/05	Juventus	1 x 1	Guarani-SP	Rua Javari
17/05	Juventus	1 x 1	Marília-SP	Rua Javari
24/05	Juventus	2 x 0	Noroeste-SP	Rua Javari
29/05	Juventus	1 x 0	Noroeste-SP	Bauru-SP
01/06	Juventus	0 x 2	Santos-SP	Pacaembu
07/06	Juventus	1 x 1	Portuguesa Santista-SP	Santos-SP
15/06	Juventus	0 x 0	Comercial de Rib.Preto-SP	Rib.Preto-SP
29/06	Juventus	3 x 1	Botafogo de Rib.Preto-SP	Rua Javari
06/07	Juventus	1 x 0	Paulista de Jundiaí-SP	Jundiaí-SP
10/07	Juventus	1 x 2	Palmeiras-SP	Pacaembu
13/07	Juventus	2 x 0	Marília-SP	Rua Javari
17/07	Juventus	0 x 2	Portuguesa-SP	Pacaembu
20/07	Juventus	1 x 2	São Bento de Sorocaba-SP	Sorocaba-SP

1976

22/02	Juventus	1 x 0	Botafogo de Rib.Preto-SP	Rua Javari
28/02	Juventus	0 x 0	Portuguesa Santista-SP	Santos-SP
07/03	Juventus	1 x 1	Paulista de Jundiaí-SP	Jundiaí-SP
13/03	Juventus	0 x 0	América de S. J. do R. P.-SP	Rua Javari
20/03	Juventus	0 x 4	Portuguesa-SP	Canindé
27/03	Juventus	2 x 1	São Bento de Sorocaba-SP	Rua Javari
04/04	Juventus	1 x 4	Corinthians-SP	Palestra Italia
11/04	Juventus	0 x 2	Xv de Piracicaba-SP	Piracicaba-SP
18/04	Juventus	0 x 1	Palmeiras-SP	Pacaembu
25/04	Juventus	1 x 1	Santos-SP	Rua Javari
08/05	Juventus	0 x 1	Ponte Preta-SP	Campinas-SP
16/05	Juventus	1 x 1	São Paulo-SP	Rua Javari
12/06	Juventus	1 x 3	Guarani-SP	Rua Javari
17/06	Juventus	0 x 1	Noroeste-SP	Bauru-SP
20/06	Juventus	0 x 3	Ferroviária de Araraq.- SP	Rua Javari
27/06	Juventus	1 x 0	Comercial de Rib.Preto-SP	Rib.Preto-SP
04/07	Juventus	3 x 0	Marília-SP	Marília-SP

1977

06/02	Juventus	1 x 2	Comercial de Rib.Preto-SP	Rib.Preto-SP
13/02	Juventus	0 x 1	Guarani-SP	Rua Javari
27/02	Juventus	3 x 0	Ferroviária de Araraq.- SP	Rua Javari
02/03	Juventus	1 x 0	Corinthians-SP	Pacaembu
06/03	Juventus	1 x 3	Palmeiras-SP	Pacaembu
10/03	Juventus	1 x 1	Ponte Preta-SP	Campinas-SP
13/03	Juventus	1 x 0	América de S. J. do R. P.-SP	Rua Javari
16/03	Juventus	1 x 0	Portuguesa-SP	Pacaembu
24/03	Juventus	2 x 2	Portuguesa Santista-SP	Rua Javari
27/03	Juventus	1 x 2	São Bento de Sorocaba-SP	Sorocaba-SP
03/04	Juventus	0 x 0	Xv de Piracicaba-SP	Piracicaba-SP
10/04	Juventus	2 x 2	Botafogo de Rib.Preto-SP	Rua Javari
13/04	Juventus	1 x 2	Marília-SP	Marília-SP
16/04	Juventus	3 x 0	Xv de Jaú-SP	Rua Javari
21/04	Juventus	2 x 2	São Paulo-SP	Pacaembu
24/04	Juventus	1 x 3	Noroeste-SP	Bauru-SP
01/05	Juventus	3 x 2	Paulista de Jundiaí-SP	Rua Javari
07/05	Juventus	2 x 0	Santos-SP	Santos-SP
21/05	Juventus	3 x 1	São Paulo-SP	Pacaembu

A HISTÓRIA DO CLUBE ATLÉTICO JUVENTUS

29/05	Juventus	3 x 1	Portuguesa Santista-SP	Santos-SP
04/06	Juventus	0 x 3	Palmeiras-SP	Pacaembu
11/06	Juventus	0 x 0	Ponte Preta-SP	Rua Javari
18/06	Juventus	0 x 2	Botafogo de Rib.Preto-SP	Rib.Preto-SP
22/06	Juventus	2 x 0	Noroeste-SP	Rua Javari
25/06	Juventus	3 x 0	São Bento de Sorocaba-SP	Rua Javari
02/07	Juventus	1 x 1	Xv de Jaú-SP	Jaú-SP
09/07	Juventus	2 x 1	Marília-SP	Rua Javari
17/07	Juventus	0 x 1	Corinthians-SP	Morumbi
20/07	Juventus	0 x 4	América de S. J. do R. P.-SP	São José do Rio Preto-SP
24/07	Juventus	2 x 2	Comercial de Rib.Preto-SP	Rua Javari
27/07	Juventus	3 x 0	Xv de Piracicaba-SP	Rua Javari
30/07	Juventus	0 x 0	Santos-SP	Pacaembu
03/08	Juventus	1 x 0	Ferroviária de Araraq.-SP	Araraquara-SP
06/08	Juventus	0 x 2	Portuguesa-SP	Pacaembu
10/08	Juventus	0 x 1	Paulista de Jundiaí-SP	Jundiaí-SP
14/08	Juventus	0 x 1	Guarani-SP	Campinas-SP

1978

20/08	Juventus	1 x 2	Francana-SP	Parque São Jorge
23/08	Juventus	0 x 1	Noroeste-SP	Bauru-SP
27/08	Juventus	1 x 0	América de S. J. do R. P.-SP	São José do Rio Preto-SP
31/08	Juventus	1 x 2	Ponte Preta-SP	Parque São Jorge
03/09	Juventus	1 x 3	Comercial de Rib.Preto-SP	Rib.Preto-SP
06/09	Juventus	1 x 2	Portuguesa-SP	Pacaembu
10/09	Juventus	1 x 1	Xv de Piracicaba-SP	Parque São Jorge
16/09	Juventus	2 x 1	Botafogo de Rib.Preto-SP	Rua Javari
23/09	Juventus	1 x 4	Guarani-SP	Campinas-SP
27/09	Juventus	1 x 3	Palmeiras-SP	Pacaembu
01/10	Juventus	2 x 1	Ferroviária de Araraq.-SP	Araraquara-SP
04/10	Juventus	1 x 1	Paulista de Jundiaí-SP	Jundiaí-SP
08/10	Juventus	6 x 2	Portuguesa Santista-SP	Rua Javari
12/10	Juventus	0 x 1	Corinthians-SP	Pacaembu
15/10	Juventus	2 x 0	Xv de Jaú-SP	Rua Javari
22/10	Juventus	1 x 2	São Paulo-SP	Pacaembu
25/10	Juventus	1 x 1	Santos-SP	Santos-SP
28/10	Juventus	4 x 2	São Bento de Sorocaba-SP	Rua Javari
05/11	Juventus	4 x 2	Marília-SP	Marília-SP
26/11	Juventus	4 x 1	São Bento de Sorocaba-SP	Sorocaba-SP
03/12	Juventus	1 x 0	Ferroviária de Araraq.-SP	Rua Javari
06/12	Juventus	0 x 0	Portuguesa Santista-SP	Santos-SP
09/12	Juventus	2 x 3	Santos-SP	Pacaembu
13/12	Juventus	1 x 2	Xv de Piracicaba-SP	Piracicaba-SP
16/12	Juventus	0 x 2	Comercial de Rib.Preto-SP	Rua Javari
28/01	Juventus	1 x 2	Corinthians-SP	Palestra Italia
04/02	Juventus	0 x 0	Ponte Preta-SP	Campinas-SP
07/02	Juventus	0 x 0	Francana-SP	Franca-SP
11/02	Juventus	1 x 3	Paulista de Jundiaí-SP	Rua Javari
14/02	Juventus	1 x 5	Palmeiras-SP	Palestra Italia
18/02	Juventus	4 x 0	Noroeste-SP	Rua Javari
21/02	Juventus	2 x 1	Guarani-SP	Rua Javari
24/02	Juventus	2 x 0	São Paulo-SP	Morumbi
04/03	Juventus	1 x 1	Portuguesa-SP	Rua Javari
11/03	Juventus	2 x 3	Xv de Jaú-SP	Jaú-SP
18/03	Juventus	3 x 3	Botafogo de Rib.Preto-SP	Rib.Preto-SP
24/03	Juventus	3 x 2	Marília-SP	Rua Javari
01/04	Juventus	3 x 1	América de S. J. do R. P.-SP	Rua Javari
19/04	Juventus	1 x 0	Corinthians-SP	Morumbi
25/04	Juventus	0 x 2	Guarani-SP	Pacaembu
29/04	Juventus	0 x 0	São Paulo-SP	Pacaembu
03/05	Juventus	0 x 0	Portuguesa-SP	Palestra Italia
06/05	Juventus	1 x 4	Palmeiras-SP	Pacaembu
10/05	Juventus	3 x 2	Corinthians-SP	Pacaembu
13/05	Juventus	1 x 5	Guarani-SP	Campinas-SP
16/05	Juventus	2 x 2	Francana-SP	Rua Javari
20/05	Juventus	1 x 0	Santos-SP	Santos-SP
09/06	Juventus	2 x 1	Botafogo de Rib.Preto-SP	Rua Javari
13/06	Juventus	1 x 2	Ponte Preta-SP	Pacaembu

1979

01/07	Juventus	2 x 1	Velo Clube-SP	Rua Javari
04/07	Juventus	0 x 0	Xv de Jaú-SP	Jaú-SP
07/07	Juventus	0 x 0	Ponte Preta-SP	Rua Javari
11/07	Juventus	1 x 2	Palmeiras-SP	Pacaembu
14/07	Juventus	2 x 4	Guarani-SP	Rua Javari
18/07	Juventus	2 x 0	Portuguesa-SP	Rua Javari
22/07	Juventus	3 x 1	Xv de Piracicaba-SP	Piracicaba-SP
25/07	Juventus	1 x 1	São Bento de Sorocaba-SP	Sorocaba-SP
28/07	Juventus	0 x 5	Corinthians-SP	Pacaembu
01/08	Juventus	0 x 0	América de S. J. do R. P.-SP	São José do Rio Preto-SP
04/08	Juventus	0 x 2	Noroeste-SP	Rua Javari
09/08	Juventus	1 x 0	Marília-SP	Rua Javari
12/08	Juventus	0 x 2	Francana-SP	Franca-SP
15/08	Juventus	0 x 1	Intern.de Limeira-SP	Limeira-SP
18/08	Juventus	2 x 2	Santos-SP	Pacaembu
22/08	Juventus	0 x 2	São Paulo-SP	Pacaembu
26/08	Juventus	2 x 0	Comercial de Rib.Preto-SP	Rib.Preto-SP
29/08	Juventus	1 x 2	Ferroviária de Araraq.-SP	Rua Javari
02/09	Juventus	1 x 0	Botafogo de Rib.Preto-SP	Rib.Preto-SP
05/09	Juventus	1 x 0	Velo Clube-SP	Rio Claro-SP
09/09	Juventus	0 x 1	Marília-SP	Marília-SP
12/09	Juventus	1 x 0	América de S. J. do R. P.-SP	Rua Javari
15/09	Juventus	1 x 1	Comercial de Rib.Preto-SP	Rua Javari
19/09	Juventus	0 x 2	Guarani-SP	Campinas-SP
23/09	Juventus	1 x 0	Palmeiras-SP	Pacaembu
25/09	Juventus	1 x 0	Noroeste-SP	Bauru-SP
27/09	Juventus	1 x 3	Ponte Preta-SP	Campinas-SP
30/09	Juventus	1 x 0	Intern. de Limeira-SP	Rua Javari
03/10	Juventus	0 x 1	Ferroviária de Araraq.-SP	Araraquara-SP
07/10	Juventus	2 x 2	São Bento de Sorocaba-SP	Rua Javari
09/10	Juventus	0 x 1	Corinthians-SP	Pacaembu
13/10	Juventus	3 x 0	Xv de Piracicaba-SP	Rua Javari
17/10	Juventus	0 x 4	Santos-SP	Santos-SP
20/10	Juventus	0 x 2	Portuguesa-SP	Pacaembu
24/10	Juventus	0 x 1	São Paulo-SP	Pacaembu
28/10	Juventus	3 x 0	Francana-SP	Rua Javari
01/11	Juventus	0 x 0	Botafogo de Rib.Preto-SP	Rua Javari
04/11	Juventus	2 x 0	Xv de Jaú-SP	Rua Javari
08/11	Juventus	0 x 1	Guarani-SP	Palestra Italia
12/11	Juventus	2 x 1	Santos-SP	Palestra Italia
15/11	Juventus	0 x 0	Palmeiras-SP	Palestra Italia
18/11	Juventus	3 x 3	Portuguesa-SP	Palestra Italia
21/11	Juventus	0 x 0	Noroeste-SP	Rua Javari

1980

11/05	Juventus	1 x 1	Internacional de Limeira-SP	Rua Javari
14/05	Juventus	2 x 0	SP	Rua Javari
18/05	Juventus	1 x 4	Francana-SP	Canindé
22/05	Juventus	0 x 0	Portuguesa-SP	Taubaté-SP
25/05	Juventus	1 x 1	Taubaté-SP	Rua Javari
28/05	Juventus	1 x 3	América de S. J. do R. P.-SP	Rua Javari
01/06	Juventus	2 x 3	Ponte Preta-SP	Jaú-SP
04/06	Juventus	0 x 3	Xv de Jaú-SP	Rua Javari
07/06	Juventus	0 x 0	Botafogo de Rib.Preto-SP	Pacaembu
11/06	Juventus	0 x 0	Corinthians-SP	Rib.Preto-SP
15/06	Juventus	1 x 0	Comercial de Rib.Preto-SP	Pacaembu
22/06	Juventus	0 x 1	Palmeiras-SP	Bauru-SP
26/06	Juventus	2 x 0	Noroeste-SP	Pacaembu
02/07	Juventus	0 x 3	São Paulo-SP	Campinas-SP
06/07	Juventus	0 x 1	Guarani-SP	Marília-SP
12/07	Juventus	0 x 1	Marília-SP	Pacaembu
16/07	Juventus	3 x 2	Santos-SP	Rua Javari
20/07	Juventus	0 x 1	Ferroviária de Araraq.-SP	Sorocaba-SP
23/07	Juventus	2 x 0	São Bento de Sorocaba-SP	Rua Javari
10/08	Juventus	0 x 0	Xv de Piracicaba-SP	Rib.Preto-SP
13/08	Juventus	0 x 0	Botafogo de Rib.Preto-SP	Rua Javari
17/08	Juventus	2 x 0	Marília-SP	Rua Javari
20/08	Juventus	1 x 1	Taubaté-SP	Pacaembu
24/08	Juventus	1 x 3	Santos-SP	Limeira-SP
30/08	Juventus	2 x 4	Internacional de Limeira-SP	Rua Javari
03/09	Juventus	0 x 2	SP	Campinas-SP
07/09	Juventus	0 x 4	Guarani-SP	Araraquara-SP
14/09	Juventus	0 x 2	Ponte Preta-SP	Rua Javari
17/09	Juventus	0 x 0	Ferroviária de Araraq.-SP	Pacaembu
20/09	Juventus	2 x 1	Comercial de Rib.Preto-SP	Rua Javari
28/09	Juventus	1 x 1	Palmeiras-SP	São José do Rio Preto-SP
02/10	Juventus	0 x 1	São Bento de Sorocaba-SP	Morumbi
08/10	Juventus	3 x 1	América de S. J. do R. P.-SP	Rua Javari
11/10	Juventus	0 x 1	São Paulo-SP	Rua Javari
15/10	Juventus	1 x 1	Portuguesa-SP	Pacaembu
19/10	Juventus	1 x 0	Francana-SP	Rua Javari
23/10	Juventus	2 x 1	Corinthians-SP	Piracicaba-SP
26/10	Juventus	3 x 1	Noroeste-SP	Rua Javari

1981

25/02	Juventus	1 x 4	São José-SP	São José dos Campos-SP
28/02	Juventus	1 x 0	Marília-SP	Rua Javari
05/03	Juventus	2 x 2	Xv de Jaú-SP	Rua Javari
08/03	Juventus	2 x 5	Taubaté-SP	Taubaté-SP
11/03	Juventus	1 x 2	São Bento de Sorocaba-SP	Sorocaba-SP
15/03	Juventus	2 x 2	São José-SP	Rua Javari
18/03	Juventus	3 x 1	Marília-SP	Marília-SP
21/03	Juventus	0 x 1	Xv de Jaú-SP	Jaú-SP
25/03	Juventus	1 x 1	Taubaté-SP	Rua Javari
28/03	Juventus	3 x 1	São Bento de Sorocaba-SP	Rua Javari
25/04	Juventus	0 x 1	Botafogo de Rib.Preto-SP	Rua Javari
29/04	Juventus	0 x 1	Noroeste-SP	Bauru-SP
02/05	Juventus	2 x 0	Intern. de Limeira-SP	Rua Javari
06/05	Juventus	1 x 1	Ponte Preta-SP	Campinas-SP
09/05	Juventus	0 x 0	América de S. J. do R. P.-SP	Rua Javari
13/05	Juventus	1 x 2	Corinthians-SP	Pacaembu
16/05	Juventus	1 x 0	Ferroviária de Araraq.-SP	Araraquara-SP
24/05	Juventus	0 x 0	Xv de Jaú-SP	Jaú-SP
27/05	Juventus	0 x 0	Comercial de Rib.Preto-SP	Rib.Preto-SP
03/06	Juventus	2 x 2	Palmeiras-SP	Pacaembu
09/06	Juventus	0 x 0	São Paulo-SP	Rua Javari
14/06	Juventus	0 x 1	Taubaté-SP	Taubaté-SP
18/06	Juventus	0 x 1	Portuguesa-SP	Rua Javari
21/06	Juventus	1 x 1	São Bento de Sorocaba-SP	Rua Javari
24/06	Juventus	1 x 1	São José-SP	Rua Javari
26/06	Juventus	1 x 0	Marília-SP	Marília-SP
01/07	Juventus	3 x 0	Guarani-SP	Rua Javari
05/07	Juventus	2 x 0	Francana-SP	Franca-SP
07/07	Juventus	2 x 0	Santos-SP	Rua Javari

Data	Partida	Placar	Adversário	Local
12/07	Juventus	3 x 0	Marília-SP	Rua Javari
15/07	Juventus	3 x 3	Corinthians-SP	Pacaembu
19/07	Juventus	1 x 0	São José-SP	Rua Javari
22/07	Juventus	0 x 0	São José-SP	São José dos Campos-SP
26/07	Juventus	2 x 2	Corinthians-SP	Pacaembu
29/07	Juventus	1 x 1	Marília-SP	Marília-SP
09/08	Juventus	4 x 0	Marília-SP	Rua Javari
13/08	Juventus	1 x 2	Guarani-SP	Campinas-SP
16/08	Juventus	0 x 0	Intern. de Limeira-SP	Limeira-SP
19/08	Juventus	1 x 1	Portuguesa-SP	Canindé
23/08	Juventus	0 x 0	São Bento de Sorocaba-SP	Sorocaba-SP
30/08	Juventus	0 x 0	Noroeste-SP	Rua Javari
02/09	Juventus	2 x 2	São José-SP	São José dos Campos-SP
06/09	Juventus	3 x 0	Corinthians-SP	Palestra Italia
10/09	Juventus	0 x 1	América de S. J. do R. P.-SP	São José do Rio Preto-SP
12/09	Juventus	3 x 1	Botafogo de Rib.Preto-SP	Rib.Preto-SP
16/09	Juventus	0 x 1	Palmeiras-SP	Pacaembu
20/09	Juventus	5 x 2	Comercial de Rib.Preto-SP	Rua Javari
27/09	Juventus	1 x 1	Taubaté-SP	Rua Javari
30/09	Juventus	1 x 1	São Paulo-SP	Morumbi
03/10	Juventus	1 x 1	Xv de Jaú-SP	Rua Javari
07/10	Juventus	0 x 3	Santos-SP	Santos-SP
11/10	Juventus	1 x 1	Francana-SP	Rua Javari
14/10	Juventus	2 x 2	Ponte Preta-SP	Rua Javari
18/10	Juventus	1 x 1	Ferroviária de Araraq.-SP	Rua Javari

1982

Data	Partida	Placar	Adversário	Local
18/07	Juventus	1 x 0	São Paulo-SP	Pacaembu
21/07	Juventus	2 x 0	Santo André-SP	Rua Javari
24/07	Juventus	0 x 3	Ponte Preta-SP	Campinas-SP
28/07	Juventus	0 x 2	Corinthians-SP	Pacaembu
31/07	Juventus	1 x 0	Botafogo de Rib.Preto-SP	Rua Javari
08/08	Juventus	0 x 0	Marília-SP	Marília-SP
11/08	Juventus	2 x 0	Guarani-SP	Rua Javari
14/08	Juventus	2 x 0	Intern. de Limeira-SP	Rua Javari
18/08	Juventus	0 x 0	América de S. J. do R. P.-SP	São José do Rio Preto-SP
22/08	Juventus	1 x 1	Taubaté-SP	Taubaté-SP
26/08	Juventus	1 x 1	Santos-SP	Pacaembu
29/08	Juventus	1 x 1	Francana-SP	Franca-SP
01/09	Juventus	0 x 0	São José-SP	Rua Javari
05/09	Juventus	1 x 1	Ferroviária de Araraq.-SP	Araraquara-SP
08/09	Juventus	0 x 1	Comercial de Rib.Preto-SP	Rib.Preto-SP
12/09	Juventus	1 x 1	São Bento de Sorocaba-SP	Sorocaba-SP
15/09	Juventus	1 x 0	Portuguesa-SP	Palestra Italia
19/09	Juventus	3 x 0	Xv de Jaú-SP	Jaú-SP
23/09	Juventus	1 x 1	Palmeiras-SP	Canindé
26/09	Juventus	0 x 2	América de S. J. do R. P.-SP	Rua Javari
29/09	Juventus	1 x 0	Santos-SP	Palestra Italia
03/10	Juventus	0 x 0	São José-SP	São José dos Campos-SP
06/10	Juventus	2 x 0	Intern. de Limeira-SP	Limeira-SP
09/10	Juventus	2 x 1	Xv de Jaú-SP	Rua Javari
12/10	Juventus	2 x 0	Palmeiras-SP	Morumbi
17/10	Juventus	0 x 0	Portuguesa-SP	Palestra Italia
20/10	Juventus	1 x 2	Santo André-SP	Santo André-SP
24/10	Juventus	0 x 1	Ponte Preta-SP	Rua Javari
30/10	Juventus	2 x 1	Comercial de Rib.Preto-SP	Rua Javari
03/11	Juventus	1 x 5	Corinthians-SP	Pacaembu
06/11	Juventus	0 x 0	São Bento de Sorocaba-SP	Rua Javari
10/11	Juventus	1 x 3	Guarani-SP	Campinas-SP
13/11	Juventus	1 x 1	Marília-SP	Rua Javari
17/11	Juventus	2 x 3	São Paulo-SP	Morumbi
20/11	Juventus	0 x 0	Botafogo de Rib.Preto-SP	Rib.Preto-SP
27/11	Juventus	2 x 1	Francana-SP	Rua Javari
01/12	Juventus	3 x 0	Taubaté-SP	Rua Javari
04/12	Juventus	0 x 3	Ferroviária de Araraq.-SP	Rua Javari

1983

Data	Partida	Placar	Adversário	Local
19/05	Juventus	2 x 0	Taquaritinga-SP	Taquaritinga-SP
21/05	Juventus	4 x 2	Botafogo de Rib.Preto-SP	Rua Javari
28/05	Juventus	2 x 1	Guarani-SP	Rua Javari
02/06	Juventus	0 x 0	América de S. J. do R. P.-SP	São José do Rio Preto-SP
05/06	Juventus	0 x 0	São José-SP	Rua Javari
11/06	Juventus	0 x 0	Intern. de Limeira-SP	Rua Javari
19/06	Juventus	1 x 2	Xv de Jaú-SP	Jaú-SP
22/06	Juventus	1 x 1	Corinthians-SP	Palestra Italia
26/06	Juventus	2 x 2	Marília-SP	Marília-SP
02/07	Juventus	2 x 2	Ponte Preta-SP	Rua Javari
05/07	Juventus	0 x 2	Santos-SP	Canindé
09/07	Juventus	1 x 0	Portuguesa-SP	Palestra Italia
13/07	Juventus	1 x 3	São Paulo-SP	Rua Javari
17/07	Juventus	0 x 0	Comercial de Rib.Preto-SP	Rib.Preto-SP
20/07	Juventus	0 x 2	Ferroviária de Araraq.-SP	Rua Javari
24/07	Juventus	0 x 1	São Bento de Sorocaba-SP	Sorocaba-SP
27/07	Juventus	1 x 0	Palmeiras-SP	Palestra Italia
31/07	Juventus	0 x 0	Taubaté-SP	Taubaté-SP
07/08	Juventus	0 x 1	Santo André-SP	Rua Javari
13/08	Juventus	2 x 1	Taquaritinga-SP	Rua Javari
20/08	Juventus	0 x 1	Portuguesa-SP	Canindé
25/08	Juventus	0 x 2	Guarani-SP	Campinas-SP
28/08	Juventus	0 x 4	Santo André-SP	Santo André-SP
03/09	Juventus	1 x 2	América de S. J. do R. P.-SP	Rua Javari
07/09	Juventus	0 x 0	Santos-SP	Morumbi
10/09	Juventus	2 x 1	Marília-SP	Rua Javari
21/09	Juventus	1 x 1	Palmeiras-SP	Rua Javari
24/09	Juventus	1 x 1	Ponte Preta-SP	Campinas-SP
28/09	Juventus	0 x 2	Intern.de Limeira-SP	Limeira-SP
02/10	Juventus	0 x 0	Botafogo de Rib.Preto-SP	Rib.Preto-SP
05/10	Juventus	0 x 0	Xv de Jaú-SP	Rua Javari
09/10	Juventus	1 x 0	São Bento de Sorocaba-SP	Rua Javari
16/10	Juventus	1 x 2	Corinthians-SP	Canindé
19/10	Juventus	2 x 2	Ferroviária de Araraq.-SP	Araraquara-SP
22/10	Juventus	1 x 3	São Paulo-SP	Morumbi
29/10	Juventus	1 x 1	Comercial de Rib.Preto-SP	Rua Javari
01/11	Juventus	1 x 2	São José-SP	São José dos Campos-SP
06/11	Juventus	0 x 0	Taubaté-SP	Rua Javari

1984

Data	Partida	Placar	Adversário	Local
01/07	Juventus	2 x 2	São Bento de Sorocaba-SP	Sorocaba-SP
08/07	Juventus	1 x 2	Portuguesa-SP	Pacaembu
11/07	Juventus	1 x 1	Marília-SP	Rua Javari
14/07	Juventus	2 x 0	Comercial de Rib.Preto-SP	Rua Javari
18/07	Juventus	0 x 3	Palmeiras-SP	Pacaembu
22/07	Juventus	1 x 1	América de S. J. do R. P.-SP	São José do Rio Preto-SP
25/07	Juventus	1 x 1	Botafogo de Rib.Preto-SP	Rib.Preto-SP
28/07	Juventus	1 x 0	Xv de Jaú-SP	Rua Javari
01/08	Juventus	0 x 1	Santo André-SP	Rua Javari
04/08	Juventus	3 x 0	Ferroviária de Araraq.-SP	Rua Javari
08/08	Juventus	0 x 2	Guarani-SP	Campinas-SP
11/08	Juventus	1 x 1	Ponte Preta-SP	Rua Javari
22/08	Juventus	2 x 4	Santos-SP	Pacaembu
26/08	Juventus	1 x 0	Taubaté-SP	Rua Javari
29/08	Juventus	1 x 3	Xv de Piracicaba-SP	Piracicaba-SP
01/09	Juventus	0 x 1	Corinthians-SP	Pacaembu
09/09	Juventus	1 x 3	Intern. de Limeira-SP	Limeira-SP
12/09	Juventus	1 x 0	São Paulo-SP	Pacaembu
16/09	Juventus	1 x 3	Taquaritinga-SP	Taquaritinga-SP
19/09	Juventus	1 x 1	Xv de Jaú-SP	Jaú-SP
22/09	Juventus	3 x 1	São Bento de Sorocaba-SP	Rua Javari
26/09	Juventus	1 x 1	São Paulo-SP	Pacaembu
30/09	Juventus	0 x 2	Guarani-SP	Rua Javari
03/10	Juventus	3 x 0	Intern. de Limeira-SP	Rua Javari
07/10	Juventus	0 x 0	Taubaté-SP	Taubaté-SP
11/10	Juventus	0 x 1	Corinthians-SP	Pacaembu
14/10	Juventus	0 x 1	Portuguesa-SP	Pacaembu
21/10	Juventus	1 x 0	Marília-SP	Marília-SP
24/10	Juventus	0 x 0	América de S. J. do R. P.-SP	Rua Javari
28/10	Juventus	0 x 0	Palmeiras-SP	Pacaembu
31/10	Juventus	0 x 1	Ferroviária de Araraq.-SP	Araraquara-SP
03/11	Juventus	4 x 0	Xv de Piracicaba-SP	Rua Javari
11/11	Juventus	0 x 0	Ponte Preta-SP	Campinas-SP
14/11	Juventus	1 x 1	Comercial de Rib.Preto-SP	Rib.Preto-SP
18/11	Juventus	0 x 0	Santos-SP	Pacaembu
24/11	Juventus	0 x 3	Botafogo de Rib.Preto-SP	Rua Javari
28/11	Juventus	1 x 1	Santo André-SP	Santo André-SP
01/12	Juventus	1 x 0	Taquaritinga-SP	Rua Javari

1985

Data	Partida	Placar	Adversário	Local
12/05	Juventus	3 x 1	Noroeste-SP	Bauru-SP
18/05	Juventus	0 x 1	Portuguesa-SP	Rua Javari
26/05	Juventus	1 x 0	Xv de Jaú-SP	Jaú-SP
01/06	Juventus	1 x 1	Intern. de Limeira-SP	Limeira-SP
06/06	Juventus	1 x 2	Corinthians-SP	Pacaembu
09/06	Juventus	1 x 2	Santo André-SP	Rua Javari
12/06	Juventus	1 x 2	Ponte Preta-SP	Campinas-SP
15/06	Juventus	1 x 1	Botafogo de Rib.Preto-SP	Rua Javari
19/06	Juventus	0 x 1	Comercial de Rib.Preto-SP	Rib.Preto-SP
22/06	Juventus	1 x 0	São Bento de Sorocaba-SP	Rua Javari
29/06	Juventus	1 x 1	Santos-SP	Rua Javari
07/07	Juventus	0 x 2	Marília-SP	Marília-SP
11/07	Juventus	0 x 2	São Paulo-SP	Morumbi
14/07	Juventus	2 x 1	Xv de Piracicaba-SP	Piracicaba-SP
20/07	Juventus	3 x 1	Ferroviária de Araraq.-SP	Rua Javari
27/07	Juventus	1 x 2	Guarani-SP	Rua Javari
03/08	Juventus	2 x 1	América de S. J. do R. P.-SP	São José do Rio Preto-SP
10/08	Juventus	1 x 1	Palmeiras-SP	Rua Javari
17/08	Juventus	0 x 0	Paulista de Jundiaí-SP	Rua Javari
24/08	Juventus	3 x 1	Comercial de Rib.Preto-SP	Rua Javari
28/08	Juventus	0 x 1	Santos-SP	Santos-SP
01/09	Juventus	1 x 0	Marília-SP	Rua Javari
08/09	Juventus	2 x 0	São Bento de Sorocaba-SP	Sorocaba-SP
15/09	Juventus	0 x 0	Xv de Piracicaba-SP	Rua Javari
19/09	Juventus	0 x 2	São Paulo-SP	Pacaembu
22/09	Juventus	1 x 1	Paulista de Jundiaí-SP	Jundiaí-SP
28/09	Juventus	1 x 0	Guarani-SP	Campinas-SP
02/10	Juventus	3 x 0	Xv de Jaú-SP	Rua Javari
06/10	Juventus	1 x 0	Noroeste-SP	Rua Javari
13/10	Juventus	0 x 0	Ferroviária de Araraq.-SP	Araraquara-SP
16/10	Juventus	0 x 0	Santo André-SP	Mauá-SP
20/10	Juventus	0 x 2	Botafogo de Rib.Preto-SP	Rib.Preto-SP
27/10	Juventus	1 x 0	Palmeiras-SP	Palestra Italia
30/10	Juventus	1 x 0	Ponte Preta-SP	Rua Javari
03/11	Juventus	0 x 1	Portuguesa-SP	Canindé
10/11	Juventus	0 x 0	Corinthians-SP	Pacaembu
17/11	Juventus	2 x 4	Intern. de Limeira-SP	Rua Javari
21/11	Juventus	3 x 0	América de S. J. do R. P.-SP	Rua Javari

1986

Data					Adversário	Local
23/02	Juventus	1	x	0	Mogi Mirim-SP	Mogi Mirim-SP
02/03	Juventus	3	x	1	Xv de Jaú-SP	Jaú-SP
05/03	Juventus	0	x	1	Portuguesa-SP	Rua Javari
09/03	Juventus	0	x	2	Intern. de Limeira-SP	Limeira-SP
13/03	Juventus	2	x	0	Santo André-SP	Rua Javari
16/03	Juventus	0	x	3	Corinthians-SP	Pacaembu
19/03	Juventus	0	x	2	Comercial de Rib.Preto-SP	Rib.Preto-SP
23/03	Juventus	1	x	2	Ponte Preta-SP	Campinas-SP
29/03	Juventus	4	x	2	Botafogo de Rib.Preto-SP	Rua Javari
05/04	Juventus	1	x	0	São Bento de Sorocaba-SP	Rua Javari
09/04	Juventus	1	x	0	Santos-SP	Canindé
13/04	Juventus	0	x	0	Novorizontino-SP	Novo Horizonte-SP
17/04	Juventus	4	x	1	São Paulo-SP	Pacaembu
20/04	Juventus	1	x	2	Ferroviária de Araraq.- SP	Rua Javari
26/04	Juventus	4	x	3	Guarani-SP	Rua Javari
01/05	Juventus	1	x	1	Xv de Piracicaba-SP	Piracicaba-SP
04/05	Juventus	1	x	0	Palmeiras-SP	Pacaembu
11/05	Juventus	1	x	1	América de S. J. do R. P.-SP	São José do Rio Preto-SP
17/05	Juventus	3	x	1	Paulista de Jundiaí-SP	Rua Javari
24/05	Juventus	0	x	3	Portuguesa-SP	Canindé
28/05	Juventus	2	x	1	Mogi Mirim-SP	Rua Javari
31/05	Juventus	2	x	2	Paulista de Jundiaí-SP	Jundiaí-SP
14/06	Juventus	0	x	1	Guarani-SP	Campinas-SP
20/06	Juventus	0	x	0	São Paulo-SP	Pacaembu
24/06	Juventus	0	x	0	Xv de Jaú-SP	Rua Javari
28/06	Juventus	0	x	0	Botafogo de Rib.Preto-SP	Rib.Preto-SP
01/07	Juventus	3	x	1	Santos-SP	Santos-SP
05/07	Juventus	3	x	2	Novorizontino-SP	Rua Javari
13/07	Juventus	0	x	0	Ferroviária de Araraq.- SP	Araraquara - SP
16/07	Juventus	0	x	0	Corinthians-SP	Pacaembu
19/07	Juventus	0	x	0	Intern. de Limeira-SP	Rua Javari
26/07	Juventus	0	x	1	Xv de Piracicaba-SP	Rua Javari
31/07	Juventus	0	x	2	Palmeiras-SP	Pacaembu
02/08	Juventus	2	x	0	Ponte Preta-SP	Rua Javari
06/08	Juventus	3	x	1	São Bento de Sorocaba-SP	Sorocaba-SP
10/08	Juventus	4	x	3	Comercial de Rib.Preto-SP	Rua Javari
14/08	Juventus	0	x	1	Santo André-SP	Santo André-SP
17/08	Juventus	1	x	2	América de S. J. do R. P.-SP	Rua Javari

1987

Data					Adversário	Local
15/03	Juventus	0	x	1	São Bento de Sorocaba-SP	Rua Javari
22/03	Juventus	0	x	0	Xv de Jaú-SP	Jaú-SP
25/03	Juventus	2	x	2	Portuguesa-SP	Rua Javari
29/03	Juventus	0	x	1	Intern. de Limeira-SP	Limeira-SP
01/04	Juventus	0	x	2	Santo André-SP	Santo André-SP
04/04	Juventus	2	x	3	Botafogo de Rib.Preto-SP	Rua Javari
09/04	Juventus	2	x	0	Corinthians-SP	Pacaembu
12/04	Juventus	2	x	1	Noroeste-SP	Bauru-SP
15/04	Juventus	1	x	2	Xv de Piracicaba-SP	Piracicaba-SP
18/04	Juventus	3	x	0	Bandeirante de Biriguí-SP	Rua Javari
22/04	Juventus	0	x	0	Palmeiras-SP	Pacaembu
26/04	Juventus	1	x	0	Ponte Preta-SP	Campinas-SP
30/04	Juventus	1	x	1	Santos-SP	Pacaembu
03/05	Juventus	2	x	1	Novorizontino-SP	Novo Horizonte-SP
09/05	Juventus	1	x	1	Ferroviária de Araraq.- SP	Rua Javari
13/05	Juventus	0	x	0	Guarani-SP	Rua Javari
17/05	Juventus	0	x	0	América de S. J. do R. P.-SP	São José do Rio Preto-SP
21/05	Juventus	0	x	0	São Paulo-SP	Morumbi
27/05	Juventus	1	x	1	Mogi Mirim-SP	Rua Javari
31/05	Juventus	0	x	0	Bandeirante de Biriguí-SP	Biriguí-SP
03/06	Juventus	0	x	2	Portuguesa-SP	Canindé
06/06	Juventus	2	x	0	São Paulo-SP	Rua Javari
10/06	Juventus	3	x	0	América de S. J. do R. P.-SP	Rua Javari
14/06	Juventus	3	x	3	Botafogo de Rib.Preto-SP	Rib.Preto-SP
17/06	Juventus	0	x	1	Intern. de Limeira-SP	Rua Javari
20/06	Juventus	1	x	0	Ponte Preta-SP	Rua Javari
24/06	Juventus	0	x	0	Guarani-SP	Campinas-SP
28/06	Juventus	0	x	1	Santos-SP	Pacaembu
01/07	Juventus	2	x	0	Xv de Piracicaba-SP	Rua Javari
05/07	Juventus	1	x	2	Corinthians-SP	Pacaembu
11/07	Juventus	3	x	0	Novorizontino-SP	Rua Javari
15/07	Juventus	1	x	1	Ferroviária de Araraq.- SP	Araraquara - SP
18/07	Juventus	1	x	0	Santo André-SP	Rua Javari
23/07	Juventus	2	x	2	Palmeiras-SP	Pacaembu
26/07	Juventus	0	x	0	São Bento de Sorocaba-SP	Sorocaba-SP
02/08	Juventus	0	x	1	Mogi Mirim-SP	Mogi Mirim-SP
05/08	Juventus	2	x	1	Noroeste-SP	Rua Javari
08/08	Juventus	1	x	2	Xv de Jaú-SP	Rua Javari

1988

Data					Adversário	Local
28/02	Juventus	0	x	1	São Bento de Sorocaba-SP	Sorocaba-SP
05/03	Juventus	1	x	2	Palmeiras-SP	Pacaembu
09/03	Juventus	1	x	1	Xv de Piracicaba-SP	Piracicaba-SP
13/03	Juventus	0	x	1	Ferroviária de Araraq.- SP	Araraquara - SP
20/03	Juventus	2	x	1	América de S. J. do R. P.-SP	Rua Javari
23/03	Juventus	0	x	3	Santo André-SP	Santo André-SP
27/03	Juventus	1	x	0	São José-SP	Rua Javari
30/03	Juventus	0	x	4	Portuguesa-SP	Canindé
03/04	Juventus	1	x	1	Guarani-SP	Rua Javari
09/04	Juventus	2	x	4	Corinthians-SP	Pacaembu
01/05	Juventus	0	x	0	Noroeste-SP	Rua Javari
04/05	Juventus	2	x	0	São Paulo-SP	Morumbi
11/05	Juventus	1	x	1	Botafogo de Rib.Preto-SP	Rib.Preto-SP
15/05	Juventus	1	x	2	Intern. de Limeira-SP	Rua Javari
18/05	Juventus	0	x	0	Santos-SP	Santos-SP
22/05	Juventus	0	x	2	União São João-SP	Araras-SP
25/05	Juventus	1	x	0	Novorizontino-SP	Rua Javari
30/05	Juventus	0	x	1	Ponte Preta-SP	Campinas-SP
05/06	Juventus	1	x	1	Xv de Jaú-SP	Rua Javari
12/06	Juventus	4	x	1	Mogi Mirim-SP	Rua Javari

1989

Data					Adversário	Local
19/02	Juventus	0	x	0	América de S. J. do R. P.-SP	Rua Javari
26/02	Juventus	0	x	1	União São João-SP	Rua Javari
01/03	Juventus	1	x	1	Botafogo de Rib.Preto-SP	Rib.Preto-SP
05/03	Juventus	0	x	0	Catanduvense-SP	Rua Javari
11/03	Juventus	1	x	1	Novorizontino-SP	Novo Horizonte-SP
22/03	Juventus	0	x	2	Intern. de Limeira-SP	Limeira-SP
25/03	Juventus	2	x	1	Xv de Jaú-SP	Rua Javari
29/03	Juventus	0	x	2	Xv de Piracicaba-SP	Piracicaba-SP
02/04	Juventus	0	x	2	Mogi Mirim-SP	Rua Javari
05/04	Juventus	1	x	0	Ferroviária de Araraq.- SP	Rua Javari
09/04	Juventus	1	x	4	Noroeste-SP	Bauru-SP
16/04	Juventus	1	x	1	Santo André-SP	Santo André-SP
19/04	Juventus	0	x	4	São Paulo-SP	Pacaembu
23/04	Juventus	0	x	1	Bragantino-SP	Bragança Paulista-SP
27/04	Juventus	1	x	3	Portuguesa-SP	Canindé
30/04	Juventus	1	x	2	Guarani-SP	Rua Javari
03/05	Juventus	4	x	0	São Bento de Sorocaba-SP	Rua Javari
06/05	Juventus	1	x	2	São José-SP	Rua Javari
14/05	Juventus	1	x	1	Corinthians-SP	Pacaembu
20/05	Juventus	0	x	1	Palmeiras-SP	Pacaembu
28/05	Juventus	1	x	2	Santos-SP	Santos-SP

1990

Data					Adversário	Local
28/01	Juventus	0	x	0	Mogi Mirim-SP	Rua Javari
04/02	Juventus	1	x	2	São Paulo-SP	Canindé
08/02	Juventus	1	x	1	Corinthians-SP	Canindé
11/02	Juventus	1	x	2	Intern. de Limeira-SP	Limeira-SP
17/02	Juventus	1	x	0	Novorizontino-SP	Rua Javari
21/02	Juventus	3	x	2	União São João-SP	Araras-SP
04/03	Juventus	0	x	2	Santos-SP	Santos-SP
07/03	Juventus	1	x	1	Portuguesa-SP	Rua Javari
11/03	Juventus	0	x	4	Bragantino-SP	Bragança Paulista-SP
14/03	Juventus	0	x	0	Palmeiras-SP	Pacaembu
18/03	Juventus	2	x	3	São José-SP	São José dos Campos-SP
22/03	Juventus	0	x	0	Guarani-SP	Rua Javari
25/03	Juventus	0	x	1	Xv de Piracicaba-SP	Rua Javari
28/03	Juventus	1	x	3	São Bento de Sorocaba-SP	Sorocaba-SP
31/03	Juventus	1	x	2	América de S. J. do R. P.-SP	Rua Javari
08/04	Juventus	0	x	0	Ferroviária de Araraq.- SP	Araraquara - SP
14/04	Juventus	1	x	1	Catanduvense-SP	Rua Javari
22/04	Juventus	0	x	2	Ponte Preta-SP	Campinas-SP
25/04	Juventus	2	x	1	Noroeste-SP	Rua Javari
29/04	Juventus	0	x	1	Santo André-SP	Santo André-SP
02/05	Juventus	1	x	0	Botafogo de Rib.Preto-SP	Rua Javari
06/05	Juventus	1	x	3	Ituano-SP	Rua Javari
12/05	Juventus	1	x	5	Xv de Jaú-SP	Jaú-SP
20/05	Juventus	1	x	3	Guarani-SP	Campinas-SP
23/05	Juventus	1	x	2	São José-SP	Rua Javari
27/05	Juventus	0	x	2	União São João-SP	Araras-SP
30/05	Juventus	2	x	1	São Bento de Sorocaba-SP	Rua Javari
03/06	Juventus	1	x	0	Catanduvense-SP	Catanduva-SP
06/06	Juventus	1	x	1	Guarani-SP	Rua Javari
10/06	Juventus	0	x	0	São José-SP	São José dos Campos-SP
13/06	Juventus	1	x	1	União São João-SP	Rua Javari
17/06	Juventus	1	x	1	São Bento de Sorocaba-SP	Sorocaba-SP
21/06	Juventus	1	x	0	Catanduvense-SP	Rua Javari

1991

Data					Adversário	Local
24/07	Juventus	1	x	0	São José-SP	Rua Javari
28/07	Juventus	0	x	4	São Paulo-SP	Pacaembu
31/07	Juventus	0	x	1	Ponte Preta-SP	Campinas-SP
04/08	Juventus	0	x	0	Santo André-SP	Rua Javari
07/08	Juventus	1	x	1	Noroeste-SP	Rua Javari
11/08	Juventus	0	x	2	Marília-SP	Marília-SP
14/08	Juventus	0	x	0	São Bento de Sorocaba-SP	Sorocaba-SP
18/08	Juventus	1	x	2	Intern. de Limeira-SP	Rua Javari
21/08	Juventus	1	x	2	Rio Branco-SP	Americana-SP
25/08	Juventus	3	x	2	União São João-SP	Araras-SP
31/08	Juventus	0	x	1	Sãocarlense-SP	Rua Javari
04/09	Juventus	0	x	0	Olimpia-SP	Olimpia-SP
07/09	Juventus	1	x	1	Catanduvense-SP	Catanduva-SP
14/09	Juventus	2	x	1	Marília-SP	Rua Javari
18/09	Juventus	1	x	0	Ponte Preta-SP	Rua Javari
21/09	Juventus	0	x	2	São Paulo-SP	Canindé
29/09	Juventus	3	x	1	Sãocarlense-SP	São Carlos-SP
06/10	Juventus	1	x	0	São Bento de Sorocaba-SP	Rua Javari
09/10	Juventus	0	x	0	São José-SP	São José dos Campos-SP
13/10	Juventus	1	x	0	Intern. de Limeira-SP	Limeira-SP

Data	Partida			Local
16/10	Juventus	0 x 0	União São João-SP	Rua Javari
19/10	Juventus	3 x 1	Olimpia-SP	Rua Javari
23/10	Juventus	3 x 2	Rio Branco-SP	Rua Javari
27/10	Juventus	0 x 0	Santo André-SP	Santo André-SP
31/10	Juventus	1 x 2	Noroeste-SP	Bauru-SP
03/11	Juventus	0 x 0	Catanduvense-SP	Rua Javari

1992

Data	Partida			Local
05/07	Juventus	0 x 0	Santo André-SP	Santo André-SP
12/07	Juventus	1 x 1	São Paulo-SP	Pacaembu
19/07	Juventus	1 x 0	Intern. de Limeira-SP	Rua Javari
26/07	Juventus	0 x 0	Ituano-SP	Itu-SP
29/07	Juventus	1 x 1	Palmeiras-SP	Canindé
02/08	Juventus	1 x 2	Guarani-SP	Rua Javari
09/08	Juventus	0 x 0	Noroeste-SP	Bauru-SP
12/08	Juventus	1 x 1	Santos-SP	Canindé
20/08	Juventus	0 x 1	Botafogo de Rib.Preto-SP	Rib.Preto-SP
23/08	Juventus	4 x 1	Sãocarlense-SP	Rua Javari
02/09	Juventus	0 x 1	Bragantino-SP	Bragança Paulista-SP
06/09	Juventus	1 x 4	Portuguesa-SP	Parque São Jorge
09/09	Juventus	0 x 2	Corinthians-SP	Parque São Jorge
19/09	Juventus	0 x 0	Palmeiras-SP	Canindé
23/09	Juventus	1 x 2	Santos-SP	Canindé
27/09	Juventus	0 x 0	Sãocarlense-SP	São Carlos-SP
30/09	Juventus	2 x 1	Botafogo de Rib.Preto-SP	Rua Javari
04/10	Juventus	1 x 0	Noroeste-SP	Rua Javari
08/10	Juventus	0 x 1	Portuguesa-SP	Palestra Italia
11/10	Juventus	3 x 3	Guarani-SP	Campinas-SP
14/10	Juventus	0 x 2	Bragantino-SP	Rua Javari
17/10	Juventus	1 x 0	Ituano-SP	Rua Javari
22/10	Juventus	0 x 2	São Paulo-SP	Pacaembu
25/10	Juventus	3 x 1	Intern. de Limeira-SP	Limeira-SP
28/10	Juventus	2 x 0	Santo André-SP	Rua Javari
31/10	Juventus	2 x 1	Corinthians-SP	Pacaembu

1993

Data	Partida			Local
23/01	Juventus	3 x 2	Xv de Piracicaba-SP	Rua Javari
27/01	Juventus	1 x 1	Portuguesa-SP	Canindé
31/01	Juventus	0 x 1	Mogi Mirim-SP	Mogi Mirim-SP
03/02	Juventus	2 x 1	Ituano-SP	Rua Javari
07/02	Juventus	1 x 4	Ponte Preta-SP	Campinas-SP
10/02	Juventus	1 x 2	Santos-SP	Pacaembu
17/02	Juventus	1 x 2	Marília-SP	Marília-SP
20/02	Juventus	1 x 2	Noroeste-SP	Bauru-SP
27/02	Juventus	1 x 1	Guarani-SP	Rua Javari
02/03	Juventus	1 x 5	São Paulo-SP	Morumbi
04/03	Juventus	2 x 2	Rio Branco-SP	Rua Javari
07/03	Juventus	1 x 3	Corinthians-SP	Pacaembu
11/03	Juventus	1 x 4	Palmeiras-SP	Pacaembu
14/03	Juventus	0 x 4	União São João-SP	Rua Javari
18/03	Juventus	0 x 2	Bragantino-SP	Bragança Paulista-SP
21/03	Juventus	2 x 1	Palmeiras-SP	Pacaembu
24/03	Juventus	0 x 0	Xv de Piracicaba-SP	Piracicaba-SP
27/03	Juventus	2 x 1	Portuguesa-SP	Rua Javari
31/03	Juventus	0 x 3	São Paulo-SP	Pacaembu
04/04	Juventus	1 x 1	Ituano-SP	Itu-SP
07/04	Juventus	1 x 3	Mogi Mirim-SP	Rua Javari
11/04	Juventus	1 x 2	Santos-SP	Santos-SP
14/04	Juventus	0 x 1	Rio Branco-SP	Americana-SP
17/04	Juventus	1 x 1	Ponte Preta-SP	Rua Javari
21/04	Juventus	1 x 0	Marília-SP	Rua Javari
25/04	Juventus	1 x 2	União São João-SP	Araras-SP
28/04	Juventus	0 x 1	Bragantino-SP	Rua Javari
02/05	Juventus	1 x 3	Guarani-SP	Campinas-SP
05/05	Juventus	0 x 2	Corinthians-SP	Pacaembu
08/05	Juventus	3 x 3	Noroeste-SP	Rua Javari

1995

Data	Partida			Local
28/01	Juventus	0 x 1	Guarani-SP	Rua Javari
05/02	Juventus	1 x 2	Rio Branco-SP	Americana-SP
15/02	Juventus	0 x 0	Portuguesa-SP	Palestra Italia
18/02	Juventus	0 x 1	São Paulo-SP	Santo André-SP
23/02	Juventus	0 x 1	América de S. J. do R. P.-SP	São José do Rio Preto-SP
05/03	Juventus	2 x 2	Santos-SP	Santo André-SP
08/03	Juventus	0 x 0	Novorizontino-SP	Rua Javari
12/03	Juventus	0 x 3	Araçatuba-SP	Araçatuba-SP
15/03	Juventus	2 x 3	Ponte Preta-SP	Campinas-SP
18/03	Juventus	1 x 0	Ferroviária de Araraq.-SP	Rua Javari
20/03	Juventus	2 x 1	Bragantino-SP	Bragança Paulista-SP
26/03	Juventus	0 x 3	Palmeiras-SP	Pacaembu
01/04	Juventus	1 x 0	Xv de Piracicaba-SP	Rua Javari
05/04	Juventus	1 x 0	Corinthians-SP	Pacaembu
08/04	Juventus	1 x 1	União São João-SP	Rua Javari
15/04	Juventus	2 x 0	Bragantino-SP	Rua Javari
19/04	Juventus	0 x 1	Novorizontino-SP	Novo Horizonte-SP
23/04	Juventus	2 x 2	Ferroviária de Araraq.- SP	Araraquara - SP
27/04	Juventus	1 x 1	Corinthians-SP	Pacaembu
29/04	Juventus	0 x 1	Portuguesa-SP	Santo André-SP
06/05	Juventus	1 x 2	Xv de Piracicaba-SP	Piracicaba-SP
10/05	Juventus	0 x 2	Santos-SP	Santos-SP
14/05	Juventus	3 x 1	Rio Branco-SP	Rua Javari
17/05	Juventus	1 x 1	Araçatuba-SP	Rua Javari
21/05	Juventus	1 x 1	União São João-SP	Araras-SP
24/05	Juventus	1 x 2	São Paulo-SP	Morumbi
28/05	Juventus	0 x 0	América de S. J. do R. P.-SP	Rua Javari
04/06	Juventus	2 x 0	Guarani-SP	Campinas-SP
08/06	Juventus	1 x 0	Palmeiras-SP	Pacaembu
10/06	Juventus	2 x 1	Ponte Preta-SP	Rua Javari

1996

Data	Partida			Local
28/01	Juventus	0 x 1	Xv de Jaú-SP	Jaú-SP
31/01	Juventus	2 x 3	Santos-SP	Palestra Italia
04/02	Juventus	1 x 0	Guarani-SP	Campinas-SP
07/02	Juventus	1 x 0	América de S. J. do R. P.-SP	Rua Javari
11/02	Juventus	1 x 4	Palmeiras-SP	Palestra Italia
17/02	Juventus	1 x 0	Botafogo de Rib.Preto-SP	Rua Javari
25/02	Juventus	0 x 2	Araçatuba-SP	Araçatuba-SP
02/03	Juventus	1 x 0	Rio Branco-SP	Rua Javari
07/03	Juventus	1 x 2	Portuguesa-SP	Comendador Souza
10/03	Juventus	0 x 3	Mogi Mirim-SP	Mogi Mirim-SP
13/03	Juventus	0 x 0	Novorizontino-SP	Rua Javari
17/03	Juventus	0 x 1	União São João-SP	Araras-SP
20/03	Juventus	2 x 2	São Paulo-SP	Comendador Souza
24/03	Juventus	1 x 3	Corinthians-SP	Pacaembu
30/03	Juventus	1 x 1	Ferroviária de Araraq.- SP	Araraquara - SP
06/04	Juventus	0 x 0	Xv de Jaú-SP	Rua Javari
11/04	Juventus	1 x 2	Santos-SP	Santo André-SP
13/04	Juventus	1 x 0	Guarani-SP	Rua Javari
17/04	Juventus	2 x 2	América de S. J. do R. P.-SP	São José do Rio Preto-SP
21/04	Juventus	1 x 5	Palmeiras-SP	Jundiaí-SP
28/04	Juventus	1 x 1	Botafogo de Rib.Preto-SP	Rib.Preto-SP
01/05	Juventus	4 x 1	Araçatuba-SP	Rua Javari
05/05	Juventus	2 x 2	Rio Branco-SP	Americana-SP
09/05	Juventus	1 x 1	Portuguesa-SP	Comendador Souza
11/05	Juventus	3 x 2	Mogi Mirim-SP	Rua Javari
15/05	Juventus	1 x 2	Novorizontino-SP	Catanduva-SP
19/05	Juventus	0 x 0	União São João-SP	Rua Javari
26/05	Juventus	2 x 2	São Paulo-SP	São José dos Campos-SP
01/06	Juventus	1 x 1	Corinthians-SP	Canindé
05/06	Juventus	3 x 3	Ferroviária de Araraq.- SP	Rua Javari

1997

Data	Partida			Local
09/02	Juventus	1 x 1	Guarani-SP	Rua Javari
16/02	Juventus	0 x 0	Santos-SP	Morumbi
19/02	Juventus	1 x 1	Botafogo de Rib.Preto-SP	Rua Javari
23/02	Juventus	1 x 1	Palmeiras-SP	Palestra Italia
26/02	Juventus	2 x 2	São José-SP	Comendador Souza
02/03	Juventus	3 x 3	Portuguesa-SP	Comendador Souza
05/03	Juventus	4 x 4	América de S. J. do R. P.-SP	São José do Rio Preto-SP
09/03	Juventus	2 x 2	Portuguesa Santista-SP	Rua Javari
16/03	Juventus	3 x 3	Intern. de Limeira-SP	Limeira-SP
19/03	Juventus	1 x 1	São Paulo-SP	Ibirapuera
23/03	Juventus	2 x 2	União São João-SP	Araras-SP
29/03	Juventus	3 x 3	Rio Branco-SP	Rua Javari
06/04	Juventus	0 x 0	Mogi Mirim-SP	Mogi Mirim-SP
09/04	Juventus	2 x 2	Corinthians-SP	Morumbi
13/04	Juventus	1 x 1	Araçatuba-SP	Araçatuba-SP
20/04	Juventus	1 x 1	Portuguesa Santista-SP	Santos-SP
23/04	Juventus	3 x 3	Intern. de Limeira-SP	Rua Javari
27/04	Juventus	1 x 1	São Paulo-SP	Morumbi
01/05	Juventus	1 x 1	União São João-SP	Rua Javari
04/05	Juventus	1 x 1	Rio Branco-SP	Americana-SP
11/05	Juventus	3 x 3	Mogi Mirim-SP	Rua Javari
13/05	Juventus	0 x 0	Corinthians-SP	Pacaembu
17/05	Juventus	2 x 2	Araçatuba-SP	Rua Javari

1998

Data	Partida			Local
18/01	Juventus	2 x 3	São José-SP	São José dos Campos-SP
21/01	Juventus	4 x 1	Portuguesa Santista-SP	Rua Javari
25/01	Juventus	1 x 0	Portuguesa-SP	Rua Javari
28/01	Juventus	1 x 4	Ituano-SP	Itú-SP
01/02	Juventus	1 x 2	União São João-SP	Rua Javari
08/02	Juventus	1 x 2	São José-SP	Rua Javari
11/02	Juventus	1 x 2	Portuguesa Santista-SP	Santos-SP
15/02	Juventus	1 x 5	Portuguesa-SP	Canindé
21/02	Juventus	3 x 1	Ituano-SP	Rua Javari
01/03	Juventus	3 x 4	União São João-SP	Araras-SP
15/03	Juventus	0 x 1	Intern. de Limeira-SP	Rua Javari
22/03	Juventus	4 x 2	Portuguesa Santista-SP	Santos-SP
29/03	Juventus	1 x 1	Araçatuba-SP	Rua Javari
05/04	Juventus	0 x 2	Araçatuba-SP	Araçatuba-SP
12/04	Juventus	0 x 1	Portuguesa Santista-SP	Rua Javari
19/04	Juventus	3 x 5	Intern. de Limeira-SP	Limeira-SP

2002

Data	Partida			Local
20/01	Juventus	2 x 2	Ituano-SP	Rua Javari
23/01	Juventus	0 x 0	Santo André-SP	Bruno J. Daniel, S.A.-SP
27/01	Juventus	1 x 2	Matonense-SP	Rua Javari
31/01	Juventus	2 x 1	Mogi Mirim-SP	Wilson de Barros, M.M.-SP
03/02	Juventus	4 x 3	União Barbarense-SP	Rua Javari

09/02	Juventus	1 x 0	Portuguesa Santista-SP	Ulrico Mursa, Santos-SP
17/02	Juventus	2 x 2	Rio Branco-SP	Rua Javari
24/02	Juventus	2 x 2	Botafogo de Rib.Preto-SP	Santa Cruz, Rib.Preto-SP
02/03	Juventus	0 x 2	União São João-SP	Rua Javari
05/03	Juventus	2 x 2	América de S. J. do R. P.-SP	Benedito Teixeira, S.J.R.P.
09/03	Juventus	2 x 1	Intern. de Limeira-SP	Rua Javari
16/03	Juventus	2 x 4	Ituano-SP	Novelli Junior, Itu-SP
20/03	Juventus	3 x 1	Santo André-SP	Rua Javari
23/03	Juventus	2 x 3	Matonense-SP	Hudson B. Ferreira, Matão
30/03	Juventus	2 x 2	Mogi Mirim-SP	Rua Javari
07/04	Juventus	1 x 1	União Barbarense-SP	Ant.L.R Guim., Sta B. do O.
13/04	Juventus	3 x 1	Portuguesa Santista-SP	Rua Javari
21/04	Juventus	0 x 3	Rio Branco-SP	Décio Vitta, Americana
27/04	Juventus	1 x 0	Botafogo de Rib.Preto-SP	Rua Javari
01/05	Juventus	0 x 2	União São João-SP	Hermínio Ometto, Araras
04/05	Juventus	2 x 0	América de S. J. do R. P.-SP	Rua Javari
12/05	Juventus	3 x 2	Intern. de Limeira-SP	Major J. Levy Sobr., Lim.-SP

2003

26/01	Juventus	1 x 2	Portuguesa Santista-SP	Rua Javari
29/01	Juventus	0 x 6	São Paulo-SP	Morumbi
02/02	Juventus	0 x 1	Santos-SP	Pacaembu
09/02	Juventus	1 x 2	Santo André-SP	Bruno José Daniel, S.A.-SP
12/02	Juventus	1 x 2	Paulista de Jundiaí-SP	Rua Javari
23/02	Juventus	2 x 3	Intern. de Limeira-SP	Major J. Levy Sobr., Lim.-SP
01/03	Juventus	0 x 2	Marília-SP	Bento de Abreu, Marília-SP
05/03	Juventus	0 x 0	Mogi Mirim-SP	Rua Javari
09/03	Juventus	1 x 3	América de S. J. do R. P.-SP	Rua Javari
15/03	Juventus	2 x 1	Intern. de Limeira-SP	Major J. Levy Sobr., Lim.-SP
20/03	Juventus	2 x 1	Ituano-SP	Rua Javari
23/03	Juventus	0 x 1	Portuguesa-SP	Canindé

2004

21/01	Juventus	1 x 5	América de S. J. do R. P.-SP	Benedito Teixeira, SJRP
24/01	Juventus	3 x 2	Atlético Sorocaba-SP	Rua Javari
08/02	Juventus	0 x 1	Rio Branco-SP	Décio Vitta, Americana-SP
11/02	Juventus	0 x 3	Ponte Preta-SP	Rua Javari
14/02	Juventus	2 x 1	União Barbarense-SP	Rua Javari
26/02	Juventus	2 x 3	Corinthians-SP	Pacaembu
29/02	Juventus	2 x 3	Portuguesa-SP	Canindé
07/03	Juventus	2 x 3	Portuguesa Santista-SP	Ulrico Mursa, Santos-SP
15/03	Juventus	1 x 2	São Paulo-SP	Anacleto Campanella, SCS

2006

15/01	Juventus	3 x 2	São Bento-SP	Rua Javari
19/01	Juventus	1 x 2	Corinthians-SP	Pacaembu
22/01	Juventus	0 x 2	Paulista de Jundiaí-SP	Jaime Cintra, Jundiaí-SP
25/01	Juventus	1 x 0	São Paulo-SP	Morumbi
29/01	Juventus	1 x 1	Marília-SP	Rua Javari
05/02	Juventus	3 x 1	América - S. J. do R. P.-SP	Benedito Teixeira, SJRP-SP
08/02	Juventus	1 x 1	Santo André-SP	Bruno José Daniel, SA-SP
11/02	Juventus	0 x 1	São Caetano-SP	Rua Javari
18/02	Juventus	1 x 2	Guarani-SP	Rua Javari
22/02	Juventus	3 x 4	Palmeiras-SP	Palestra Italia
25/02	Juventus	4 x 1	Mogi Mirim-SP	Papa João Paulo II, MM-SP
02/03	Juventus	0 x 1	Ponte Preta-SP	Rua Javari
05/03	Juventus	1 x 1	Rio Branco-SP	Décio Vitta, Americana-SP
12/03	Juventus	1 x 1	Bragantino-SP	Rua Javari
18/03	Juventus	2 x 0	Portuguesa-SP	Rua Javari
25/03	Juventus	1 x 2	Santos-SP	Pacaembu
29/03	Juventus	0 x 3	Ituano-SP	Novelli Junior, Itu-SP
01/04	Juventus	3 x 2	Portuguesa Santista-SP	Ulrico Mursa, Santos-SP
09/04	Juventus	3 x 1	Noroeste-SP	Palestra Italia

2007

17/01	Juventus	3 x 0	Rio Branco-SP	Rua Javari
21/01	Juventus	0 x 3	Bragantino-SP	Marcelo Stefani, BP-SP
24/01	Juventus	1 x 4	Corinthians-SP	Pacaembu
27/01	Juventus	0 x 1	América de S. J. do R. P.-SP	Rua Javari
31/01	Juventus	1 x 1	São Bento-SP	Walter Ribeiro, Sorocaba
03/02	Juventus	1 x 0	Ponte Preta-SP	Rua Javari
07/02	Juventus	0 x 2	São Caetano-SP	Anacleto Campanella, SCS
10/02	Juventus	0 x 1	Barueri-SP	Rua Javari
17/02	Juventus	2 x 2	Marília-SP	Rua Javari
25/02	Juventus	0 x 1	Rio Claro-SP	Augusto S. Filho, Rio Claro
03/03	Juventus	0 x 2	São Paulo-SP	Pacaembu
07/03	Juventus	1 x 0	Sertãozinho-SP	Rua Javari
11/03	Juventus	1 x 4	Palmeiras-SP	Palestra Italia
18/03	Juventus	1 x 3	Guaratinguetá-SP	Dario R. Leite, Guarat.-SP
25/03	Juventus	2 x 2	Ituano-SP	Rua Javari
28/03	Juventus	2 x 1	Santo André-SP	Bruno José Daniel, SA-SP
01/04	Juventus	1 x 3	Noroeste-SP	Alfredo de Castilho, Bauru
07/04	Juventus	2 x 1	Paulista de Jundiaí-SP	Rua Javari
11/04	Juventus	0 x 2	Santos-SP	Martins Pereira, SJC

2008

16/01	Juventus	1 x 1	Noroeste-SP	Rua Javari
20/01	Juventus	0 x 4	Marília-SP	Bento de Abreu, Marília-SP
24/01	Juventus	3 x 1	Santos-SP	Bruno José Daniel, S.A.-SP
27/01	Juventus	0 x 3	Sertãozinho-SP	F. Dalmazo, Sertãozinho-SP
30/01	Juventus	3 x 2	Portuguesa-SP	Rua Javari
02/02	Juventus	3 x 0	São Caetano-SP	Bruno José Daniel, S.A.-SP
07/02	Juventus	2 x 5	Ponte Preta-SP	M. Lucarelli, Campinas-SP
10/02	Juventus	0 x 0	Barueri-SP	Rua Javari
16/02	Juventus	0 x 4	Palmeiras-SP	Santa Cruz, Rib.Preto-SP
21/02	Juventus	0 x 2	Mirassol-SP	José M. C. Maia, Mirassol
24/02	Juventus	0 x 1	Guaratinguetá-SP	Rua Javari
01/03	Juventus	0 x 0	Ituano-SP	Novelli Junior, Itu
08/03	Juventus	0 x 1	Rio Claro-SP	Augusto S. Filho, Rio Claro
12/03	Juventus	2 x 1	Paulista de Jundiaí-SP	Rua Javari
15/03	Juventus	2 x 2	Corinthians-SP	Morumbi
23/03	Juventus	2 x 3	Bragantino-SP	M. Stefani, Bragança Pta.
26/03	Juventus	0 x 1	Rio Preto-SP	Rua Javari
29/03	Juventus	2 x 2	Guarani-SP	Rua Javari
06/04	Juventus	1 x 3	São Paulo-SP	Morumbi

CAMPEONATO PAULISTA DE FUTEBOL - 2ª DIVISÃO / A2

1928

08/07	C.R.F.	5 x 0	A.A. Barra Funda-SP	Palestra Italia
15/07	C.R.F.	2 x 1	C.A. São Bernardo-SP	São Bernardo do Campo
22/07	C.R.F.	3 x 5	Sílex-SP	Campo do Sílex
29/07	C.R.F.	1 x 0	São Paulo Alpargatas-SP	Rua Cesário Ramalho
05/08	C.R.F.	5 x 0	Voluntários da Pátria-SP	Rua Cesário Ramalho
12/08	C.R.F.	1 x 2	A.A. República-SP	Rua Cesário Ramalho
26/08	C.R.F.	1 x 2	São Paulo Alpargatas-SP	Rua Cesário Ramalho
16/09	C.R.F.	0 x 2	Sílex-SP	Campo do Sílex
23/09	C.R.F.	3 x 3	C.A. São Bernardo-SP	São Bernardo do Campo
30/09	C.R.F.	2 x 1	Voluntários da Pátria-SP	Rua Cesário Ramalho
14/10	C.R.F.	0 x 1	A.A. República-SP	Avenida Agua Branca
21/10	C.R.F.	1 x 0	A.A. Barra Funda-SP	Campo do Sílex

1929

19/05	C.R.F.	1 x 0	A.A. Barra Funda-SP	Parque São Jorge
02/06	C.R.F.	7 x 1	Roma-SP	Parque São Jorge
16/06	C.R.F.	3 x 0	Voluntários da Pátria-SP	Campo do Sílex
14/07	C.R.F.	5 x 2	Estrela de Ouro-SP	Parque São Jorge
25/08	C.R.F.	4 x 0	União da Lapa-SP	Rua Cesário Ramalho
06/10	C.R.F.	1 x 1	A.A. Scarpa-SP	Villa Scarpa
12/10	C.R.F.	2 x 1	A.A. República-SP	Palestra Italia
20/10	C.R.F.	1 x 1	São Paulo Alpargatas-SP	Parque São Jorge
27/10	C.R.F.	5 x 3	Voluntários da Pátria-SP	Campo do Sílex
03/11	C.R.F.	2 x 0	A.A. Barra Funda-SP	Rua Cesário Ramalho
10/11	C.R.F.	1 x 2	Roma-SP	Rua Javari
17/11	C.R.F.	5 x 1	Estrela de Ouro-SP	Rua Javari
01/12	C.R.F.	3 x 1	União da Lapa-SP	Rua Javari
29/12	C.R.F.	4 x 0	A.A. Scarpa-SP	Rua Javari
19/01	C.R.F.	1 x 0	São Paulo Alpargatas-SP	Rua Javari
26/01	C.R.F.	1 x 0	A.A. República-SP	Rua Javari

1955

16/10	Juventus	2 x 0	União Mogi-SP	Mogi das Cruzes-SP
22/10	Juventus	3 x 2	Estrela da Saúde-SP	Rua Javari
30/10	Juventus	1 x 0	Corinthians de Sto André	Santo André-SP
06/11	Juventus	4 x 1	Portuguesa Santista-SP	Rua Javari
13/11	Juventus	0 x 2	São Bento de Sorocaba-SP	Sorocaba-SP
20/11	Juventus	4 x 0	União Mogi-SP	Rua Javari
27/11	Juventus	3 x 3	Estrela da Saúde-SP	Rua Javari
04/12	Juventus	3 x 0	Corinthians de Sto André	Rua Javari
11/12	Juventus	1 x 2	Portuguesa Santista-SP	Santos-SP
18/12	Juventus	2 x 0	São Bento de Sorocaba-SP	Rua Javari
15/01	Juventus	0 x 1	Marília-SP	Marília-SP
22/01	Juventus	1 x 1	Ass. Desp. Araraq.- SP	Rua Javari
29/01	Juventus	0 x 2	América de S. J. do R. P.-SP	São José do Rio Preto-SP
04/02	Juventus	1 x 1	Comercial de Rib.Preto-SP	Rua Javari
18/02	Juventus	2 x 5	Ferroviária de Araraq.- SP	Araraquara - SP
26/02	Juventus	1 x 2	Portuguesa Santista-SP	Rua Javari
04/03	Juventus	0 x 3	Botafogo de Rib.Preto-SP	Rib.Preto-SP
11/03	Juventus	1 x 0	Marília-SP	Rua Javari
18/03	Juventus	3 x 2	Ass. Desp. Araraq.- SP	Araraquara - SP
25/03	Juventus	0 x 2	América de S. J. do R. P.-SP	Rua Javari
01/04	Juventus	0 x 3	Comercial de Rib.Preto-SP	Rib.Preto-SP
08/04	Juventus	1 x 2	Ferroviária de Araraq.- SP	Rua Javari
15/04	Juventus	2 x 3	Portuguesa Santista-SP	Santos-SP
22/04	Juventus	3 x 3	Botafogo de Rib.Preto-SP	Rua Javari

1994

23/01	Juventus	1 x 2	Marília-SP	Bento de Abreu, Marília
26/01	Juventus	0 x 0	Sãocarlense-SP	Rua Javari
31/01	Juventus	0 x 0	Comercial de Rib.Preto-SP	Rua Javari
03/02	Juventus	2 x 1	Noroeste-SP	A. de Castilho, Bauru
06/02	Juventus	2 x 1	Xv de Jaú-SP	Zezinho Magalhães, Jaú
09/02	Juventus	1 x 2	Paraguaçuense-SP	Rua Javari
11/02	Juventus	1 x 1	São Caetano-SP	A. Campanella, SCS
16/02	Juventus	0 x 2	Taquaritinga-SP	Adil N. Silva, Taquaritinga
19/02	Juventus	1 x 2	São José-SP	Rua Javari
23/02	Juventus	2 x 1	Botafogo de Rib.Preto-SP	Rua Javari
27/02	Juventus	0 x 0	Intern. de Limeira-SP	Major J. Levi Sobr., Limeira
02/03	Juventus	2 x 3	Araçatuba-SP	Pedro M. Berbel, Birigui
05/03	Juventus	2 x 0	Olímpia-SP	Rua Javari
09/03	Juventus	1 x 0	Xv de Piracicaba-SP	Rua Javari
13/03	Juventus	2 x 0	Catanduva-SP	Silvio Salles, Catanduva
19/03	Juventus	2 x 1	Marília-SP	Rua Javari
24/03	Juventus	1 x 0	Sãocarlense-SP	L. A. de Oliveira, São Carlos
27/03	Juventus	2 x 2	Comercial de Rib.Preto-SP	P. Travassos, Rib.Preto
30/03	Juventus	2 x 2	Olímpia-SP	Thereza Breda, Olímpia
02/04	Juventus	1 x 1	Xv de Jaú-SP	Rua Javari
06/04	Juventus	0 x 0	Paraguaçuense-SP	Carlos Afini, P. Paulista
09/04	Juventus	5 x 1	São Caetano-SP	Rua Javari
13/04	Juventus	2 x 2	Taquaritinga-SP	Rua Javari
17/04	Juventus	0 x 0	São José-SP	Martins Pereira, SJC
20/04	Juventus	5 x 2	Intern. de Limeira-SP	Rua Javari
24/04	Juventus	0 x 0	Araçatuba-SP	Rua Javari
01/05	Juventus	2 x 1	Botafogo de Rib.Preto-SP	Santa Cruz, Rib.Preto
05/05	Juventus	2 x 1	Noroeste-SP	Rua Javari
08/05	Juventus	0 x 0	Xv de Piracicaba-SP	B. de Serra Negra, Piracic.
15/05	Juventus	1 x 1	Catanduva-SP	Rua Javari

1999

31/01	Juventus	1 x 1	América de S. J. do R. P.-SP	Rua Javari
07/02	Juventus	1 x 3	Botafogo - Rib.Preto	Rib.Preto-SP
13/02	Juventus	1 x 0	Xv de Piracicaba-SP	Rua Javari
21/02	Juventus	3 x 0	Corinthians de P.Prud.-SP	Presidente Prudente-SP
28/02	Juventus	0 x 1	Francana-SP	Rua Javari
07/03	Juventus	2 x 3	Comercial de Rib.Preto-SP	Rib.Preto-SP
14/03	Juventus	2 x 0	Paraguaçuense-SP	Rua Javari
21/03	Juventus	1 x 1	Mirassol-SP	Mirassol-SP
27/03	Juventus	2 x 3	Sãocarlense-SP	Rua Javari
04/04	Juventus	1 x 2	Bragantino-SP	Bragança Paulista-SP
10/04	Juventus	2 x 1	Noroeste-SP	Rua Javari
18/04	Juventus	2 x 3	Etti Jundiai-SP	Jundiai-SP
21/04	Juventus	1 x 2	São Caetano-SP	São Caetano-SP
24/04	Juventus	0 x 1	Santo André-SP	Rua Javari
02/05	Juventus	0 x 1	Ponte Preta-SP	M. Lucarelli, Campinas
09/05	Juventus	2 x 1	Sãocarlense-SP	São Carlos-SP
15/05	Juventus	3 x 3	Bragantino-SP	Rua Javari
23/05	Juventus	3 x 1	Noroeste-SP	Bauru-SP
29/05	Juventus	1 x 2	Etti Jundiai-SP	Rua Javari
03/06	Juventus	0 x 1	São Caetano-SP	Rua Javari
06/06	Juventus	2 x 1	Santo André-SP	B. José Daniel, Sto André
13/06	Juventus	0 x 1	Ponte Preta-SP	Rua Javari
20/06	Juventus	3 x 0	Corinthians de P.Prud.-SP	Presidente Prudente-SP
23/06	Juventus	4 x 1	Noroeste-SP	Rua Javari
27/06	Juventus	1 x 1	Paraguaçuense-SP	Paraguaçu Paulista-SP
04/07	Juventus	2 x 0	Paraguaçuense-SP	Rua Javari
07/07	Juventus	1 x 1	Noroeste-SP	Bauru-SP
11/07	Juventus	1 x 3	Corinthians de P.Prud.-SP	Rua Javari

2000

22/01	Juventus	2 x 2	Francana-SP	Rua Javari
27/01	Juventus	2 x 1	Santo André-SP	Santo André-SP
30/01	Juventus	1 x 1	Comercial de Rib.Preto-SP	Rua Javari
06/02	Juventus	1 x 1	Comercial de Rib.Preto-SP	Rib.Preto-SP
09/02	Juventus	1 x 2	Santo André-SP	Rua Javari
13/02	Juventus	4 x 3	Francana-SP	Franca-SP
08/03	Juventus	3 x 0	Paraguaçuense-SP	Rua Javari
12/03	Juventus	3 x 0	Francana-SP	Franca-SP
19/03	Juventus	1 x 3	Santo André-SP	Santo André-SP
25/03	Juventus	3 x 1	Olimpia-SP	Rua Javari
02/04	Juventus	0 x 2	São Caetano-SP	São Caetano-SP
08/04	Juventus	2 x 0	Sãocarlense-SP	Rua Javari
16/04	Juventus	0 x 0	Etti de Jundiai-SP	Jundiai-SP
22/04	Juventus	4 x 2	Rio Preto-SP	Rua Javari
30/04	Juventus	1 x 5	Mirassol-SP	Mirassol-SP
06/05	Juventus	2 x 0	Bragantino-SP	Rua Javari
13/05	Juventus	0 x 5	São José-SP	São José dos Campos-SP
20/05	Juventus	3 x 0	Xv de Piracicaba-SP	Rua Javari
27/05	Juventus	1 x 2	América - S. J. do R.Preto	São José do Rio Preto-SP
04/06	Juventus	1 x 2	Comercial de Rib.Preto-SP	Rua Javari
11/06	Juventus	2 x 2	Ituano-SP	Itu-SP
18/06	Juventus	2 x 0	América - S. J. do R.Preto	Rua Javari
25/06	Juventus	2 x 1	América - S. J. do R.Preto	São José do Rio Preto-SP
01/07	Juventus	1 x 3	São Caetano-SP	Rua Javari
08/07	Juventus	1 x 4	São Caetano-SP	São Caetano-SP

2001

04/02	Juventus	(2) 0 x 0 (3)	América de S. J. do R. P	Rua Javari
07/02	Juventus	6 x 1	Comercial de Rib.Preto	P. Travassos, Rib.Preto
10/02	Juventus	(1) 1 x 1 (3)	Etti Jundiaí-SP	Rua Javari
14/02	Juventus	(3) 2 x 2 (2)	São José-SP	Martins Pereira, SJC
17/02	Juventus	4 x 2	Mirassol-SP	Rua Javari
04/03	Juventus	0 x 3	Santo André-SP	B. J. Daniel, Sto André
07/03	Juventus	4 x 0	Araçatuba-SP	Rua Javari
11/03	Juventus	1 x 3	Bragantino-SP	M. Stefani, B. Paulista
18/03	Juventus	1 x 0	Francana-SP	Lancha Filho, Franca
21/03	Juventus	3 x 1	Rio Preto-SP	Rua Javari
24/03	Juventus	(3) 2 x 2 (2)	Nacional-SP	Comendador Souza
31/03	Juventus	3 x 2	Paraguaçuense-SP	Rua Javari
04/04	Juventus	(1) 0 x 0 (3)	Ituano-SP	Novelli Junior, Itu-SP
07/04	Juventus	2 x 1	Olímpia-SP	Rua Javari
22/04	Juventus	(2) 2 x 2 (0)	Sãocarlense-SP	L.A. Oliveira, S. Carlos
29/04	Juventus	5 x 1	América de S. J. do R. P.	Benedito Teixeira, SJRP
01/05	Juventus	1 x 0	Comercial de Rib.Preto	Rua Javari
06/05	Juventus	0 x 2	Etti Jundiaí-SP	Jaime Cintra, Jundiaí
09/05	Juventus	2 x 1	São José-SP	Rua Javari
13/05	Juventus	(3) 2 x 2 (2)	Mirassol-SP	José M. Maia, Mirassol
16/05	Juventus	(0) 2 x 2 (2)	Santo André-SP	Rua Javari
20/05	Juventus	1 x 0	Araçatuba	A. de Barros, Araçatuba
23/05	Juventus	(3) 1 x 1 (4)	Bragantino	Rua Javari
26/05	Juventus	5 x 1	Francana	Rua Javari
02/06	Juventus	3 x 1	Rio Preto	Anísio Haddad, SJRP
09/06	Juventus	2 x 1	Nacional-SP	Rua Javari
14/06	Juventus	1 x 0	Paraguaçuense-SP	Carlos Affine, P. Paulista
17/06	Juventus	(1) 2 x 2 (2)	Ituano-SP	Rua Javari
24/06	Juventus	1 x 2	Olímpia-SP	Tereza Breda, Olimpia
30/06	Juventus	2 x 0	Sãocarlense-SP	Rua Javari

2005

23/01	Juventus	1 x 0	Taubaté-SP	J. de Moraes Filho, Taubaté
30/01	Juventus	5 x 3	Flamengo de Guarulhos	Rua Javari
05/02	Juventus	0 x 0	Nacional-SP	Comendador Souza
12/02	Juventus	4 x 1	Guaratinguetá-SP	Rua Javari
18/02	Juventus	0 x 0	Noroeste-SP	A. de Castilho, Bauru
26/02	Juventus	1 x 2	São Bento (Sorocaba)-SP	Rua Javari
06/03	Juventus	1 x 0	Matonense-SP	H. Buck Ferreira, Matão
12/03	Juventus	2 x 1	Bragantino-SP	Rua Javari
18/03	Juventus	1 x 2	Oeste-SP	Ildenor Semeghini, Itápolis
26/03	Juventus	1 x 0	Taubaté-SP	Rua Javari
03/04	Juventus	1 x 1	Flamengo de Guarulhos	A. S. de Oliveira, Guarulhos
09/04	Juventus	4 x 2	Nacional-SP	Rua Javari
17/04	Juventus	2 x 1	Guaratinguetá-SP	Dario R. Leite, Guarating.
23/04	Juventus	1 x 0	Noroeste-SP	Rua Javari
27/04	Juventus	1 x 2	São Bento (Sorocaba)-SP	Walter Ribeiro, Sorocaba
30/04	Juventus	8 x 1	Matonense-SP	Rua Javari
08/05	Juventus	2 x 3	Bragantino-SP	M. Stefani, Bragança Pta.
15/05	Juventus	3 x 2	Oeste-SP	Rua Javari
21/05	Juventus	3 x 2	Bragantino-SP	M. Stefani, Bragança Pta.
28/05	Juventus	1 x 0	Araçatuba-SP	Rua Javari
04/06	Juventus	0 x 0	Comercial de Rib.Preto	Rua Javari
07/06	Juventus	1 x 1	Comercial de Rib.Preto	Palma Travassos, Rib.Preto
12/06	Juventus	3 x 0	Araçatuba-SP	A. de Barros, Araçatuba
19/06	Juventus	1 x 3	Bragantino-SP	Rua Javari
26/06	Juventus	2 x 1	Noroeste-SP	Rua Javari

2009

25/01	Juventus	1 x 3	Comercial de Rib.Preto-SP	Palma Travassos, Rib.Preto
31/01	Juventus	1 x 1	América de S. J. do R. P.-SP	Rua Javari
04/02	Juventus	1 x 0	Ferroviária-SP	Rua Javari
07/02	Juventus	2 x 3	Atlético Sorocaba-SP	Walter Ribeiro, Sorocaba
11/02	Juventus	1 x 2	Linense-SP	G. Siqueira Lopes, Lins
14/02	Juventus	2 x 2	São José-SP	Rua Javari
18/02	Juventus	2 x 1	Portuguesa Santista-SP	Rua Javari
21/02	Juventus	0 x 2	São Bento-SP	Walter Ribeiro, Sorocaba
28/02	Juventus	1 x 4	Rio Branco-SP	Rua Javari
07/03	Juventus	1 x 3	Flamengo de Guarulhos	Rua Javari
11/03	Juventus	0 x 1	Rio Claro-SP	A. Schmidt Filho, Rio Claro
14/03	Juventus	0 x 3	São Bernardo-SP	1° de Maio, SBC
21/03	Juventus	2 x 1	Catanduvense-SP	Rua Javari
25/03	Juventus	0 x 0	União São João-SP	Hermínio Ometto, Araras
29/03	Juventus	0 x 4	Rio Preto-SP	Anísio Haddad, SJRP
04/04	Juventus	2 x 1	Taquaritinga-SP	Rua Javari
08/04	Juventus	0 x 1	Sertãozinho-SP	Rua Javari
12/04	Juventus	2 x 4	Monte Azul-SP	AMA, Monte Azul-SP
19/04	Juventus	2 x 1	União Barbarense-SP	Rua Javari

2013

23/01	Juventus	0 x 4	Noroeste-SP	Rua Javari
27/01	Juventus	2 x 1	Red Bull Brasil-SP	M. Lucarelli, Campinas
30/01	Juventus	0 x 1	Ferroviária de Araraq.- SP	F. Luminosa, Araraquara
02/02	Juventus	0 x 1	Velo Clube-SP	Rua Javari
06/02	Juventus	2 x 1	Rio Branco-SP	Rua Javari
09/02	Juventus	0 x 1	Monte Azul-SP	O. Patrício Arroyo, MAP
13/02	Juventus	3 x 1	Santacruzenze-SP	Rua Javari
17/02	Juventus	1 x 2	Portuguesa-SP	Canindé

20/02	Juventus	0 x 2		Grêmio Osasco-SP	Rua Javari
23/02	Juventus	1 x 2		Capivariano-SP	C. Colnaghi, Capivari
27/02	Juventus	1 x 2		Audax-SP	Comendador Souza
02/03	Juventus	1 x 4		Catanduvense-SP	Rua Javari
06/03	Juventus	0 x 1		São Carlos-SP	L. A. de Oliveira, S. Carlos
10/03	Juventus	0 x 0		São José-SP	Rua Javari
13/03	Juventus	1 x 2		Grêmio Barueri-SP	Rua Javari
16/03	Juventus	1 x 1		Rio Claro-SP	Augusto S. Filho, Rio Claro
20/03	Juventus	3 x 2		Santo André-SP	B. José Daniel, Sto. André
23/03	Juventus	1 x 3		Guaratinguetá-SP	Rua Javari
31/03	Juventus	0 x 7		Comercial de Rib.Preto	P. Travassos, Rib. Preto

2016

31/01	Juventus	1 x 0	Penapolense-SP	Rua Javari
03/02	Juventus	1 x 0	Portuguesa-SP	Canindé
06/02	Juventus	0 x 1	Velo Clube-SP	Rua Javari
10/02	Juventus	1 x 1	Monte Azul-SP	O. Patrício Arroyo, MAP
14/02	Juventus	3 x 2	Rio Branco de Americana	Rua Javari
17/02	Juventus	0 x 5	Batatais-SP	Oswaldo Scatena, Batatais
20/02	Juventus	0 x 2	Independente de Limeira	Agostinho Prada, Limeira
24/02	Juventus	1 x 1	Santo André-SP	Rua Javari
27/02	Juventus	3 x 3	Atlético Sorocaba-SP	Walter Ribeiro, Sorocaba
02/03	Juventus	0 x 0	São Caetano-SP	Rua Javari
06/03	Juventus	0 x 0	Mirassol-SP	Rua Javari
09/03	Juventus	0 x 2	Barretos-SP	Fortaleza, Barretos
13/03	Juventus	1 x 0	Marília-SP	Rua Javari
16/03	Juventus	0 x 1	Paulista de Jundiaí-SP	Jaime Cintra, Jundiaí
19/03	Juventus	1 x 0	Taubaté-SP	Rua Javari
22/03	Juventus	0 x 0	Guarani-SP	Brinco de Ouro, Campinas
26/03	Juventus	0 x 1	Votuporanguense-SP	Plinio Marin, Votuporanga
30/03	Juventus	1 x 0	União Barbarense-SP	Rua Javari
03/04	Juventus	1 x 0	Bragantino-SP	Nabi A. Chedid, Brag. Pta.

2017

28/01	Juventus	1 x 1	Capivariano-SP	Rua Javari
31/01	Juventus	0 x 1	Água Santa-SP	Mun. J. B. Pereira F., Diadema
03/02	Juventus	2 x 3	Penapolense-SP	Tenente Carriço, Penápolis
12/02	Juventus	1 x 0	Votuporanguense-SP	Rua Javari
15/02	Juventus	2 x 4	Mogi Mirim-SP	M. J. Levy Sobr., Limeira
18/02	Juventus	0 x 0	Sertãozinho-SP	F. Dalmazo, Sertãozinho
25/02	Juventus	1 x 1	Guarani-SP	Rua Javari
01/03	Juventus	0 x 1	Bragantino-SP	Nabi A. Chedid, Brag. Pta.
05/03	Juventus	0 x 0	Rio Preto-SP	Rua Javari
12/03	Juventus	2 x 0	São Caetano-SP	Anacleto Campanella, SCS
19/03	Juventus	1 x 1	Taubaté-SP	Rua Javari
23/03	Juventus	3 x 1	Portuguesa-SP	Rua Javari
26/03	Juventus	0 x 0	Xv de Piracicaba-SP	B. de Serra Negra, Piracicaba
29/03	Juventus	1 x 0	Barretos-SP	Rua Javari
01/04	Juventus	0 x 2	Velo Clube-SP	B. A. Castellano, Rio Claro
09/04	Juventus	1 x 0	Rio Claro-SP	Rua Javari
12/04	Juventus	0 x 1	União Barbarense-SP	A.L.R. Guimarães, S.B. D'Oeste
16/04	Juventus	2 x 0	Batatais-SP	Rua Javari
23/04	Juventus	2 x 1	Oeste-SP	Arena Barueri, Barueri

2018

17/01	Juventus	2 x 3	Votuporanguense-SP	Plinio Marin, Votuporanga
21/01	Juventus	0 x 1	Xv de Piracicaba-SP	Rua Javari
24/01	Juventus	w x o	Rio Claro-SP	A. Schmidt F., Rio Claro
28/01	Juventus	0 x 1	Grêmio Osasco Audax-SP	Rua Javari
04/02	Juventus	1 x 2	Sertãozinho-SP	Rua Javari
09/02	Juventus	0 x 1	Batatais-SP	Oswaldo Scatena, Batatais
14/02	Juventus	0 x 1	São Bernardo-SP	Rua Javari
18/02	Juventus	1 x 0	Água Santa-SP	Mun. J. B. Pereira F., Diadema
25/02	Juventus	2 x 1	Intern. de Limeira-SP	Rua Javari
04/03	Juventus	0 x 1	Nacional-SP	Rua Javari
07/03	Juventus	0 x 1	Taubaté-SP	J. de Morais Filho, Taubaté
11/03	Juventus	0 x 2	Guarani de Campinas-SP	Rua Javari
18/03	Juventus	0 x 0	Portuguesa-SP	Canindé
21/03	Juventus	1 x 0	Penapolense-SP	Tenente Carriço, Penápolis
24/03	Juventus	1 x 2	Oeste de Itapolis-SP	Rua Javari

2019

20/01	Juventus	0 x 0	Votuporanguense-SP	Rua Javari
23/01	Juventus	2 x 1	Sertãozinho-SP	F. Dalmaso, Sertãozinho
27/01	Juventus	1 x 2	Linense-SP	Rua Javari
30/01	Juventus	1 x 1	Penapolense-SP	Tenente Carriço, Penápolis
02/02	Juventus	2 x 2	Atibaia-SP	Decio Vitta, Americana
10/02	Juventus	4 x 1	Portuguesa-SP	Rua Javari
13/02	Juventus	1 x 0	São Bernardo-SP	Primeiro de Maio, SBC
17/02	Juventus	1 x 0	Taubaté-SP	Rua Javari
24/02	Juventus	0 x 1	Portuguesa Santista-SP	Ulrico Mursa, Santos
04/03	Juventus	2 x 2	Intern. de Limeira-SP	M. J. Levy Sobr., Limeira
10/03	Juventus	1 x 0	Agua Santa-SP	Rua Javari
18/03	Juventus	1 x 0	Xv de Piracicaba-SP	B. de Serra Negra, Piracicaba
21/03	Juventus	0 x 1	Rio Claro-SP	Rua Javari
24/03	Juventus	0 x 1	Santo André-SP	Rua Javari
30/03	Juventus	3 x 2	Nacional-SP	Comendador Souza
04/04	Juventus	0 x 1	Xv de Piracicaba-SP	B. de Serra Negra, Piracicaba
07/04	Juventus	1 x 1	Xv de Piracicaba-SP	Rua Javari

2020

22/01	Juventus	4 x 0	Votuporanguense-SP	Plinio Marin, Votuporanga
26/01	Juventus	1 x 1	Sertãozinho-SP	Rua Javari
29/01	Juventus	1 x 1	Monte Azul-SP	O. P. Arroyo, Monte Azul
02/02	Juventus	1 x 3	São Caetano-SP	Rua Javari
08/02	Juventus	0 x 0	Rio Claro-SP	A. S. Filho, Rio Claro
12/02	Juventus	2 x 0	Grêmio Osasco Audax-SP	Rua Javari
16/02	Juventus	0 x 1	Xv de Piracicaba-SP	Rua Javari
21/02	Juventus	2 x 0	Taubaté-SP	J. de Morais Filho, Taubaté
01/03	Juventus	0 x 1	São Bernardo-SP	Rua Javari
04/03	Juventus	1 x 4	São Bento de Sorocaba-SP	Walter Ribeiro, Sorocaba
08/03	Juventus	2 x 1	Penapolense-SP	Rua Javari
14/03	Juventus	2 x 1	Red Bull Brasil-SP	M. Lucarelli, Campinas
19/03	Juventus	3 x 2	Portuguesa Santista-SP	Rua Javari
26/08	Juventus	0 x 2	Portuguesa-SP	Canindé
30/08	Juventus	1 x 1	Atibaia-SP	Rua Javari
07/09	Juventus	1 x 0	São Bernardo-SP	Rua Javari
13/09	Juventus	0 x 0	São Bernardo-SP	Primeiro de Maio, SBC

2021

27/02	Juventus	0 x 0	Grêmio Osasco Audax-SP	José Liberatti, Osasco
07/03	Juventus	1 x 1	Rio Claro-SP	Rua Javari
10/03	Juventus	0 x 0	Monte Azul-SP	Rua Javari
14/03	Juventus	2 x 0	Portuguesa Santista-SP	Ulrico Mursa, Santos-SP
20/04	Juventus	1 x 2	Taubaté-SP	Ulrico Mursa, Santos-SP
22/04	Juventus	0 x 2	São Bernardo F.C.-SP	Brinco de Ouro, Campinas
24/04	Juventus	2 x 0	Red Bull Brasil-SP	Ulrico Mursa, Santos-SP
26/04	Juventus	2 x 2	Água Santa-SP	José Liberatti, Osasco-SP
28/04	Juventus	2 x 1	Sertãozinho-SP	F. Dalmaso, Sertãozinho
30/04	Juventus	0 x 2	Oeste-SP	Canindé
03/05	Juventus	0 x 2	Velo Clube-SP	B. A. Castellano, Rio Claro
06/05	Juventus	1 x 3	Portuguesa-SP	Arena Barueri, Barueri
09/05	Juventus	1 x 1	Xv de Piracicaba-SP	B. de Serra Negra, Piracicaba
12/05	Juventus	1 x 2	Atibaia-SP	Anacleto Campanella, SCS
15/05	Juventus	2 x 1	E.C. São Bernardo-SP	Rua Javari

2022

26/01	Juventus	1 x 0	Lemense-SP	Rua Javari
30/01	Juventus	2 x 1	Rio Claro-SP	A. S. Filho, Rio Claro
02/02	Juventus	1 x 0	Xv de Piracicaba-SP	Rua Javari
06/02	Juventus	0 x 0	Red Bull Brasil-SP	Nabi A. Chedid, Brag. Pta.
09/02	Juventus	0 x 1	Linense-SP	Rua Javari
12/02	Juventus	1 x 1	Oeste-SP	Arena Barueri, Barueri
16/02	Juventus	0 x 1	Portuguesa-SP	Canindé
20/02	Juventus	2 x 3	Grêmio Osasco Audax-SP	Rua Javari
23/02	Juventus	0 x 2	Velo Clube-SP	Rua Javari
26/02	Juventus	0 x 0	Taubaté-SP	J. de Morais Filho, Taubaté
02/03	Juventus	0 x 0	Portuguesa Santista-SP	Rua Javari
06/03	Juventus	1 x 2	Monte Azul-SP	Otacília P. Arroyo, MAP
09/03	Juventus	0 x 1	Primavera de Indaiatuba	Í. M. Limongi, Indaiatuba
13/03	Juventus	1 x 0	São Bento de Sorocaba	Rua Javari
19/03	Juventus	2 x 0	São Caetano-SP	Anacleto Campanella, SCS

2023

14/01	Juventus	1 x 0	Rio Claro-SP	Rua Javari
18/01	Juventus	0 x 0	Linense-SP	G. Siqueira Lopes, Lins
22/01	Juventus	1 x 1	Primavera de Indaiatuba	Rua Javari
25/01	Juventus	3 x 0	Noroeste-SP	Alfredo Castilho, Bauru
28/01	Juventus	0 x 1	Xv de Piracicaba-SP	B. de Serra Negra, Piracicaba
01/02	Juventus	0 x 1	São Caetano-SP	Rua Javari
05/02	Juventus	2 x 2	Ponte Preta-SP	M. Lucarelli, Campinas
08/02	Juventus	1 x 2	Comercial de Rib.Preto	Rua Javari
12/02	Juventus	3 x 2	Taubaté-SP	J. de Morais Filho, Taubaté
15/02	Juventus	1 x 2	Oeste-SP	Rua Javari
19/02	Juventus	0 x 1	Velo Clube-SP	B. A. Castellano, Rio Claro
25/02	Juventus	1 x 1	Portuguesa Santista-SP	Rua Javari
01/03	Juventus	1 x 1	Monte Azul-SP	Otacília P. Arroyo, MAP
05/03	Juventus	4 x 0	Lemense-SP	Rua Javari
11/03	Juventus	0 x 1	Novorizontino-SP	Jorge Ismael de Biasi, NH

2024

17/01	Juventus	0 x 1	São Bento	Rua Javari
21/01	Juventus	1 x 2	Ferroviária	F. Luminosa, Araraquara
24/01	Juventus	1 x 0	Velo Clube	Rua Javari
28/01	Juventus	1 x 2	Portuguesa Santista	Ulrico Mursa, Santos
31/01	Juventus	1 x 1	Linense	Rua Javari
03/02	Juventus	1 x 0	Capivariano	Arena Capivari, Capivari
07/02	Juventus	0 x 5	São José	Martins Pereira, SJC
10/02	Juventus	0 x 1	XV de Piracicaba	Rua Javari
18/02	Juventus	3 x 0	Monte Azul	Rua Javari
21/02	Juventus	1 x 2	Primavera de Indaiatuba	Í. M. Limongi, Indaiatuba
25/02	Juventus	2 x 0	Taubaté	Rua Javari
02/03	Juventus	1 x 1	Rio Claro	A. Schmidt Filho, Rio Claro
07/03	Juventus	2 x 1	Comercial	Santa Cruz, Ribeirão Preto
10/03	Juventus	1 x 1	Noroeste	Rua Javari
16/03	Juventus	4 x 0	Oeste	Brinco de Ouro, Campinas

QUARTAS DE FINAL
24/03	Juventus	1 x 1	Ferroviária	Rua Javari
27/03	Juventus (3) 0 x 0 (1)		Ferroviária	F. Luminosa, Araraquara

SEMIFINAIS
31/03	Juventus	1 x 1	Velo Clube	Rua Javari
06/04	Juventus (3) 0 x 0 (1)		Velo Clube	B. A. Castellano, Rio Claro

CAMPEONATO PAULISTA DE FUTEBOL – 3ª DIVISÃO / A3

1927
15/05	C.R.F.	0 x 1	A.A. Scarpa-SP	Campo da Av. Agua Branca
29/05	C.R.F.	1 x 1	Voluntários da Pátria-SP	Campo do V. Scarpa, Belenzinho
19/06	C.R.F.	4 x 1	Roma-SP	Campo do V. Scarpa, Belenzinho
10/07	C.R.F.	1 x 0	Guanabara-SP	Campo do V. Scarpa, Belenzinho
24/07	C.R.F.	2 x 1	Estrela de Ouro-SP	Rua Cesário Ramalho
07/08	C.R.F.	0 x 2	Flor do Belém-SP	Campo da Av. Agua Branca
21/08	C.R.F.	1 x 2	União Belém-SP	Rua Cesário Ramalho
28/08	C.R.F.	2 x 0	A.A. Cambucy-SP	Rua Cesário Ramalho
25/09	C.R.F.	3 x 1	Estrela da Saúde-SP	Campo do Sílex
02/10	C.R.F.	1 x 0	União Belém-SP	Rua Javari
09/10	C.R.F.	1 x 0	Roma F.C.-SP	Campo do Ipiranga
23/10	C.R.F.	4 x 0	Flor do Belém-SP	Campo do V. Scarpa, Belenzinho
29/10	C.R.F.	3 x 2	Voluntários da Pátria-SP	Campo do Sílex
06/11	C.R.F.	1 x 3	Voluntários da Pátria-SP	Palestra Italia

2010
30/01	Juventus	1 x 0	Lemense-SP	Bruno Lazzarini, Leme
03/02	Juventus	1 x 2	Red Bull Brasil-SP	Rua Javari
07/02	Juventus	0 x 3	Olímpia-SP	M. Tereza Breda, Olímpia
10/02	Juventus	2 x 1	Xv de Piracicaba-SP	Rua Javari
13/02	Juventus	5 x 1	Batatais-SP	Rua Javari
21/02	Juventus	3 x 4	Ferroviária-SP	F. Luminosa, Araraquara
24/02	Juventus	5 x 2	Bandeirante-SP	Rua Javari
28/02	Juventus	3 x 0	Taubaté-SP	J. de Moraes Filho, Taubaté
03/03	Juventus	0 x 1	Força Sindical-SP	José Liberatti, Osasco
06/03	Juventus	1 x 0	Itapirense-SP	Rua Javari
10/03	Juventus	5 x 0	Palmeiras-B-SP	Rua Javari
14/03	Juventus	0 x 0	Francana-SP	José Lancha Filho, Franca
17/03	Juventus	1 x 1	Xv de Jaú-SP	Rua Javari
21/03	Juventus	1 x 1	Penapolense-SP	Rua Javari
24/03	Juventus	1 x 1	São Carlos-SP	L. A. de Oliveira, São Carlos
28/03	Juventus	1 x 2	Comercial de Rib.Preto-SP	Rua Javari
31/03	Juventus	1 x 2	Portuguesa Santista-SP	Ulrico Mursa, Santos
04/04	Juventus	1 x 1	Sport Club Barueri-SP	Arena Barueri, Barueri
11/04	Juventus	2 x 1	Atlético Araçatuba-SP	Rua Javari
17/04	Juventus	1 x 1	Red Bull Brasil-SP	Rua Javari
21/04	Juventus	0 x 3	Palmeiras-B-SP	Palestra Italia
25/04	Juventus	1 x 1	Penapolense-SP	Tenente Carriço, Penápolis
01/05	Juventus	0 x 0	Penapolense-SP	Rua Javari
05/05	Juventus	2 x 3	Palmeiras-B-SP	Rua Javari
09/05	Juventus	0 x 1	Red Bull Brasil-SP	M. Lucarelli, Campinas

2011
30/01	Juventus	0 x 3	Paulínia-SP	L. Perissinotto, Paulínia
05/02	Juventus	2 x 1	Velo Clube-SP	Rua Javari
09/02	Juventus	4 x 1	Sport Club Barueri-SP	Rua Javari
13/02	Juventus	3 x 1	Flamengo de Guarulhos	A. S. de Oliveira, Guarulhos
16/02	Juventus	2 x 3	Grêmio Osasco-SP	José Liberatti, Osasco-SP
19/02	Juventus	0 x 0	Taubaté-SP	Rua Javari
23/02	Juventus	2 x 3	Intern. de Limeira-SP	M. J. Levy Sobr., Limeira
26/02	Juventus	0 x 0	Itapirense-SP	Rua Javari
02/03	Juventus	1 x 1	Taboão da Serra-SP	Ver. José Ferez, Taboão da S.
05/03	Juventus	2 x 1	Paulínia-SP	Rua Javari
12/03	Juventus	0 x 0	Velo Clube-SP	B. A. Castelano, Rio Claro
16/03	Juventus	2 x 3	Sport Club Barueri-SP	Arena Barueri, Barueri
20/03	Juventus	1 x 2	Flamengo de Guarulhos	Rua Javari
23/03	Juventus	1 x 2	Grêmio Osasco-SP	Rua Javari
27/03	Juventus	2 x 1	Taubaté-SP	J. de Moraes Filho, Taubaté
30/03	Juventus	1 x 1	Intern. de Limeira-SP	Rua Javari
02/04	Juventus	4 x 0	Itapirense-SP	Cel. F. Vieira, Itapira
10/04	Juventus	1 x 0	Taboão da Serra-SP	Rua Javari

2012
28/01	Juventus	1 x 1	Francana-SP	José Lancha Filho, Franca
01/02	Juventus	0 x 1	Itapirense-SP	Rua Javari
05/02	Juventus	2 x 3	Rio Branco-SP	M. J. Levy Sobr., Limeira
08/02	Juventus	2 x 0	Xv de Jaú-SP	Rua Javari
11/02	Juventus	5 x 0	Osvaldo Cruz-SP	Rua Javari
15/02	Juventus	2 x 2	Independente de Limeira	C. Agostinho Prada, Limeira
18/02	Juventus	2 x 1	Grêmio Osasco-SP	Rua Javari
26/02	Juventus	2 x 2	Flamengo de Guarulhos	A. S. de Oliveira, Guarulhos
29/02	Juventus	1 x 1	Intern. de Limeira-SP	Rua Javari
03/03	Juventus	4 x 0	Taubaté-SP	Rua Javari
07/03	Juventus	0 x 4	Guaçuano-SP	A. A. Camacho, Mogi Guaçu
11/03	Juventus	0 x 1	Marília-SP	Bento de Abreu, Marília
14/03	Juventus	1 x 1	Batatais-SP	Rua Javari
17/03	Juventus	1 x 1	Sertãozinho-SP	Rua Javari
21/03	Juventus	2 x 2	Barretos-SP	Fortaleza, Barretos
25/03	Juventus	2 x 0	São Bento-SP	Walter Ribeiro, Sorocaba
28/03	Juventus	4 x 3	Taboão da Serra-SP	Rua Javari
01/04	Juventus	0 x 1	Internacional de Bebedouro	S. Stamato, Bebedouro
08/04	Juventus	4 x 0	Capivariano-SP	Rua Javari
14/04	Juventus	1 x 1	Grêmio Osasco-SP	Rua Javari
18/04	Juventus	1 x 1	Guaçuano-SP	A. A. Camacho, Mogi Guaçu
21/04	Juventus	5 x 3	Marília-SP	Bento de Abreu, Marília
28/04	Juventus	2 x 0	Marília-SP	Rua Javari
02/05	Juventus	2 x 2	Guaçuano-SP	Rua Javari
06/05	Juventus	1 x 3	Grêmio Osasco-SP	José Liberatti, Osasco

2014
02/02	Juventus	1 x 0	Matonense-SP	H. Buck Ferreira, Matão
05/02	Juventus	0 x 1	Votuporanguense-SP	Rua Javari
09/02	Juventus	0 x 0	São José dos Campos-SP	Rua Javari
12/02	Juventus	1 x 2	Independente de Limeira	Agostinho Prada, Limeira
16/02	Juventus	1 x 3	Santacruzense-SP	Rua Javari
19/02	Juventus	3 x 3	Rio Preto-SP	Rua Javari
23/02	Juventus	3 x 0	Noroeste-SP	Alfredo de Castilho, Bauru
26/02	Juventus	0 x 1	Francana-SP	Rua Javari
01/03	Juventus	1 x 1	Flamengo de Guarulhos	A. S. de Oliveira, Guarulhos
08/03	Juventus	1 x 1	América de S. J. do R. P.	Benedito Teixeira, SJRP
12/03	Juventus	2 x 2	Taubaté-SP	Rua Javari
16/03	Juventus	1 x 3	Grêmio Novorizontino	Jorge Ismael de Biasi, NH
19/03	Juventus	0 x 0	Tupã-SP	A. Carvalho Braga, Tupã
23/03	Juventus	3 x 1	Sertãozinho-SP	Rua Javari
26/03	Juventus	1 x 0	São Carlos-SP	Rua Javari
29/03	Juventus	0 x 0	Água Santa-SP	Mun. J. B. Pereira F., Diadema
02/04	Juventus	0 x 2	Intern. de Limeira-SP	Rua Javari
06/04	Juventus	3 x 1	Guaçuano-SP	Cel. Francisco Vieira, Itapira
13/04	Juventus	2 x 2	Cotia-SP	Rua Javari

2015
01/02	Juventus	3 x 0	Grêmio Osasco-SP	Rua Javari
04/02	Juventus	2 x 1	Grêmio Barueri-SP	Arena Barueri, Barueri
08/02	Juventus	2 x 1	Primavera-SP	Rua Javari
11/02	Juventus	2 x 2	Tupã-SP	A. Carvalho Braga, Tupã
14/02	Juventus	0 x 1	São José dos Campos-SP	Rua Javari
20/02	Juventus	3 x 1	Barretos-SP	A. Gomes Martins, Barretos
25/02	Juventus	1 x 0	Itapirense-SP	Rua Javari
01/03	Juventus	3 x 2	Taubaté-SP	J. de Moraes Filho, Taubaté
07/03	Juventus	0 x 1	Atibaia-SP	Salvador Russani, Atibaia
11/03	Juventus	2 x 0	Votuporanguense-SP	Rua Javari
14/03	Juventus	0 x 1	Rio Preto-SP	Anisio Haddad, SJRP
18/03	Juventus	2 x 0	Cotia-SP	Rua Javari
22/03	Juventus	1 x 1	Sertãozinho-SP	F. Dalmaso, Sertãozinho
25/03	Juventus	4 x 0	Francana-SP	Rua Javari
29/03	Juventus	2 x 0	Santacruzense-SP	Rua Javari
05/04	Juventus	5 x 1	Flamengo de Guarulhos	A. S. de Oliveira, Guarulhos
08/04	Juventus	0 x 2	Nacional-SP	Comendador Souza
12/04	Juventus	2 x 0	Intern. de Limeira-SP	Rua Javari
19/04	Juventus	2 x 2	São José-SP	Martins Pereira, SJC
25/04	Juventus	1 x 1	Grêmio Osasco-SP	José Liberatti, Osasco
29/04	Juventus	4 x 0	Intern. de Limeira-SP	Rua Javari
03/05	Juventus	1 x 2	Votuporanguense-SP	Plinio Marin, Votuporanga
10/05	Juventus	5 x 1	Votuporanguense-SP	Rua Javari
13/05	Juventus	1 x 1	Intern. de Limeira-SP	M. J. Levy Sobrinho, Limeira
17/05	Juventus	4 x 1	Grêmio Osasco-SP	Rua Javari

COPA PAULISTA

2001
09/09	Juventus	0 x 1	Nacional-SP	Comendador Souza
15/09	Juventus	1 x 0	Portuguesa Santista-SP	Ulrico Mursa, Santos
23/09	Juventus	2 x 1	União Barbarense-SP	Comendador Souza
30/09	Juventus (3) 1 x 1 (4)		Xv de Jaú-SP	Zezinho Magalhães, Jaú
07/10	Juventus (0) 2 x 2 (2)		Intern. de Limeira-SP	Comendador Souza
14/10	Juventus	5 x 2	São Bento-SP	Comendador Souza
21/10	Juventus	0 x 2	Sãocarlense-SP	L. A. de Oliveira, S. Carlos
28/10	Juventus	3 x 1	Nacional-SP	Comendador Souza
04/11	Juventus	3 x 2	Portuguesa Santista-SP	Comendador Souza
11/11	Juventus	2 x 5	União Barbarense-SP	C. Colnaghi, Capivari
15/11	Juventus	2 x 0	Xv de Jaú-SP	Comendador Souza
17/11	Juventus	4 x 0	Intern. de Limeira-SP	M. J. Levy Sobr., Limeira
25/11	Juventus (3) 3 x 3 (1)		São Bento-SP	W. Ribeiro, Sorocaba
01/12	Juventus	4 x 2	Sãocarlense-SP	José Liberatti, Osasco
08/12	Juventus (1) 2 x 2 (2)		União Barbarense-SP	C. Colnaghi, Capivari

2003
08/06	Juventus	1 x 2	Rio Branco-SP	Décio Vita, Americana
14/06	Juventus	3 x 1	Guarani-B-SP	Rua Javari
22/06	Juventus	2 x 3	Ituano-SP	C. Colnaghi, Capivari

Data				Adversário	Local
28/06	Juventus	2 x 2	Palmeiras-B-SP	Rua Javari
06/07	Juventus	1 x 1	Ferroviária-SP	F. Luminosa, Araraquara
09/07	Juventus	6 x 1	Xv de Jaú-SP	Rua Javari
12/07	Juventus	2 x 0	Rio Claro-SP	A. S. Filho, Rio Claro
19/07	Juventus	3 x 1	Xv de Piracicaba-SP	Rua Javari
26/07	Juventus	0 x 0	Osasco-SP	Rua Javari
02/08	Juventus	1 x 1	Nacional-SP	Comendador Souza
10/08	Juventus	1 x 0	Atlético Sorocaba-SP	Rua Javari
17/08	Juventus	0 x 1	São Paulo-B-SP	Morumbi
23/08	Juventus	2 x 1	São Caetano-B-SP	Rua Javari
30/08	Juventus	4 x 1	Santo André-SP	Rua Javari
07/09	Juventus	0 x 1	São Bento-SP	Walter Ribeiro, Sorocaba
14/09	Juventus	3 x 2	Osasco-SP	Elzo Piteri, Osasco
20/09	Juventus	2 x 1	Nacional-SP	Rua Javari
28/09	Juventus	2 x 0	Atlético Sorocaba-SP	Walter Ribeiro, Sorocaba
04/10	Juventus	3 x 1	São Paulo-B-SP	Rua Javari
10/10	Juventus	3 x 0	São Caetano-B-SP	Anacleto Campanella, SCS
17/10	Juventus	2 x 0	Santo André-SP	B. José Daniel, Sto. André
24/10	Juventus	0 x 0	São Bento-SP	Rua Javari
31/10	Juventus	0 x 1	Comercial de Rib.Preto-SP	Palma Travassos, Rib.Preto

2004

04/07	Juventus	0 x 0	Palmeiras-B-SP	Palestra Italia
11/07	Juventus	2 x 2	Taubaté-SP	Rua Javari
18/07	Juventus	1 x 0	Osasco-SP	Rua Javari
01/08	Juventus	0 x 0	Santos-B-SP	Rua Javari
07/08	Juventus	3 x 0	Palmeiras-B-SP	Rua Javari
14/08	Juventus	2 x 2	Taubaté-SP	J. de Moraes Filho, Taubaté
21/08	Juventus	1 x 3	Osasco-SP	José Liberati, Osasco
03/09	Juventus	1 x 1	Santos-B-SP	B. José Daniel, Sto. André
12/09	Juventus	2 x 4	Corinthians-B-SP	Rua Javari
20/09	Juventus	0 x 2	Ituano-SP	Novelli Junior, Itu
26/09	Juventus	2 x 1	América de S. J. do R. P.-SP	Rua Javari
02/10	Juventus	0 x 2	América de S. J. do R. P.-SP	Benedito Teixeira, SJRP
10/10	Juventus	1 x 0	Ituano-SP	Rua Javari
17/10	Juventus	0 x 2	Corinthians-B-SP	Parque São Jorge

2005

17/07	Juventus	1 x 3	Osasco-SP	José Liberati, Osasco
23/07	Juventus	0 x 0	Santos-B-SP	Rua Javari
30/07	Juventus	2 x 0	Barueri-SP	Rua Javari
07/08	Juventus	4 x 3	Nacional-SP	Comendador Souza
18/08	Juventus	4 x 1	Intern. de Limeira-SP	M. J. Levi Sobrinho, Limeira
20/08	Juventus	1 x 2	São Paulo-B-SP	Rua Javari
28/08	Juventus	3 x 1	Osasco-SP	Rua Javari
04/09	Juventus	2 x 2	Santos-B-SP	Vila Belmiro, Santos
07/09	Juventus	0 x 6	Barueri-SP	Orlando B. Novelli, Barueri
11/09	Juventus	2 x 4	Nacional-SP	Rua Javari
24/09	Juventus	2 x 0	Intern. de Limeira-SP	Rua Javari
02/10	Juventus	1 x 0	São Paulo-B-SP	Morumbi
08/10	Juventus	0 x 1	Noroeste-SP	Rua Javari
15/10	Juventus	1 x 0	Noroeste-SP	A. de Castilho, Bauru

2006

15/07	Juventus	1 x 0	Atlético Sorocaba-SP	Walter Ribeiro, Sorocaba
22/07	Juventus	3 x 0	Ituano-SP	Rua Javari
29/07	Juventus	0 x 0	Portuguesa-SP	Canindé
01/08	Juventus	2 x 3	SEV Hortolândia-SP	Rua Javari
05/08	Juventus	1 x 1	Osasco-SP	José Liberati, Osasco
12/08	Juventus	2 x 1	Barueri-SP	Vila Porto, Barueri
19/08	Juventus	0 x 1	Santacruzense-SP	Rua Javari
26/08	Juventus	1 x 1	Atlético Sorocaba-SP	Rua Javari
03/09	Juventus	3 x 2	Ituano-SP	Novelli Junior, Itu
09/09	Juventus	0 x 3	Portuguesa-SP	Rua Javari
13/09	Juventus	3 x 2	SEV Hortolândia-SP	N. Cancian, Hortolândia
16/09	Juventus	2 x 1	Osasco-SP	Rua Javari
23/09	Juventus	2 x 1	Barueri-SP	Rua Javari
30/09	Juventus	0 x 0	Santacruzense-SP	A. L. R. Guimarães, S. B. do O.
07/10	Juventus	2 x 4	São Bernardo-SP	1º de Maio, SBC
14/10	Juventus	2 x 1	São Bernardo-SP	Rua Javari

2007

15/07	Juventus	0 x 2	Guaratinguetá-SP	Rua Javari
25/07	Juventus	2 x 1	São Bernardo-SP	1º de Maio, SBC
28/07	Juventus	0 x 0	Bragantino-SP	M. Stefani, Bragança Pta.
01/08	Juventus	3 x 0	União Mogi-SP	Rua Javari
05/08	Juventus	0 x 0	Corinthians-B-SP	A. S. de Oliveira, Guarulhos
11/08	Juventus	2 x 0	São José-SP	Rua Javari
18/08	Juventus	0 x 1	Guaratinguetá-SP	D. Rodrigues Leite, Guarat.
29/08	Juventus	4 x 2	São Bernardo-SP	Rua Javari
01/09	Juventus	2 x 0	Bragantino-SP	Rua Javari
05/09	Juventus	0 x 0	União Mogi-SP	F. R. Nogueira, M. das Cruzes
08/09	Juventus	2 x 2	Corinthians-B-SP	Rua Javari
16/09	Juventus	1 x 2	São José-SP	Martins Pereira, SJC
23/09	Juventus	0 x 2	Paulista de Jundiaí-SP	Jaime Cintra, Jundiaí-SP
26/09	Juventus	3 x 1	Xv de Piracicaba-SP	Rua Javari
30/09	Juventus	1 x 2	Marília-SP	Bento de Abreu, Marília
07/10	Juventus	2 x 0	Marília-SP	Rua Javari
10/10	Juventus	4 x 0	Xv de Piracicaba-SP	A. L. R. Guimarães, S. B. do O.
14/10	Juventus	3 x 0	Paulista de Jundiaí-SP	Rua Javari
20/10	Juventus	3 x 2	Olimpia-SP	Thereza Breda, Olimpia
27/10	Juventus	2 x 1	Olimpia-SP	Rua Javari
03/11	Juventus	2 x 0	Mogi Mirim-SP	Rua Javari
11/11	Juventus	0 x 1	Mogi Mirim-SP	Papa J. Paulo II, Mogi Mirim
17/11	Juventus	2 x 1	Linense-SP	G. Siqueira Lopes, Lins
25/11	Juventus	2 x 3	Linense-SP	Rua Javari

2008

20/07	Juventus	0 x 0	Bragantino-SP	Nelson Cancian, Hortolândia
27/07	Juventus	3 x 1	Portuguesa Santista-SP	Rua Javari
03/08	Juventus	1 x 3	Santo André-SP	Rua Javari
06/08	Juventus	5 x 4	Nacional-SP	Comendador Souza
10/08	Juventus	1 x 1	São José-SP	Rua Javari
17/08	Juventus	2 x 2	Flamengo de Guarulhos	A. S. de Oliveira, Guarulhos
24/08	Juventus	4 x 2	São Bernardo-SP	Rua Javari
30/08	Juventus	0 x 2	Bragantino-SP	Rua Javari
07/09	Juventus	0 x 1	Portuguesa Santista-SP	Ulrico Mursa, Santos
14/09	Juventus	0 x 0	Santo André-SP	B. José Daniel, Sto. André
17/09	Juventus	1 x 0	Nacional-SP	Rua Javari
20/09	Juventus	1 x 0	São José-SP	Martins Pereira, SJC
27/09	Juventus	1 x 0	Flamengo de Guarulhos	Rua Javari
04/10	Juventus	0 x 2	São Bernardo-SP	1º de Maio, SBC
12/10	Juventus	0 x 0	Atlético Sorocaba-SP	Rua Javari
15/10	Juventus	2 x 2	Comercial de Rib.Preto	P. Travassos, Rib.Preto
18/10	Juventus	0 x 2	Mirassol-SP	Rua Javari
25/10	Juventus	3 x 4	Mirassol-SP	J. M. de Campos M., Mirassol
29/10	Juventus	4 x 0	Comercial de Rib.Preto-SP	Rua Javari
02/11	Juventus	2 x 3	Atlético Sorocaba-SP	Walter Ribeiro, Sorocaba

2009

11/07	Juventus	0 x 0	Pão de Açucar-SP	Rua Javari
18/07	Juventus	0 x 3	São Bernardo-SP	1º de Maio, SBC
25/07	Juventus	2 x 1	Flamengo de Guarulhos	Rua Javari
29/07	Juventus	1 x 0	Grêmio Osasco-SP	José Liberatti, Osasco
01/08	Juventus	2 x 0	São José-SP	Rua Javari
08/08	Juventus	1 x 0	Palmeiras-B-SP	Rua Javari
15/08	Juventus	0 x 0	Portuguesa Santista-SP	Ulrico Mursa, Santos
23/08	Juventus	1 x 0	Pão de Açucar-SP	Rua Javari
29/08	Juventus	3 x 0	São Bernardo-SP	Rua Javari
06/09	Juventus	2 x 1	Flamengo de Guarulhos	A. S. de Oliveira, Guarulhos
09/09	Juventus	0 x 0	Grêmio Osasco-SP	Rua Javari
13/09	Juventus	1 x 0	São José-SP	Martins Pereira, SJC
19/09	Juventus	0 x 0	Palmeiras-B-SP	Pedro Benedetti, Mauá
26/09	Juventus	0 x 0	Portuguesa Santista-SP	Rua Javari
04/10	Juventus	1 x 3	Votoraty-SP	D. P. Mettidieri, Votorantim
07/10	Juventus	2 x 1	Itapirense-SP	Rua Javari
10/10	Juventus	0 x 3	Linense-SP	G. Siqueira Lopes, Lins
17/10	Juventus	0 x 1	Linense-SP	Rua Javari
21/10	Juventus	2 x 0	Itapirense-SP	Cel. Francisco Vieira, Itapira
25/10	Juventus	1 x 1	Votoraty-SP	Rua Javari

2010

18/07	Juventus	1 x 2	Palmeiras-B-SP	Rua Javari
25/07	Juventus	2 x 3	Sport Club Barueri-SP	Arena Barueri, Barueri
28/07	Juventus	2 x 1	Atlético Sorocaba-SP	Rua Javari
01/08	Juventus	1 x 1	Pão de Açucar-SP	Rua Javari
04/08	Juventus	4 x 2	São José-SP	Rua Javari
08/08	Juventus	2 x 2	São Bento-SP	Walter Ribeiro, Sorocaba
15/08	Juventus	1 x 1	São Bernardo-SP	Rua Javari
22/08	Juventus	2 x 4	Palmeiras-B-SP	Novelli Jr., Itu
29/08	Juventus	3 x 1	Sport Club Barueri-SP	Rua Javari
01/09	Juventus	1 x 2	Atlético Sorocaba-SP	Walter Ribeiro, Sorocaba
05/09	Juventus	3 x 1	Pão de Açucar-SP	Rua Javari
08/09	Juventus	0 x 3	São José-SP	Martins Pereira, SJC
12/09	Juventus	0 x 2	São Bento-SP	Rua Javari
19/09	Juventus	2 x 4	São Bernardo-SP	1º de Maio, SBC

2011

16/07	Juventus	2 x 1	São Bernardo-SP	Rua Javari
24/07	Juventus	0 x 1	São José-SP	Martins Pereira, SJC
27/07	Juventus	3 x 1	Taubaté-SP	Rua Javari
30/07	Juventus	1 x 2	Audax-SP	Comendador Souza
03/08	Juventus	0 x 0	Corinthians-B-SP	Rua Javari
10/08	Juventus	1 x 1	Grêmio Osasco-SP	José Liberatti, Osasco
13/08	Juventus	2 x 0	Taboão da Serra-SP	Ver. José Ferez, Taboão da S.
20/08	Juventus	0 x 0	Paulista de Jundiaí-SP	Rua Javari
27/08	Juventus	1 x 2	São Bernardo-SP	1º de Maio, SBC
03/09	Juventus	0 x 0	São José-SP	Rua Javari
07/09	Juventus	3 x 4	Taubaté-SP	J. de Moraes Filho, Taubaté
10/09	Juventus	3 x 3	Audax-SP	Rua Javari
14/09	Juventus	2 x 1	Corinthians-B-SP	A. S. de Oliveira, Guarulhos
21/09	Juventus	4 x 1	Grêmio Osasco-SP	Rua Javari
24/09	Juventus	4 x 2	Taboão da Serra-SP	Rua Javari
02/10	Juventus	2 x 2	Paulista de Jundiaí-SP	Jaime Cintra, Jundiaí
08/10	Juventus	1 x 1	Red Bull Brasil-SP	Rua Javari
12/10	Juventus	0 x 3	Velo Clube-SP	B. A. Castelano, Rio Claro
18/10	Juventus	1 x 3	Oeste-SP	Rua Javari
22/10	Juventus	0 x 2	Oeste-SP	Amaros, Itapólis
26/10	Juventus	1 x 0	Velo Clube-SP	Rua Javari
30/10	Juventus	1 x 1	Red Bull Brasil-SP	M. Lucarelli, Campinas

2012

15/07	Juventus	2 x 1	São Bento-SP	Rua Javari
22/07	Juventus	2 x 1	Grêmio Osasco-SP	José Liberatti, Osasco
25/07	Juventus	2 x 0	São José-SP	Rua Javari
28/07	Juventus	2 x 3	Palmeiras-B	Rua Javari
01/08	Juventus	2 x 1	São Bernardo-SP	Rua Javari
04/08	Juventus	1 x 0	Audax-SP	Comendador Souza
11/08	Juventus	1 x 3	Atlético Sorocaba-SP	Rua Javari
15/08	Juventus	2 x 2	São Bento-SP	Walter Ribeiro, Sorocaba
25/08	Juventus	2 x 2	Grêmio Osasco-SP	Rua Javari
29/08	Juventus	2 x 0	São José-SP	Martins Pereira, SJC
02/09	Juventus	1 x 2	Palmeiras-B	Rua Javari
05/09	Juventus	1 x 2	São Bernardo-SP	1º de Maio, SBC
09/09	Juventus	0 x 3	Audax-SP	Rua Javari
16/09	Juventus	1 x 4	Atlético Sorocaba-SP	Walter Ribeiro, Sorocaba

2013

13/07	Juventus	1 x 0	Joseense-SP	Rua Javari
24/07	Juventus	2 x 0	Taubaté-SP	J. de Moraes Filho, Taubaté
27/07	Juventus	0 x 0	Audax-SP	Comendador Souza
31/07	Juventus	1 x 0	Santo André-SP	Rua Javari
03/08	Juventus	0 x 1	São Bernardo-SP	1º de Maio, SBC
11/08	Juventus	4 x 1	São Caetano-SP	Rua Javari
28/08	Juventus	1 x 1	Taubaté-SP	Rua Javari
01/09	Juventus	1 x 3	Audax-SP	Rua Javari
04/09	Juventus	2 x 0	Santo André-SP	B. José Daniel, Sto. André
08/09	Juventus	1 x 0	São Bernardo-SP	Rua Javari
15/09	Juventus	0 x 0	São Caetano-SP	Anacleto Campanella, SCS
22/09	Juventus	0 x 1	Rio Preto-SP	Anisio Haddad, SJRP
25/09	Juventus	1 x 0	Ferroviária de Araraq.-SP	Rua Javari
29/09	Juventus	0 x 2	Ituano-SP	Rua Javari
05/10	Juventus	0 x 2	Ituano-SP	Novelli Jr., Itu
09/10	Juventus	1 x 0	Ferroviária de Araraq.-SP	F. Luminosa, Araraquara
13/10	Juventus	4 x 1	Rio Preto-SP	Rua Javari
19/10	Juventus	1 x 2	Audax-SP	Comendador Souza
27/10	Juventus	1 x 1	Audax-SP	Rua Javari

2014

19/07	Juventus	0 x 0	Santo André-SP	B. José Daniel, Sto. André
27/07	Juventus	0 x 0	Taubaté-SP	Rua Javari
30/07	Juventus	1 x 0	São Bento-SP	Rua Javari
03/08	Juventus	2 x 0	São José-SP	F. Marques Figueira, Suzano
06/08	Juventus	0 x 2	São Bernardo-SP	Rua Javari
10/08	Juventus	0 x 2	Atlético Sorocaba-SP	Walter Ribeiro, Sorocaba
17/08	Juventus	1 x 1	Grêmio Osasco-SP	Rua Javari
24/08	Juventus	3 x 0	Santo André-SP	Rua Javari
31/08	Juventus	0 x 0	Taubaté-SP	A. S. de Oliveira, Guarulhos
04/09	Juventus	1 x 1	São Bento-SP	Walter Ribeiro, Sorocaba
07/09	Juventus	0 x 1	São José-SP	Rua Javari
10/09	Juventus	0 x 2	São Bernardo-SP	1º de Maio, SBC
14/09	Juventus	0 x 0	Atlético Sorocaba-SP	Rua Javari
21/09	Juventus	1 x 1	Grêmio Osasco-SP	José Liberatti, Osasco

2015

18/07	Juventus	0 x 0	São José-SP	Martins Pereira, SJC
02/08	Juventus	0 x 1	Nacional-SP	Rua Javari
08/08	Juventus	0 x 0	Grêmio Osasco Audax-SP	José Liberatti, Osasco
16/08	Juventus	0 x 1	São Bernardo-SP	Rua Javari
23/08	Juventus	0 x 1	São José-SP	Rua Javari
06/09	Juventus	1 x 1	Nacional-SP	Comendador Souza
13/09	Juventus	2 x 0	Grêmio Osasco Audax-SP	Rua Javari
20/09	Juventus	0 x 2	São Bernardo-SP	1º de Maio, SBC

2016

02/07	Juventus	0 x 3	Xv de Piracicaba-SP	B. de Serra Negra, Piracicaba
10/07	Juventus	1 x 0	Bragantino-SP	Rua Javari
17/07	Juventus	0 x 1	Ituano-SP	Rua Javari
23/07	Juventus	0 x 2	Red Bull Brasil-SP	M. Lucarelli, Campinas
31/07	Juventus	0 x 0	Paulista de Jundiaí-SP	Jaime Cintra, Jundiaí
07/08	Juventus	0 x 1	São Paulo "B"-SP	Rua Javari
14/08	Juventus	0 x 2	Xv de Piracicaba-SP	Rua Javari
19/08	Juventus	0 x 2	Bragantino-SP	Nabi A. Chedid, Bragança Pta.
28/08	Juventus	3 x 3	Ituano-SP	Novelli Jr., Itu
04/09	Juventus	0 x 0	Red Bull Brasil-SP	Rua Javari
10/09	Juventus	1 x 2	Paulista de Jundiaí-SP	Rua Javari
18/09	Juventus	0 x 4	São Paulo "B"-SP	Morumbi

2017

30/06	Juventus	1 x 1	Taubaté-SP	J. de Morais Filho, Taubaté
09/07	Juventus	1 x 1	Água Santa-SP	Rua Javari
16/07	Juventus	0 x 3	Portuguesa-SP	Canindé
19/07	Juventus	1 x 2	Nacional-SP	Rua Javari
23/07	Juventus	2 x 1	Portuguesa Santista-SP	Ulrico Mursa, Santos-SP
31/07	Juventus	2 x 2	Santos B-SP	Vila Belmiro, Santos-SP
05/08	Juventus	0 x 3	São Caetano-SP	Rua Javari
13/08	Juventus	1 x 0	Taubaté-SP	Rua Javari
19/08	Juventus	1 x 1	Água Santa-SP	M. J. B. P. Fernandes, Diadema
27/08	Juventus	0 x 1	Portuguesa-SP	Rua Javari
30/08	Juventus	0 x 0	Nacional-SP	Comendador Souza
02/09	Juventus	4 x 1	Portuguesa Santista-SP	Rua Javari
10/09	Juventus	0 x 1	Santos B-SP	Rua Javari
17/09	Juventus	1 x 2	São Caetano-SP	Anacleto Campanella, SCS

2018

05/08	Juventus	0 x 1	Atibaia-SP	Rua Javari
11/08	Juventus	1 x 1	Grêmio Osasco Audax-SP	José Liberatti, Osasco-SP
15/08	Juventus	0 x 0	Portuguesa-SP	Canindé
19/08	Juventus	2 x 1	Taboão da Serra-SP	Rua Javari
22/08	Juventus	1 x 0	Nacional-SP	Comendador Souza
25/08	Juventus	1 x 3	Ituano-SP	Rua Javari
02/09	Juventus	0 x 2	Atibaia-SP	Í. M. Limongi, Indaiatuba
09/09	Juventus	2 x 0	Grêmio Osasco Audax-SP	Rua Javari
12/09	Juventus	1 x 0	Portuguesa-SP	Rua Javari
15/09	Juventus	6 x 1	Taboão da Serra-SP	José Feres, Taboão da S.
19/09	Juventus	1 x 0	Nacional-SP	Rua Javari
22/09	Juventus	1 x 3	Ituano-SP	Novelli Jr., Itu
30/09	Juventus	1 x 1	Olímpia-SP	Rua Javari
03/10	Juventus	0 x 2	Ferroviária de Araraq.-SP	F. Luminosa, Araraquara
06/10	Juventus	2 x 2	São Bernardo-SP	Rua Javari
13/10	Juventus	0 x 3	São Bernardo-SP	1º de Maio, SBC
17/10	Juventus	0 x 2	Ferroviária de Araraq.-SP	Rua Javari
20/10	Juventus	0 x 1	Olímpia-SP	Tereza Breda, Olímpia

2019

23/06	Juventus	2 x 1	Corinthians-B-SP	Rua Javari
29/06	Juventus	2 x 1	Desportivo Brasil-SP	Ernesto Rocco, Porto Feliz
07/07	Juventus	0 x 1	Taubaté-SP	J. de Morais Filho, Taubaté
14/07	Juventus	1 x 0	Portuguesa-SP	Rua Javari
20/07	Juventus	2 x 1	Nacional-SP	Comendador Souza
30/07	Juventus	0 x 1	Corinthians-B-SP	Jaime Cintra, Jundiaí
04/08	Juventus	1 x 0	Desportivo Brasil-SP	Rua Javari
11/08	Juventus	0 x 1	Taubaté-SP	Rua Javari
18/08	Juventus	0 x 1	Portuguesa-SP	Canindé
24/08	Juventus	1 x 2	Nacional-SP	Rua Javari
31/08	Juventus	0 x 0	Santo André-SP	B. José Daniel, Sto. André
04/09	Juventus	1 x 0	Intern. de Limeira-SP	Rua Javari
08/09	Juventus	0 x 1	Comercial de Rib.Preto-SP	Palma Travassos, Rib.Preto
15/09	Juventus	1 x 1	Comercial de Rib.Preto-SP	Rua Javari
18/09	Juventus	0 x 1	Intern. de Limeira-SP	M. J. Levy Sobrinho, Limeira
21/09	Juventus	1 x 0	Santo André-SP	Rua Javari

2020

04/11	Juventus	1 x 1	São Bernardo-SP	Rua Javari
11/11	Juventus	1 x 1	Ponte Preta B-SP	M. Lucarelli, Campinas
14/11	Juventus	0 x 2	Portuguesa Santista-SP	Rua Javari
18/11	Juventus	0 x 1	Portuguesa Santista-SP	Ulrico Mursa, Santos-SP
22/11	Juventus	0 x 2	Ponte Preta B-SP	Rua Javari
25/11	Juventus	1 x 5	São Bernardo-SP	Primeiro de Maio, SBC

2021

14/09	Juventus	1 x 2	Portuguesa-SP	Canindé
17/09	Juventus	1 x 0	Taubaté-SP	Rua Javari
21/09	Juventus	1 x 1	Atibaia-SP	Martins Pereira, SJC
28/09	Juventus	1 x 2	São Caetano-SP	Rua Javari
05/10	Juventus	0 x 0	Portuguesa-SP	Rua Javari
08/10	Juventus	1 x 0	Taubaté-SP	J. de Morais Filho, Taubaté
12/10	Juventus	2 x 2	Atibaia-SP	Rua Javari
19/10	Juventus	0 x 4	São Caetano-SP	A. Campanella, SCS

2022

03/07	Juventus	1 x 0	E.C. São Bernardo-SP	Primeiro de Maio, SBC
10/07	Juventus	0 x 2	Portuguesa-SP	Rua Javari
17/07	Juventus	0 x 1	São Caetano-SP	Rua Javari
27/07	Juventus	0 x 2	Oeste-SP	Arena Barueri, Barueri
31/07	Juventus	1 x 1	Agua Santa-SP	Rua Javari
07/08	Juventus	1 x 0	E.C. São Bernardo-SP	Rua Javari
14/08	Juventus	0 x 2	Portuguesa-SP	Canindé
20/08	Juventus	2 x 2	São Caetano-SP	A. Campanella, SCS
27/08	Juventus	2 x 0	Oeste-SP	Rua Javari
03/09	Juventus	1 x 3	Água Santa-SP	M. J. B. P. Fernades, Diadema

CAMPEONATO BRASILEIRO DE FUTEBOL - SÉRIE A

1983

23/01	Juventus	0 x 0	Vila Nova-GO	Parque São Jorge
26/01	Juventus	0 x 0	Atlético-MG	Parque São Jorge
30/01	Juventus	1 x 1	Rio Branco-ES	Eng. Araripe, Cariacica-ES

02/02	Juventus	0 x 2	América-RJ	Caio Martins, Niterói-RJ
09/02	Juventus	3 x 2	Rio Branco-ES	Palestra Italia
19/02	Juventus	1 x 3	América-RJ	Palestra Italia
26/02	Juventus	0 x 1	Vila Nova-GO	S. Dourada, Goiânia-GO
06/03	Juventus	0 x 1	Atlético-MG	Mineirão, B. Horizonte-MG
09/03	Juventus	2 x 3	Góias-GO	S. Dourada, Goiânia-GO

CAMPEONATO BRASILEIRO DE FUTEBOL - SÉRIE B

1980

24/02	Juventus	1 x 0	Brasil de Pelotas-RS	Rua Javari
27/02	Juventus	1 x 0	Chapecoense-SC	Índio Conda, Chapecó-SC
02/03	Juventus	1 x 1	Atlético-PR	Couto Pereira, Curitiba
09/03	Juventus	3 x 0	Juventude-RS	Rua Javari
12/03	Juventus	4 x 1	Londrina-PR	Rua Javari
16/03	Juventus	0 x 3	Comercial de Rib.Preto	Palma Travassos, Rib. Preto
23/03	Juventus	2 x 1	Criciúma-SC	Rua Javari
26/03	Juventus	2 x 0	América de S. J. do R. P.	Rua Javari
30/03	Juventus	0 x 2	América de S. J. do R. P.	M. Alves de Mendonça, SJRP
09/04	Juventus	1 x 2	Ferroviária de Araraq.§§§	F. Luminosa, Araraquara
16/04	Juventus	0 x 1	Uberaba-MG	Rua Javari
20/04	Juventus	2 x 2	ABC-RN	Castelão, Natal-RN
27/04	Juventus	1 x 1	América-MG	Rua Javari

1981

11/01	Juventus	0 x 0	Campo Grande-RJ	Í. Del Cima, Rio de Janeiro
14/01	Juventus	3 x 3	Cascavel-PR	Rua Javari
18/01	Juventus	2 x 0	Guarani (Campinas)-SP	Rua Javari
21/01	Juventus	0 x 1	Botafogo de Rib.Preto-SP	Santa Cruz, Rib.Preto
24/01	Juventus	0 x 3	Coritiba-PR	Couto Pereira, Curitiba
28/01	Juventus	4 x 1	Serrano-RJ	Rua Javari
01/02	Juventus	2 x 1	Maringá-PR	Maringá-PR

1982

24/01	Juventus	2 x 2	Palmeiras-SP	Palestra Italia
27/01	Juventus	0 x 1	Vila Nova-GO	S. Dourada, Goiânia-GO
31/01	Juventus	1 x 3	Volta Redonda-RJ	Rua Javari
03/02	Juventus	3 x 0	Operário-MT	Palestra Italia
06/02	Juventus	3 x 2	Anapólis-GO	Anápolis-GO

1983

13/03	Juventus	3 x 1	Itumbiara-GO	Parque São Jorge
20/03	Juventus	1 x 1	Itumbiara-GO	Itumbiara-GO
27/03	Juventus	3 x 2	Galícia-BA	Fonte Nova, Salvador-BA
02/04	Juventus	2 x 1	Galícia-BA	Parque São Jorge
10/04	Juventus	0 x 0	Joinville-SC	Joinville-SC
17/04	Juventus	2 x 1	Joinville-SC	Parque São Jorge
24/04	Juventus	1 x 3	CSA-AL	Maceió-AL
01/05	Juventus	3 x 0	CSA-AL	Parque São Jorge
04/05	Juventus	1 x 0	CSA-AL	Parque São Jorge

1986

10/09	Juventus	1 x 1	América-MG	Independência, BH-MG
14/09	Juventus	0 x 0	Itumbiara-GO	Rua Javari
18/09	Juventus	1 x 0	Intern. de Limeira-SP	Rua Javari
21/09	Juventus	1 x 0	Ubiratan-MS	Rua Javari
25/09	Juventus	1 x 0	Anapólis-GO	Anápolis-GO
28/09	Juventus	0 x 0	Uberlândia-MG	Pq. do Sabiá, Uberlândia-MG
30/09	Juventus	1 x 1	Santo André-SP	B. José Daniel, Sto. André
05/10	Juventus	3 x 0	Mixto-MT	Rua Javari

1988

08/10	Juventus (3)	0 x 0 (4)	Valeriodoce-MG	Rua Javari
12/10	Juventus	3 x 0	Rio Branco-ES	K. J. de Andrade, Cariacica-ES
19/10	Juventus (4)	0 x 0 (1)	América-MG	Rua Javari
22/10	Juventus	0 x 1	Ponte Preta-SP	Rua Javari
24/10	Juventus	0 x 1	Americano-RJ	Godofredo Cruz, Campos-RJ
27/10	Juventus	1 x 2	Valeriodoce-MG	Israel Pinheiro, Itabira-MG
29/10	Juventus	0 x 1	América-MG	Independência, BH-MG
02/11	Juventus (4)	2 x 2 (3)	Americano-RJ	Rua Javari
05/11	Juventus (3)	1 x 1 (4)	Ponte Preta-SP	M. Lucarelli, Campinas
09/11	Juventus	2 x 1	Rio Branco-ES	Rua Javari

1989

09/09	Juventus	0 x 0	América-MG	Rua Javari
13/09	Juventus	4 x 1	Rio Branco-MG	Rua Javari
16/09	Juventus	0 x 0	Xv de Piracicaba-SP	Piracicaba-SP
23/09	Juventus	0 x 0	Ponte Preta-SP	M. Lucarelli, Campinas
30/09	Juventus	1 x 0	Mogi Mirim-SP	Rua Javari
07/10	Juventus	0 x 0	América-MG	Belo Horizonte-MG
11/10	Juventus	1 x 1	Ponte Preta-SP	Rua Javari
14/10	Juventus	3 x 2	Xv de Piracicaba-SP	Rua Javari
21/10	Juventus	2 x 1	Rio Branco-MG	Andradas-MG
28/10	Juventus	2 x 2	Mogi Mirim-SP	Mogi Mirim-SP
05/11	Juventus	0 x 1	União São João-SP	Hermínio Ometto, Araras
11/11	Juventus	2 x 0	União São João-SP	Rua Javari
26/11	Juventus	0 x 1	Bragantino-SP	Rua Javari
29/11	Juventus	2 x 3	Bragantino-SP	Bragança Paulista-SP

1990

25/08	Juventus	1 x 0	Americano-RJ	Rua Javari
01/09	Juventus	1 x 1	Itaperuna-RJ	J. Bittencourt, Itaperuna-RJ
08/09	Juventus	0 x 1	Central-PE	P.V. Albuquerque, Caruaru-PE
13/09	Juventus	0 x 3	Operário-PR	G. Krueger, Ponta Grossa-PR
16/09	Juventus	1 x 0	Catuense-BA	Rua Javari
22/09	Juventus	2 x 0	Operário-PR	Rua Javari
29/09	Juventus	0 x 3	Catuense-BA	A. Carneiro, Alagoinhas-BA
06/10	Juventus	2 x 1	Itaperuna-RJ	Rua Javari
09/10	Juventus	1 x 0	Central-PE	Rua Javari
21/10	Juventus	0 x 1	Americano-RJ	Godofredo Cruz, Campos-RJ
28/10	Juventus	1 x 2	Catuense-BA	Rua Javari
01/11	Juventus	0 x 1	Ceará-CE	Pres. Vargas, Fortaleza
04/11	Juventus	1 x 0	Moto Clube-MA	Castelão, São Luís-MA
07/11	Juventus	1 x 0	Ceará-CE	Rua Javari
14/11	Juventus	1 x 0	Moto Clube-MA	Rua Javari
18/11	Juventus	1 x 2	Catuense-BA	A. Carneiro, Alagoinhas-BA

1991

27/01	Juventus	1 x 1	Ubiratan-MS	Rua Javari
30/01	Juventus	2 x 2	Maringá-PR	Willie Davids, Maringá-PR
03/02	Juventus	0 x 0	Londrina-PR	do Café, Londrina-PR
06/02	Juventus	0 x 0	Campo Grande-RJ	Rua Javari
17/02	Juventus	1 x 1	São José-SP	Martins Pereira, SJC
23/02	Juventus	2 x 0	Bangu-RJ	Rua Javari
03/03	Juventus	1 x 4	Operário-PR	G. Krüger, Ponta Grossa
10/03	Juventus	1 x 0	Ubiratan-MS	F. Saldivar, Dourados-MS
16/03	Juventus	0 x 0	Maringá-PR	Rua Javari
25/03	Juventus	2 x 2	Londrina-PR	Rua Javari
31/03	Juventus	1 x 1	Campo Grande-RJ	Í. del Cima, Rio de Janeiro
03/04	Juventus	3 x 2	São José-SP	Rua Javari
07/04	Juventus	0 x 0	Bangu-RJ	Moça Bonita, Rio de Janeiro
14/04	Juventus	2 x 1	Operário-PR	Rua Javari

1992

09/02	Juventus	2 x 0	Criciúma-SC	Rua Javari
12/02	Juventus	0 x 0	União São João-SP	Hermínio Ometto, Araras
16/02	Juventus	0 x 1	Botafogo de Rib.Preto-SP	Santa Cruz, Rib.Preto
19/02	Juventus	1 x 3	Noroeste-SP	Alfredo Castilho, Bauru
23/02	Juventus	0 x 0	Bangu-RJ	Moça Bonita, Rio de Janeiro
08/03	Juventus	0 x 1	Coritiba-PR	Rua Javari
11/03	Juventus	0 x 0	Joinvile-SC	Rua Javari
18/03	Juventus	3 x 0	Noroeste-SP	Rua Javari
22/03	Juventus	1 x 0	Coritiba-PR	Couto Pereira, Curitiba
25/03	Juventus	1 x 2	Joinville-SC	E. Schlemm Sobr., Joinville-SC
29/03	Juventus	0 x 0	União São João-SP	Rua Javari
01/04	Juventus	1 x 0	Botafogo de Rib.Preto-SP	Rua Javari
05/04	Juventus	1 x 0	Bangu-RJ	Rua Javari
27/04	Juventus	1 x 2	Criciúma-SC	Heriberto Hulse, Criciúma-SC

1998

02/08	Juventus	0 x 1	CRB-AL	Rei Pelé, Maceió
09/08	Juventus	1 x 0	Fluminense-RJ	José Liberatti, Osasco
16/08	Juventus	1 x 2	Joinville-SC	Ernesto Sobrinho, Joinville
23/08	Juventus	0 x 2	Paysandu-PA	Leonidas de Castro, Belém
30/08	Juventus	2 x 2	ABC-RN	Rua Javari
05/09	Juventus	1 x 5	ABC-RN	Machadão, Natal-RN
09/09	Juventus	0 x 0	Paysandu-PA	Rua Javari
24/09	Juventus	1 x 1	Joinville-SC	Rua Javari
28/09	Juventus	0 x 2	Fluminense-RJ	Maracanã, Rio de Janeiro
06/10	Juventus	0 x 0	CRB-AL	Parque São Jorge

CAMPEONATO BRASILEIRO DE FUTEBOL - SÉRIE C

1987

14/10	Juventus	0 x 0	Americano-RJ	Godofredo Cruz, Campos-RJ
17/10	Juventus	1 x 1	Desportiva-ES	Cariacica-ES
21/10	Juventus	1 x 0	Estrela do Norte-ES	Cach. de Itapemirim-ES
31/10	Juventus	0 x 0	Americano-RJ	Rua Javari
07/11	Juventus	0 x 0	Desportiva-ES	Rua Javari
12/11	Juventus	4 x 0	Estrela do Norte-ES	Rua Javari
18/11	Juventus	0 x 1	Botafogo de Rib.Preto	Santa Cruz, Rib.Preto-SP
21/11	Juventus (3)	1 x 0 (4)	Botafogo de Rib.Preto	Rua Javari

1994

18/09	Juventus	1 x 0	Ituano-SP		Rua Javari
25/09	Juventus	1 x 0	América-RJ		Moça Bonita, Rio de Janeiro
02/10	Juventus	0 x 0	Santo André-SP		B. José Daniel, Sto. André
05/10	Juventus	2 x 1	América-RJ		Rua Javari
09/10	Juventus	0 x 3	Ituano-SP		Novelli Jr., Itu
16/10	Juventus	3 x 2	Santo André-SP		Rua Javari
23/10	Juventus	1 x 0	Figueirense-SC		O. Scarpelli, Florianópolis
29/10	Juventus	1 x 0	Figueirense-SC		Rua Javari
06/11	Juventus	1 x 3	Valeriodoce-MG		M. Starling S., Passos-MG
09/11	Juventus	2 x 1	Valeriodoce-MG		Rua Javari

1996

25/08	Juventus	1 x 2	Tupi-MG		Municipal, Juiz de Fora-MG
28/08	Juventus	0 x 0	Barra Mansa-RJ		Leão do Sul, Barra Mansa-RJ
08/09	Juventus	0 x 0	Paulista de Jundiaí-SP		Rua Javari
11/09	Juventus	0 x 2	Rio Branco-SP		Rua Javari
14/09	Juventus	2 x 0	Tupi-MG		Rua Javari
18/09	Juventus	0 x 0	Rio Branco-SP		Décio Vitta, Americana
22/09	Juventus	0 x 2	Paulista de Jundiaí-SP		Jaime Cintra, Jundiai
29/09	Juventus	4 x 2	Barra Mansa-RJ		Rua Javari

1997

30/08	Juventus	1 x 1	Rio Branco-SP		Rua Javari
03/09	Juventus	1 x 0	Atlético Sorocaba-SP		R. C. Rodrigues, Sorocaba
06/09	Juventus	4 x 2	Portuguesa Santista-SP		Rua Javari
13/09	Juventus	2 x 1	Portuguesa Santista-SP		Ulrico Mursa, Santos
17/09	Juventus	2 x 2	Atlético Sorocaba-SP		Rua Javari
20/09	Juventus	2 x 0	Rio Branco-SP		Decio Vitta, Americana
28/09	Juventus	2 x 1	Social-MG		L. Ensch, Cel. Fabriciano-MG
05/10	Juventus	3 x 0	Social-MG		Rua Javari
12/10	Juventus	1 x 0	Caxias-RS		Rua Javari
19/10	Juventus	2 x 0	Caxias-RS		Centenário, Caxias do Sul
26/10	Juventus	3 x 0	Ji Paraná-RO		P. Lira Pessoa, Ji-Paraná-RO
01/11	Juventus	4 x 2	Ji Paraná-RO		Rua Javari
09/11	Juventus	1 x 2	Tupi-MG		M. Heleno, Juiz de Fora-MG
12/11	Juventus	2 x 1	Francana-SP		Palestra Italia
16/11	Juventus	1 x 1	Sampaio Correa-MA		Castelao, São Luis-MA
22/11	Juventus	2 x 2	Sampaio Correa-MA		Canindé
26/11	Juventus	0 x 1	Francana-SP		Lancha Filho, Franca
30/11	Juventus	3 x 1	Tupi-MG		Canindé

1999

29/08	Juventus	2 x 1	Atlético-GO		Rua Javari
08/09	Juventus	1 x 0	Juventude-MT		Asa Delta, Princ. D'Oeste-MT
12/09	Juventus	2 x 1	Operário-MS		Morenão, Campo Grande-MS
16/09	Juventus	0 x 0	Operário-MS		Rua Javari
23/09	Juventus	0 x 1	Bangu-RJ		Moça Bonita, Rio de Janeiro
26/09	Juventus	0 x 1	Americano-RJ		Ari O. Souza, Campos-RJ
29/09	Juventus	1 x 1	Bangu-RJ		Rua Javari
03/10	Juventus	2 x 1	Americano-RJ		Rua Javari
06/10	Juventus	2 x 0	Juventude-MT		Rua Javari
10/10	Juventus	0 x 2	Atlético-GO		Serra Dourada, Goiânia-GO
07/11	Juventus	0 x 0	Caxias-RS		Rua Javari
14/11	Juventus	0 x 3	Caxias-RS		Centenário, Caxias do Sul
16/11	Juventus	0 x 3	Caxias-RS		Centenário, Caxias do Sul

2000

06/08	Juventus	2 x 0	Volta Redonda-RJ		Rua Javari
09/08	Juventus	4 x 1	Nacional-SP		Comendador Souza
13/08	Juventus	4 x 0	Uberlândia-MG		Rua Javari
16/08	Juventus	1 x 0	São José-SP		Martins Pereira, SJC
20/08	Juventus	1 x 3	Rio Branco-SP		Parque São Jorge
10/09	Juventus	2 x 2	Rio Branco-SP		Decio Vitta, Americana
13/09	Juventus	1 x 0	São José-SP		Rua Javari
17/09	Juventus	2 x 2	Uberlândia-MG		Pq. do Sabiá, Uberlândia
20/09	Juventus	2 x 1	Nacional-SP		Rua Javari
24/09	Juventus	1 x 1	Volta Redonda-RJ		R. de Oliveira, Volta Redonda
30/09	Juventus	2 x 1	Etti de Jundiaí-SP		Jaime Cintra, Jundiaí
04/10	Juventus	2 x 2	Portuguesa Santista-SP		Rua Javari
07/10	Juventus	1 x 2	Matonense-SP		H. Buck Ferreira, Matão
11/10	Juventus	3 x 0	Matonense-SP		Rua Javari
15/10	Juventus	0 x 2	Portuguesa Santista-SP		Ulrico Mursa, Santos
18/10	Juventus	5 x 0	Etti de Jundiaí-SP		Rua Javari

2006

16/07	Juventus	1 x 1	Americano-RJ		Rua Javari
19/07	Juventus	0 x 2	Ipatinga-MG		Ipatingão, Ipatinga-MG
23/07	Juventus	4 x 1	Estrela do Norte-ES		Rua Javari
30/07	Juventus	0 x 1	Estrela do Norte-ES		Sumaré, Cach. do Itapemirim
02/08	Juventus	1 x 2	Ipatinga-MG		Rua Javari
06/08	Juventus	1 x 2	Americano-RJ		Godofredo Cruz, Campos

2007

07/07	Juventus	1 x 1	Democrata-MG		Rua Javari
14/07	Juventus	0 x 0	Madureira-RJ		Moça Bonita, Rio de Janeiro
18/07	Juventus	1 x 1	Vila Nova-MG		Rua Javari
22/07	Juventus	0 x 0	Vila Nova-MG		C. Cifuentes, Nova Lima-MG
29/07	Juventus	1 x 0	Madureira-RJ		Rua Javari
05/08	Juventus	0 x 0	Democrata-MG		J. M. Abbas, Gov. Valadares

COPA DO BRASIL
2008

27/02	Juventus	1 x 4	Coruripe-AL		Gerson Amaral, Coruripe
05/03	Juventus	5 x 1	Coruripe-AL		Rua Javari
19/03	Juventus	2 x 0	Nautico-PE		A. Guimarães, Sta. B. d'Oeste
02/04	Juventus	0 x 3	Nautico-PE		Aflitos, Recife-PE

AUTORES

ANGELO EDUARDO AGARELLI

Administrador de empresas, é integrante de uma das mais participantes e significativas famílias da história do Juventus. Seu pai, Angelo Agarelli, foi um dos fundadores do Clube, onde ocupou vários cargos na Diretoria e no Conselho Deliberativo numa época em que os dirigentes sustentavam financeiramente as atividades da agremiação. Um idealista nato, também participou da criação e administração de várias entidades sócio-esportivas beneficentes, voltadas principalmente às colônias de imigrantes, recebendo diversas honrarias por esse trabalho. Após seu falecimento, o então presidente do Juventus fez questão de homenageá-lo na reunião do Conselho Deliberativo, fazendo constar da ata a seguinte mensagem:

"Tal como as boas árvores, cujos frutos possibilitam as sementes que lhes garantem a reprodução, os grandes homens também deixam herdeiros à altura de sua grandeza, e assim, enquanto houver um Agarelli transitando pelo Juventus, seja na qualidade de Diretor, Colaborador ou simples associado, isto bastará para que a figura e os feitos de Angelo Agarelli, o Iniciador, sejam permanentemente lembrados".

Sérgio, um dos irmãos de Angelo Eduardo, também exerceu vários cargos na Diretoria e no Conselho Deliberativo e foi um dos maiores, senão o maior conhecedor da história do Clube. Homenageado postumamente, ele empresta seu nome à concentração dos atletas. Seus dois filhos, Sérgio e César, fizeram parte das equipes de basquete do Clube.

Seu outro irmão, Conrado, além de atleta da equipe de basquete, foi também Diretor e Conselheiro. Quando de seu falecimento, a Direção do Juventus consignou o seguinte registro no Relatório de Diretoria do ano de 1982:

Falece o ex-Conselheiro Conrado Agarelli. Com ele, é o terceiro membro dessa ilustre família que perdemos nos últimos anos. Mas, ainda que por uma fatalidade, da qual Deus nos livre e guarde, desaparecessem todos, o nome Agarelli haveria de se manter, como se mantém, imortalizado no muito que os representantes dessa verdadeira estirpe fizeram pelo Juventus.

Seus filhos, Ricardo e Conrado Jr., também são fanáticos juventinos, é claro.

O vínculo de Angelo Eduardo com o Clube Atlético Juventus vem de berço, pois seu pai, imediatamente após o nascimento, correu para registrá-lo como associado antes mesmo de fazê-lo no registro civil. Sua dedicação ao Juventus também começou cedo, pois iniciou sua carreira profissional trabalhando na tesouraria do Clube e atuando como atleta da equipe de futebol de salão, como colaborador em suas revistas e como pesquisador das histórias do Moleque Travesso. Profissionalmente, exerceu cargos de relevância em grandes empresas, participou de diversas entidades profissionais e, atualmente, atua como empresário no ramo de consultoria.

Além dessas atividades profissionais, tem também se dedicado à preservação da história do bairro da Mooca, através da criação do site e das mídias sociais do Portal da Mooca. É membro do Conselho Deliberativo do Juventus e, para ele, mais importante que o Clube, só sua família: é casado com Cecília Machado Agarelli e é pai de duas filhas, Bianca e Daniela (ambas juventinas, obviamente).

FERNANDO RAZZO GALUPPO

Jornalista, aprendeu a amar as coisas do Juventus em suas caminhadas pelo histórico bairro da Mooca com seu saudoso e querido pai Francisco Galuppo (in memoriam). Ardoroso palestrino, Francisco foi funcionário do departamento de Contabilidade da Companhia Antártica Paulista e nutria uma paixão indescritível pelo mundo esportivo e pelas boas coisas da cidade de São Paulo, entre elas, o Clube Atlético Juventus. Além disso, seu tio paterno, Basílio Galuppo, trabalhou no Cotonifício Crespi e foi um dos grandes médios centrais da várzea local e do próprio Cotonifício Rodolfo Crespi F.C.

Basílio Tinha o apelido de "Amílcar da Mooca", em alusão ao grande Amílcar Barbuy, craque do passado, e atuou como jogador do clube nos primeiros anos de vida, além de ter atuado na fundação do Clube. José Razzo, ciclista juventino da década de 1940, e anos mais tarde membro da diretoria, era seu tio materno, o que reforça sua paixão pelo Juventus como genética familiar, que ultrapassa barreiras e gerações. Galuppo foi assessor de imprensa do Juventus e hoje exerce a mesma função na Sociedade Esportiva Palmeiras. Também escreveu e editou livros sobre a vida da agremiação alviverde.

VICENTE ROMANO NETTO

Paulistano, mooquense, filho do brasileiro Nicolino Romano e neto do italiano Vicente Romano, fundadores do Clube Atlético Juventus. Deu seus primeiros passos no gramado do Estádio Conde Rodolfo Crespi. Nasceu juventino por herança genética. É pai de dois filhos, Howard e Kyzzy, que são sua maior fonte de inspiração. Profissionalmente, foi técnico industrial, administrador de empresas, empresário concessionário dos ramos de bebidas e agropecuária. Hoje aposentado, atua como consultor administrativo. Cursou até o terceiro ano de Direito. Na área social, atuou como Comissário de Menores por 25 anos e pesquisador de genealogia e história da Mooca, em particular do Juventus.

Organizou diversas exposições fotográficas, entre elas uma mostra sobre os clubes de futebol de várzea da Mooca. É o autor do livro Genealogia da Família Romano. Esportista nato, foi jogador de futebol na várzea paulistana, atleta de pedestrianismo e praticante de caratê no Juventus. Foi membro do Conselho Deliberativo do Clube, onde exerceu cargos de relevância, como Diretor Social e Secretário do Conselho Deliberativo.

CLUBE ATLÉTICO JUVENTUS - ABRIL DE 2024

CONSELHO DELIBERATIVO

MEMBROS EMÉRITOS:

Alberto Trofa, Angelo Eduardo Agarelli, Anisio Lopes de Mello Filho, Antonio Amaro Mendes, Antonio Ramalho Mendes, Antonio Ruiz Gonsalez, Benjamin Sequeira Barreira, Claudio Lipai, Dino Beccaris Junior, Domingos Sanches, Dorival Biondo, Guilherme Marconi Neto, Itamar Colombini Capano, João Giosue Siviero, Maldi Maurutto, Mario Duarte Alves, Odacyr Marinelli, Orleans Favero, Rodolfo Antonio Cetertick, Ronaldo Cipullo, Sergio Agnello de Angelis, Sergio Miled Thome, Sérgio Ubirajara Wetter, Taufic El Hakin

MEMBROS VITALÍCIOS:

Adail José Biondo, Alexandre Alberto Duboi, Antonio Nilson Victorino, Benedito Antonio Couto, Carlos Alberto Dias Wanderley, Claudio Luiz Penteado, Conrado Agarelli Filho, Dilson Tadeu dos S. Deradeli, Elsileia Aparecida Baptista, Estanislao Callado Perez, Fernando de Freitas, Francisco Aparecido Romanucci, Geova Francisco Oliveira, Haridimos J.P. Papadakis, Hubby Antonio Coppola, Ivan Antipov, Jachson Sena Marques, José Leme Cutolo, José Marcio Rodrigues, Julio José Araujo, Luiz Fernando Elaur Zanes, Manuel Ianez Ruiz, Marcelo Caselato Barboza, Orlando Feitosa Raymundo, Paulo Artur Vasques, Paulo Mazzei Coronato, Paulo Sérgio Criscuolo, Paulo Troise Voci, Regis Roberto Roque, Reinaldo Pedro Correa, Ricardo Agarelli, Ronaldo Miguel Carbonaro, Silvio Luiz de Araujo, Vicente Gomes Aguila, Vagner Francisco Boitto, Wilson da Silveira

CONSELHEIROS QUADRIENAIS:

Adriano Tertuliano di Genova, Ailton José Vidalle, Alexandre Carlos Rodrigues, Algemiro Algoes, Alvaro Roberto Magaldi, Antonio Augusto Vianna, Antonio Carlos Kida, Antonio Jadel de Brito Mendes, Aurideniche Stefano, Caio Muratori Flandoli, Carlos Eduardo Catapano, Carlos Eduardo Gomes Pedroso, Cesar Augusto Pivetti, Claudio Antonio de Souza, Cleber de Paula Bassi, Daercio Laselva Alves de Souza, Eduardo Antonio C. de Almeida, Eduardo Pinto Ferreira, Eloisa Machado de Almeida, Ettore Annunciato Biondi, Fernando P. Ramalho Jr., Flavio Pieroni, Ivaildon Ribeiro de Oliveira, Jorge Garroti Paiva, José Antonio Reyes Pelegrino, José Carlos Romano, José Luiz Oliveira dos Reis, Julia Kim, Julio Cesar Mucilo, Leonardo Almeida Sanches, Leonardo Antonio Agatti, Luis Gricheno Jr., Marcello Lourenço Betone, Marcelo Romera Mourão, Marcos Ferreira de Almeida, Marcos Paula Medina, Mauro Caggiano, Murilo Magnusson Oliva, Nelson Caggiano Jr., Norival Barbosa, Paulo Cesar Petinatti Jr., Paulo Henrique Bandeira Jr., Paulo Roberto Pigatto, Pedro Valcir Carlos da Silva, Reginaldo Uezu, Reinaldo Finelli, Roberto Benedito Leme, Roberto Sartori, Rosana Berti Ruiz Pezzotti, Rosemeire Aparecida de Oliveira, Rubens Mina Vernice, Simone Andrijauskas, Trasibulo Guedes A. Jr., Wagner da Sila Reis, Wagner Martins Olivares, Walter Martins de Oliveira

CONSELHEIROS SUPLENTES:

Alberto Chagas de Macedo, Antonio Vieira Carlos, Daniel Tury Guimarães Berzoini, Francisco de Paula Siqueira, Iberê Sedenho, Marco Antonio Amadeu, Victor Martins Luongo, Walter Antonio Marques

COMISSÕES PERMANENTES DO CONSELHO DELIBERATIVO

CONSELHO FISCAL
• Presidente do Conselho Fiscal:
Paulo Artur Vasques
• Membros Titulares:
Claudio Molina e Eduardo P. Rodrigues
• Membros Suplentes: Roberto Pigatto,
Gutemberg Almeida Braga

COMISSÃO DE SINDICÂNCIA
• Coordenador: Maldi Maurutto
• Sub-coordenador:
Eduardo Antonio Coelho de Almeida
• Membros: Carlos Eduardo Catapano, Hubby Antonio Coppola, Sergio Agnello de Angelis

COMISSÃO ESTATUTÁRIA
• Coordenador: José Marcio Rodrigues
• Sub-coordenador: Paulo Troise Voci
• Membros: Rosana Berti Ruiz Pezzotti

COMISSÃO DE AUDITORIA INTERNA
• Coordenador: Norival Barbosa
• Subcoordenador:
Marcos Ferreira de Almeida
• Membros: Juliana do Prado Barbosa, Reinaldo Finelli

CONSELHO DE ADMINISTRAÇÃO
• Presidência:
Dilson Tadeu dos Santos Deradeli
• Vice-Presidência:
Odacyr Marinelli Raymundo
• Membros: Orlando Feitosa Raymundo, Pacífico Domingos Cataldo, Patrícia Onha Marques Aguion

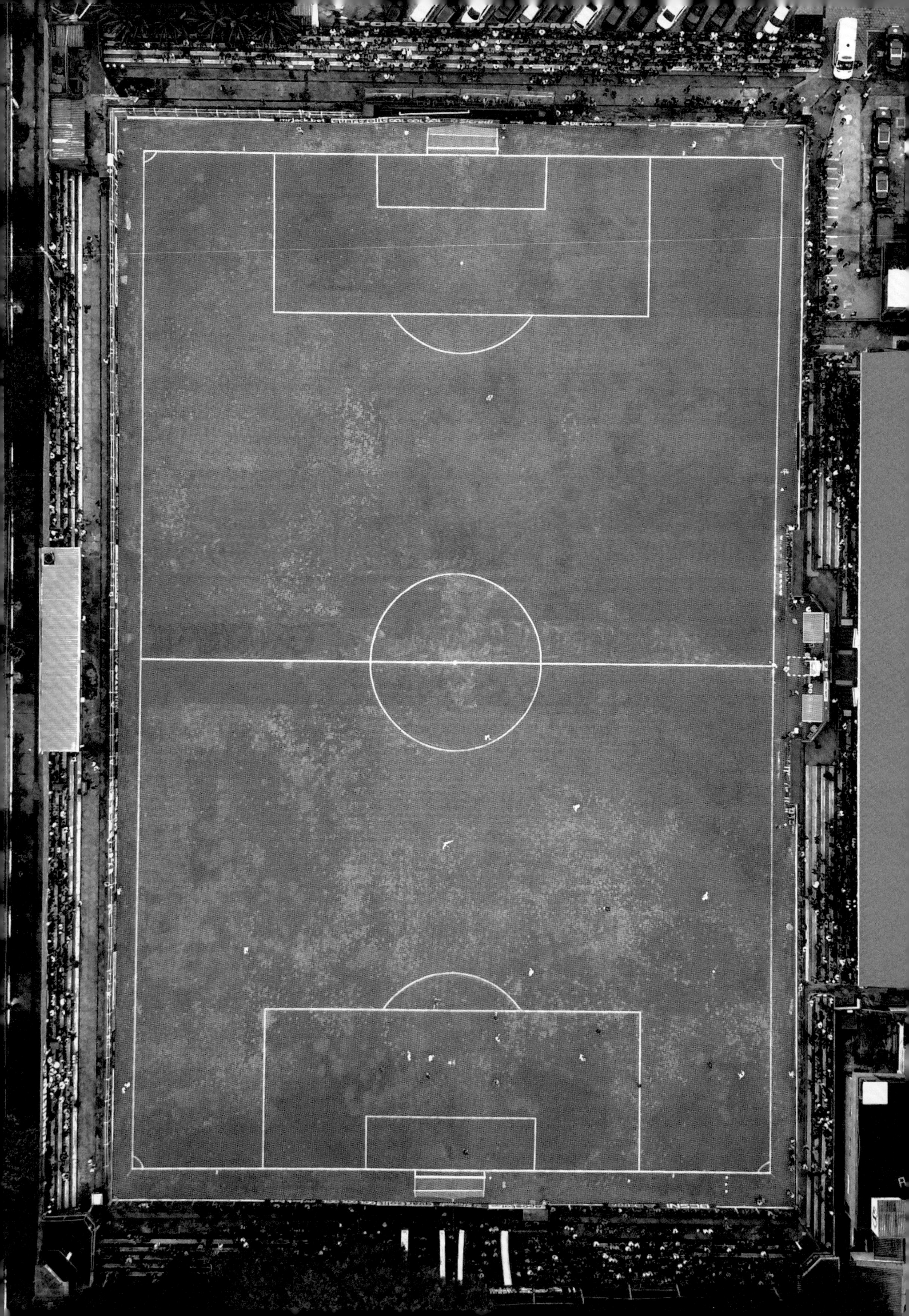

© Garoa Livros, 2024
© Clube Atlético Juventus, 2024
© Angelo Eduardo Agarelli, 2024
© Fernando Razzo Galuppo, 2024
© Vicente Romano Netto, 2024

Capa e projeto gráfico
Tatiana Rizzo / Estúdio Canarinho

Edição
Giancarlo Lepiani
Celso de Campos Jr.

Fotos
Clube Atlético Juventus
Ale Vianna
Ricardo Sana
Acervo Angelo Eduardo Agarelli
Acervo Clóvis Nori
Acervo Durval de Moraes
Acervo Fernando Razzo Galuppo
Ivan Pacheco

Produção / Bok2
Simei Junior
Cleber Gomes
Tatiane Moraes
Vitoria de Souza

Agradecimentos
Dilson Tadeu dos Santos Deradeli
Carlos Eduardo Gomes Pedroso
Cristina Strutz
Hamilton Kenji Kuniochi
Francisco Ancona Lopez
Klébi Nori
Oscar de Moraes
Paola Nistelhofen Santilli
Rodrigo Lassala

Impressão
Maistype

Dados Internacionais de Catalogação na Publicação (CIP)
Angélica Ilacqua CRB-8/7057

Agarelli, Angelo Eduardo
Glórias de um Moleque Travesso centenário :
a história do Clube Atlético Juventus / Angelo Eduardo
Agarelli, Fernando Razzo Galuppo, Vicente Romano
Netto. – São Paulo : Garoa Livros, 2024.
   224 p. : il., color.
ISBN 978-85-66683-54-7
1. Clube Atlético Juventus – História 2. Times de futebol
I. Título II. Galuppo, Fernando Razzo III. Netto, Vicente
Romano
24-1232   CDD 796.3340981

Índices para catálogo sistemático:
1. Clube Atlético Juventus - História

PAIXÃO INFINITA

JUVENTUS 100 ANOS DE ADMIRAÇÃO